高校学生管理工作发展与创新研究

张珍荣　著

吉林文史出版社

图书在版编目（CIP）数据

高校学生管理工作发展与创新研究 / 张珍荣著 . --

长春 : 吉林文史出版社 , 2023.9

ISBN 978-7-5472-9774-2

Ⅰ . ①高⋯ Ⅱ . ①张⋯ Ⅲ . ①高等学校－学生－学校

管理－研究 Ⅳ . ① G645.5

中国国家版本馆 CIP 数据核字 (2023) 第 190478 号

高校学生管理工作发展与创新研究

GAOXIAO XUESHENG GUANLI GONGZUO FAZHAN YU CHUANGXIN YANJIU

著　　者：张珍荣
责任编辑：高丹丹
出版发行：吉林文史出版社
电　　话：0431-81629369
地　　址：长春市福祉大路 5788 号
邮　　编：130117
网　　址：www.jlws.com.cn
印　　刷：河北万卷印刷有限公司
开　　本：710mm×1000mm　1/16
印　　张：15.25
字　　数：225 千字
版　　次：2023 年 9 月第 1 版
印　　次：2024 年 1 月第 1 次印刷
书　　号：ISBN 978-7-5472-9774-2
定　　价：88.00 元

前　言

　　随着中国特色社会主义建设步入新时代，社会发展对人才的要求也逐步提高。因此，作为人才培养的核心主体，高校承担着为中华民族伟大复兴培养高素质人才的重任，高校人才培养不仅仅包括专业知识教学，更重要的是促进学生全面发展，而学生成长与发展在很大程度上取决于高校的管理水平，因此，高校须重视自身管理模式，以加强人才培养工作，促进学生健康成长与全面发展。目前，部分高校的教学和管理模式存在形式单调、机制落后的现象，没有妥善地结合现在高校学生的成长要求和个性特点。因此，促进高校学生管理模式创新发展是一项非常重要的时代任务。

　　高等学校学生管理必须按照规定的培养目标，对学生德、智、体、美、劳全面负责。高校学生管理工作涉及学生政治思想、生活、学习等各方面，它渗透到家庭、社会及学校内部的教务、科研、学工、后勤等各个部门，因此学生管理工作应该全方位齐抓共管，必须统一规划、多方协调。高等学校培养学生，既要依靠教育，又要依靠管理，两者相辅相成，不可分割。教育是管理的前提，管理是在教育基础上的管理，教育是培养高质量人才的直接手段，管理则是达到教育目的的基本保证。从一定意义上讲，高校管理也是教育，同样是为培养人才服务。因此，要实现理想的人才培养目标，必须在培养学生的各个环节上，将教育与管理有机地结合起来。只有这样，才能培养出符合新时代发展需求的高素质人才。

　　新时代社会的发展要求高等教育跟进转型，传统的管理模式已不能适应时代要求和社会的发展趋势，暴露出很多问题和不足。所以，高校需要重视管理模式的创新，提升学校的教学质量，培养优秀的人才，有效地结合学生的理论知识和实践能力，进行创新性探究。本书立足于高校学生管理的具体实践，对高校学生管理工作发展与创新进行了全面的研究。在第一章，对高校学生管理的内涵与特点进行了详尽阐述，并探讨了管理的对象和任务。同时，重点讨论高校学生管理的指导思想和原则，并解析新时代下高校学生管理的新特征。第二章着重研究高校学生管理工作的关键要素，深入分析了管理人员的角色与素质，讨论了学生参与与反馈机制的重要性，并深入研究了管理系统运行与效力相关的问题。第三章至第六章，分别讨论了高校学生学业管理、时间管理、安全管理和就业管理等主题。这些部分都涉及学生日常生活的各个方面，而如何有效管理这些方面，是高校学生管理工作的关键。一个高效、专业的管理队伍是高校学生管理工作的核心，因此本书在第七章探索了高校学生管理队伍的提升空间以及建设路径。在最后一章中，将关注重点放在了新时代高校学生管理工作的创新实践当中，探讨了大数据如何赋能高校学生管理工作的优化，在"互联网＋"背景下如何进行学生管理模式的创新，如何推进高校学生自我管理与民主管理，以及多元主体协同育人的实践与创新。

鉴于编者水平有限，书中难免存在一些不足，敬请各位同行及专家学者予以斧正。

目　录

第一章 高校学生管理概述

第一节 高校学生管理的内涵与特点

一、高校学生管理的内涵与意义

（一）高校学生管理的内涵

高校学生管理是指学校对学生在校内外的学习和活动进行规划、组织、协调、控制的总和，它是学校教务管理者组织、指导学生，按照教育方针所规定的教育标准，有目的、有计划、有组织地对学生进行各种教育，使学生在德、智、体、美、劳等方面都得到发展，成长为社会主义事业合格建设者和可靠接班人的过程。高校学生管理是学校管理系统的重要组成部分，其水平高低直接影响着人才培养的质量。把高校学生管理作为一门学科，探讨高校学生管理活动的内在本质和规律，能够推动学校教育及管理工作的科学化、理论化、规范化。

高校学生管理有广义与狭义之分，狭义的"学生管理"主要是指学生的行政管理，即学生行政管理工作的各项计划、条例和规章制度的施行，也包括招生计划、注册编班、分专业，成绩考核与记载，升、留、降级，休、复、退学，考勤与纪律，奖励与处分，助学金与奖学金的评定和发放，毕业文凭的发放和就业工作等方面的管理工作及管理教育等。广义上的"学生管理"概念除了狭义上的学生行政管理外，还包括大学生思想教育管理，其中又包括学生思想品德管理、健康身心管理、课堂学习管理、劳动管理、美育管理、课外活动管理等，有的甚至以思想教育管理涵盖学生管理。除了思想教育管理，还包括范围更广的学业管理、安全管理、时间管理、就业管理等。

高校学生管理首先是促进教育目标的实现，需要指导学生培养良好的道德品质、学习习惯、生活态度等。这不仅涉及学业知识的学习，更关乎学生的全面发展和个人成长。以教育引导为主，以管理手段为辅，来推动学生形成良好的行为习惯和自我管理能力。高校学生管理还需要创造一个有利于学生自我发展的环境，包括提供丰富的课外活动、适合的学习资源和工具，以及营造一个和谐、积极、开放的校园氛围，激发学生的学习兴趣和创新能力。提供人性化服务也是高校学生管理的重中之重，关注学生的心理健康，理解和关心学生，帮助他们解决在学习、生活中遇到的困难和问题，以满足学生的多元化需求。[①]

（二）高校学生管理的意义

1. 促进学生全面发展

高校学生管理对促进学生全面发展起着至关重要的作用。通过对学生的学习和活动进行精心规划、组织、协调和控制，高校不仅可以引导学生在知识技能的学习上不断提升，还可以在德、智、体、美、劳等各方面实现均衡发展，为学生未来的人生道路打下坚实的基础。

在知识和技能学习方面，高校学生管理可以根据学生的兴趣、专业和未来职业发展需求，为学生提供多元化、个性化的学习路径和方法。通过对学生学习的管理和指导，可以帮助学生明确学习目标，制订有效的学习计划，激发学生的学习兴趣和动力，引导他们自主学习，有效地提高学习效率。高校学生管理在培养学生的德行方面也起着重要的作用。高校可以通过举办各种主题教育活动，弘扬社会主义核心价值观，培养学生的道德情操，增强学生的社会责任感和公民意识。通过对学生行为的管理和引导，高校可以帮助学生树立正确的世界观、人生观和价值观，培养他们良好的行为习惯和社会公德。

---

① 沈佳，许晓静. 基于多视角下的高校学生管理工作探究 [M]. 北京：现代出版社，2022：1-3.

在身心健康方面，高校学生管理也扮演着重要的角色。高校可以通过组织各种体育活动，提供健康饮食和生活方面的指导，帮助学生养成健康的生活习惯，提高他们的身体素质。此外，高校还可以通过提供心理咨询和服务，帮助学生处理学习生活中的压力和困惑，保持良好的心理健康。在美育方面，高校学生管理可以通过提供丰富的艺术活动和资源，激发学生的艺术兴趣，提高他们的艺术素养。高校可以通过开展美术、音乐、戏剧等课程和活动，让学生在欣赏和创造美的过程中，提升自我，丰富精神世界。至于劳动教育，高校学生管理也可以通过组织各种劳动实践活动，让学生理解和尊重劳动的意义，培养学生的动手能力和实践能力。通过参与劳动实践，学生可以锻炼自己的动手能力、合作意识和责任感，增强对劳动的尊重和理解，培养实际操作技能，为将来的就业和社会生活打下基础。

2.提升教育质量

学生管理是高校提升教育质量的重要手段之一。良好、系统的学生管理能够为学生营造一个有序、安全、和谐的学习环境，这对教学效果的提高和高校教育质量的提升起着至关重要的作用。当学生处在一个规范、公平、透明的管理环境中时，他们的学习动力、积极性以及学习效率都会得到显著的提高。

学生管理从广义上涵盖了学习管理、行为管理、心理健康管理、生活服务管理等多个方面。每一个方面都直接或间接地影响着学生的学习状态和效果。例如，良好的学习管理可以帮助学生明确学习目标，养成良好的学习习惯，有效提升学习效率和成绩。行为管理通过设定和执行规章制度，可以引导学生树立良好的行为习惯，营造和谐的校园环境。心理健康管理通过提供及时的心理咨询和服务，可以帮助学生克服学习和生活中的困扰，保持良好的心理状态，这对于学生的学习效果和身心健康都是十分重要的。学生管理是高校教育资源配置的重要手段，良好的学生管理可以实现教育资源的合理利用和配置，减少教育资源的浪费，提高教育资源的使用效率。例如，通过科学的学生管理，高校可以根据学生的特性和需求，合理地分配教师资源，进行针对性的教学，这对于提高教学效果和教育质量是非常有利的。此外，学生管理还可以帮助高校发现和解决教学过程中的问题，对教学进行持续改进，这对于提升高校的教育质量具有重要的作用。

因此，高校学生管理对于提升教育质量具有重要的影响。只有通过不断优化和完善学生管理，高校才能提供优质的教育服务，培养出符合社会需求的高素质人才。

3. 加强师生交流

有效的学生管理不仅能促进学生的个人成长和学术进步，还能加强师生之间的沟通与交流。师生交流是教育过程中的重要环节，它能让教师更好地了解学生的需求，满足他们的教育需求，同时能让学生更好地理解教师的教学意图，形成良好的教学反馈。

一方面，教师通过与学生的深度交流，可以更准确地了解学生的学习情况，包括学生的学习兴趣、学习方式、学习难点等，从而可以针对性地调整教学方法，满足学生的个性化学习需求，提升教学效果。此外，通过交流，教师还可以及时发现并解决学生的学习困扰，帮助他们保持良好的学习状态和心态。另一方面，学生通过与教师的交流，可以更好地理解教师的教学目标和要求，提升自己的学习效率。此外，通过交流，教师可以向学生传授学习方法和策略，激发学生的学习兴趣和动力，培养学生的自主学习能力。对于学生来说，有效的师生交流还能帮助他们建立起对教师和学校的信任感，提升他们的学习满意度。

同时，加强师生交流也有助于营造和谐的校园氛围。教师和学生之间的交流不仅是信息和知识的交流，也是感情和理解的交流。通过交流，教师和学生可以增进相互的理解，加强彼此的感情，这有助于营造一个充满关爱、尊重和理解的校园环境，有助于学生的全面发展。

4. 塑造良好的校园文化

高校学生管理在塑造和弘扬校园文化中发挥着至关重要的作用。校园文化是学校精神和物质生活的总和，是校园生活的内在品质和风貌，也是学校教育目标的具体表现。通过各种管理活动，学校不仅可以培养和传承其优良传统，还可以营造一个健康积极的校园氛围，这对于提升学生的身心健康和学术成就具有重要的影响。

首先，学生管理可以通过设定规章制度，塑造公正、公平、公开的校园环境，这对于培养学生的社会公正感、公平感和责任感，形成良好的学习习惯和行为习惯具有重要的作用。例如，学校可以通过设定和实施严格的学术诚信制度，培养学生诚实、守信、勤奋、坚毅等良好品质，形成良好的学术风气。其次，学生管理可以通过组织各种学生活动，促进学生的全面发展，丰富校园文化。例如，学校可以组织各种学术讲座、文化艺术活动、体育比赛、社会实践活动等，提供平台和机会，让学生能够在实践中学习，充实自己，发挥潜能，体验成功，从而培养和塑造积极向上、充满活力的校园文化。最后，学生管理可以通过各种渠道，传播学校的历史、传统、理念、价值观等，弘扬学校的精神文化。这对于增强学生的归属感和荣誉感，激发他们的学校精神，培养他们的社会责任感和使命感具有重要的作用。例如，学校可以通过新生入学教育、学校庆典活动、校史教育等方式，让学生了解学校的历史和文化，感受学校的精神和魅力，形成良好的校园文化。

5.提升学校形象

高效、人性化的学生管理是提升学校形象的关键因素。它不仅有利于创建积极的学习环境，使学生受益，也有助于展示学校的教育理念和管理能力，从而增强学校的社会影响力和吸引力。

高效的学生管理能够确保学生在安全、有序、富有成效的环境中学习和成长。这种环境有利于培养学生的专业技能和综合素质，激发他们的学习热情和创新精神。良好的学习成果和学生发展是学校形象的重要体现，可以提升学校的学术声誉和社会地位。人性化的学生管理则体现了学校对学生个性化需求和全面发展的关注。学校通过关心每一个学生，尊重他们的差异，鼓励他们的特长，满足他们的需求，创建公平、公正、透明的管理环境，体现学校的教育理念和价值观。这不仅能让学生感到被尊重和被理解，从而增强他们的归属感和满意度，也能让家长和社会看到学校的人文关怀和教育智慧，提升学校的形象和声誉。此外，高效、人性化的学生管理还有助于建立和保持学校和社会的良好关系。学校可以通过开展各种社区服务、公益活动等，让学生将所学知识和技能应用于实际，服务社会。这不仅能提升学生的社会责任感和实践能力，也能让社会看到学校的责任和贡献，增强学校的社会影响力。

6.推动学校管理科学化、规范化

将学生管理视为一门科学，研究其内在规律，实际上是对教育管理理念的一种革新和提升。这样的观念转变，使管理者更倾向于运用科学的方法和理论来指导和优化学生管理，而非单纯依靠经验和直觉。从这个角度出发，高校可以将学生管理的各个环节、程序和结果进行量化分析和评估，以此来寻找最佳的管理策略和方法，从而提高学生管理的效率。

科学的学生管理强调数据的采集和分析。对学生的学习、行为、健康、心理等各个方面的数据进行持续、系统的采集和分析，可以帮助管理者更准确地了解学生的真实情况，预测学生的需求和问题，以此来制订更为精准、个性化的管理策略。例如，通过对学生学习数据的分析，管理者可以发现学生的学习弱点和问题，提前进行干预和辅导，提升学生的学习效率。程序的规范性和透明度同样非常重要，科学的管理过程应当是可预测、可控制、可复制的。在学生管理中，管理者应当建立一套清晰、公正、公平的规章制度，让所有的学生都清楚知道自己的权利和责任，了解管理的标准和程序，这样可以提升学生的参与度和满意度，增强管理的公信力。科学的学生管理还强调结果的评估和反馈。管理者应当对学生管理的效果进行定期评估，包括学生的学习成绩、行为表现、心理状态、满意度等各个方面，以此来检验和优化管理策略，不断提升管理的效果。同时，管理者也应当及时将管理的结果反馈给学生和家长，让他们了解学生的进步和问题，以此来增强他们的信任和支持。

二、高校学生管理的特点

高校学生管理对于学校以及学生的发展来说非常重要，高校学生管理的内容是立足于大学生身心发展特征以及高校自身功能定位形成的，因此具有鲜明的特点。高校学生管理的特点主要包括以下几个方面，具体内容如图1-1所示。

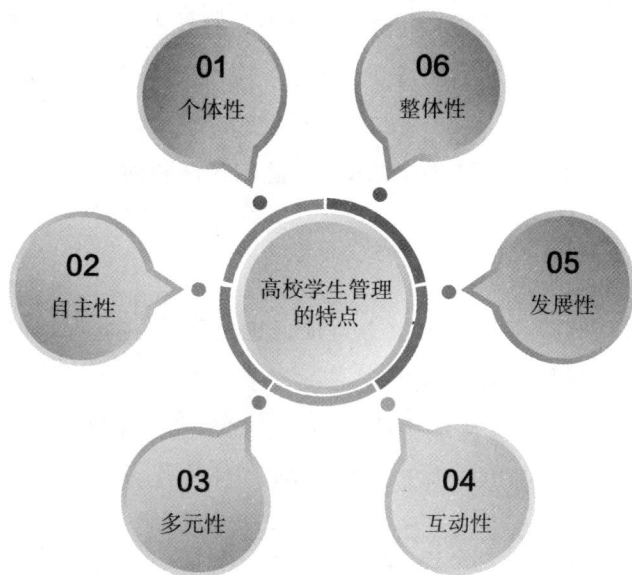

图 1-1 高校学生管理的特点

（一）个体性

在高等教育阶段，学生已经具有一定的独立思考能力和自我发展能力，他们对于学习和生活有着自己的理解和追求。每个学生的兴趣、激情、能力和目标都可能有所不同，这就要求高校学生管理工作不能一刀切，而应注重个体性，尊重学生的个性和差异，提供个性化的教育和服务。

个体性的学生管理要求管理者对每一个学生进行全面、深入的了解。这包括了解学生的家庭背景、学习成绩、兴趣爱好、性格特点、学习方式、职业规划等各个方面，以此来了解学生的需求和期望，预测学生的行为和问题，为学生提供精准、有效的帮助和支持。只有深入了解每一个学生，才能有效地进行个体化管理。在学生管理中，管理者还应制订和实施个性化的教育和服务方案。这不仅包括个性化的教学，如差异化教学、项目化教学、实践化教学等，也包括个性化的指导，如职业生涯指导、心理指导、健康指导等，还包括个性化的活动，如社团活动、实践活动、创新活动等。通过这些个性化的教育和服务，可以满足学生的个性需求，引导学生按照自己的兴趣和目标进行学习和发展。个体性的学生管理还要求管理者进行持续、动态的评估和反馈。管理者应当对学生学习、行为、心理等各个方面进行持续、动态的评估，以此来了解学生的进步和变化，优化管理策略，提升管理效果。同时，管理者也应当及时将评估的结果反馈给学生，让他们了解自己的优点和不足，明确自己的目标和方向，增强自己的自信和动力。

（二）自主性

自主性是高等教育的一个核心特征，也是高校学生管理的一个关键特点。这一特点不仅体现在学生的学习活动上，如自主选择课程、自主规划学习路线等，也体现在学生的生活活动上，如自主管理寝室、自主组织活动等，更体现在学生的思想行为上，如自主设定目标、自主解决问题等。这种自主性要求管理者在尊重和保护学生的自主权的同时，引导和支持学生正确地行使自主权，培养和提升学生的自主能力。

鼓励学生的自主性要求管理者赋予学生一定的自主权。这包括学习上的自主权，如选择课程、安排学习时间、选择学习方式等；生活上的自主权，如选择宿舍、安排生活日程、参与社团活动等；思想上的自主权，如表达观点、决定行为、设定目标等。只有赋予学生足够的自主权，才能激发他们的积极性和创造性，培养他们的独立性和责任感。鼓励学生的自主性，也要求管理者引导和支持学生正确行使自主权。这包括提供信息和建议，帮助学生明确自己的需求和目标，做出明智的决策；提供资源和环境，帮助学生实现自己的计划和目标，提升自己的能力和素质；提供反馈和评价，帮助学生了解自己的进步和问题，调整自己的行为和态度。只有引导和支持学生正确地行使自主权，才能避免他们偏离正确的方向走向危险的深渊。鼓励学生的自主性，还要求管理者培养和提升学生的自主能力。这包括学习上的自主能力，如自主学习、自主研究、自主创新等；生活上的自主能力，如自主管理、自主合作、自主服务等；思想上的自主能力，如自主思考、自主判断、自主决策等。只有培养和提升学生的自主能力，才能让他们真正成为自主的、独立的、有能力的人。

（三）多元性

多元性是高校学生管理的另一个重要特点。高校的学生群体是一个多元化的群体，他们来自不同的地域、拥有不同的文化背景、追求不同的学术兴趣和生活理想。因此，高校学生管理需要充分考虑到这种多元性，打破一切形式的僵化管理模式，为学生提供多元化的教育和服务，创造出包容性的学习环境和生活环境。

多元性首先体现在学生管理的理念上。管理者应当尊重学生的差异，接纳学生的多样性，鼓励学生的个性化。这要求管理者不仅要接受学生的不同，而且要欣赏学生的不同，甚至要利用学生的不同，发掘他们的潜能，培养他们的特长，促进他们的发展。多元性也体现在学生管理的策略上。管理者应当针对学生的差异，制订多元化的管理策略，提供多样化的管理服务，实施差异化的管理措施。这要求管理者不仅要掌握学生的共性，而且要了解学生的特性，甚至要预测学生的变性，以便管理者在管理上做到有的放矢，达到事半功倍的效果。多元性还体现在学生管理的评价体系上。管理者应当根据学生的差异，采用多角度的评价方式，形成全面的评价结果，形成综合的评价报告。这要求管理者不仅要重视学生的表现，而且要关注学生学习的过程，甚至要期待学生的进步，以便管理者在评价上做到公正公平，达到激发学生潜能的目的。

（四）互动性

高校学生管理不只是学校对学生的单向控制或指导，更是一个包含学生、教师、学校管理者、家长和社会等多方参与的互动过程。在这个过程中，各方通过相互交流、合作，共同推动学生的成长和发展。这种互动性体现了现代教育理念的人本主义精神，体现了对学生自主性、主动性、创新性的尊重和倡导。

互动性首先体现在教师与学生之间。教师不再是知识的唯一传递者，而更多地扮演着引导者、促进者和参与者的角色。教师通过与学生的深入交流，了解学生的需求和困惑，调整教学策略，引导学生主动参与学习过程。同时，学生也能通过与教师的互动，提升自我认知，增强学习兴趣，形成深层次的学习。互动性还体现在学生与学生之间。学生与学生间的交流和合作，能够开阔思维，增强社会交往能力，培养团队协作精神。通过小组讨论、项目合作等活动，学生能够学习到更多的知识和技能，也能学习到如何有效地与他人沟通和协作。

不仅是在课堂教学中，在学生与社会的交流中也能体现出学生管理的互动性特征。学校应鼓励和支持学生参与到各类社会实践活动中，如志愿服务、社会调查、实习实践等。这种活动能让学生将所学知识应用到实际生活中，提高他们的社会适应能力，增强他们的社会责任感。互动性还体现在学生与学校管理者，以及学生与家长的交流中。学校管理者应倾听学生的声音，充分考虑他们的需求和意见，在制订学生管理策略时充分与学生沟通，实现共识。家长也应参与到学生的学习生活中，与学校和学生保持密切的沟通，共同关心和促进学生的成长。

（五）发展性

发展性是高校学生管理的又一核心特征。对于高等教育机构而言，学生的个人发展与成长是其首要的教育目标。因此，高校学生管理的策略与行动不仅应致力于维持校园的秩序与安全，更应以推动学生全面、均衡发展为最终目标，包括学生的智力发展、身心健康、人际交往能力、职业准备、领导力和社会责任感等各个方面。

对学生的智力发展而言，高校管理应鼓励学生进行独立思考，勇于挑战传统理念，培养他们的创新意识和批判性思维。学校应通过组织各种学术活动，比如学术讲座、研究项目、论文竞赛等，为学生提供开阔思维、深入学术、锻炼批判性思维的机会。高校学生管理还应关注学生的身心健康。学生在高校阶段，会遇到各种压力，比如学业压力、人际压力、就业压力等，这些压力可能影响他们的身心健康。因此，学校应提供相应的心理咨询服务，举办健康讲座和活动，引导学生积极应对压力，保持身心健康。高校管理者也需要注意到学生的社交和职业发展。通过组织各种社团活动、团队项目、实习活动，学校能够帮助学生建立广泛的社交网络，增强团队合作和领导力，同时提供实际工作经验，为他们的职业发展打下基础。在人格培养方面，高校则应通过教学和各类活动，培养学生的道德品质，让他们理解并积极承担社会责任。通过社区服务、公益活动等，学生能学习到关爱他人，贡献社会的重要性。

（六）整体性

高校学生管理是一个涵盖学生学习、生活、思想、健康、职业等各个方面的全过程管理。因此，高校学生管理应当注重整体性，从全局出发，进行系统、有机的管理。高校学生管理的整体性体现在以下几个方面：

第一，高校学生管理注重学生的全面发展，包括学术、专业、社交、思想、健康和职业等各个方面。学校管理者从学生入学到毕业全过程进行管理，提供学习、生活、就业等方面的支持与指导，帮助学生全面发展。第二，高校学生管理需要整合各类资源，包括教学资源、学生服务资源、社会资源等。通过有效的资源整合，学校能够提供学术支持、就业指导、心理咨询、实践机会等多方面的服务，满足学生的多样化需求，促进学生的全面成长。第三，高校学生管理需要制订综合性的管理策略，将各个方面的管理融为一体。管理者从全局出发，明确学生的发展目标和规划，制定相应的政策和规章制度，引导学生在学术、专业、社交等方面得到均衡发展。第四，高校学生管理强调各个管理部门和教职员工之间的协同合作。学校建立跨部门的协作机制，促进信息共享、资源整合和问题的解决，以实现学生全面发展的目标。协同合作能够提高管理效率，优化学生服务，为学生提供综合性的支持与指导。[①]

---

① 王瑛.高校学生管理创新模式研究[M].长春：吉林大学出版社，2016：14-16.

第二节 高校学生管理的对象与任务

一、高校学生管理的对象分析

（一）大学生的身心发展特征

1.生理发展特征

大学期间是学生个人生理发育走向成熟的阶段。在这个阶段，身体已经完成了主要的发育过程，青年人的体格、力量和耐力等身体素质达到了顶峰。然而，与这种生理成熟相对的是，此时的大学生常常面临来自学业、生活和社交等方面的压力。

学业压力是对大学生生理健康产生影响的主要因素之一。在一些情况下，繁重的课业负担、竞争压力、考试压力等都可能导致大学生出现压力过大、焦虑、失眠、精神紧张等问题，严重时可能会影响身体健康。而长时间的用脑和久坐还可能导致视力下降、颈肩疼痛等问题。生活环境的变化也可能对大学生的生理健康产生影响。大学生离开父母的庇护，开始独立生活，生活节奏、饮食习惯、生活习惯等都可能发生变化。尤其是饮食习惯的改变，如果不能保证营养均衡，可能会导致身体状况下滑。而大学生常常熬夜、作息不规律，这些不良习惯也会对身体产生负面影响。运动量的不足是大学生面临的另一个问题。虽然很多大学生都知道运动的重要性，但是因为学业压力大、时间安排不当等原因，他们的运动量常常不足，这会导致身体素质下降，对身体健康产生影响。大学生生理健康呈现出的一系列特征，主要是其生活与学习环境较之以往发生巨大变化而产生的。学生的安全与健康管理是学生管理中的重要内容，因此若想更好地开展学生管理，就必须充分了解学生的生理发展特征，并以此为基础设计科学的管理方案。

2.情感发展特征

大学生的情感发展特征具有多元化、复杂化的特点，这是他们从青少年阶段过渡到成年阶段的重要标志。这一阶段的情感发展涉及个体自我认同、人际关系的建立和维护、生活压力的应对等多个方面，形成了他们情感世界的主要特点。

随着年龄的增长与认知能力水平的提升，大学生的情感发展呈现出高度的自我认同和自我价值追求。他们开始更深入地探索自我，明确个人的价值观和人生目标，对自身的情感体验有更深的理解和掌控。在人际交往中，他们希望被他人理解和接纳，希望他人能够尊重他们的情感体验和价值观。在这个过程中，他们可能会经历情感的挣扎和困惑，但最终会形成比较稳定的自我认同和自我价值。大学生的情感发展在人际关系的建立和维护上也有显著的阶段性特征。他们开始接触和建立更广泛、更深入的人际关系，包括友情、恋爱关系等。他们在这些关系中学习如何表达情感，如何理解他人的情感，如何处理冲突和挫折。这些人际关系的经历对他们的情感成熟有着重要的影响。然而，人际关系的挫折和失败也可能给他们带来情感上的困扰和压力。与初高中学生不一样，在大学阶段，学生能够展现出应对生活压力的能力。他们在面对学业压力、就业压力、人际关系压力等多重压力时，需要调动自己的情感资源，保持积极的情绪态度，寻求情感支持和调适情感的方法。他们在应对压力的过程中，会逐渐发展出一套有效的应对策略和技巧，这对他们的情感健康和个人成长有着积极的影响。

3.智力发展特征

大学生智力发展的特征，首先表现在他们的思维方式上。相较于中学时期较为具体的思维方式，大学生已经具有较强的抽象思维能力。他们能够进行逻辑推理，能够理解和处理抽象的概念和理论，能够对复杂的问题进行深入的分析。他们开始习惯于用批判性的眼光看待问题，不再盲目接受已有的知识和观念，而是愿意进行独立的思考，发现和解决问题。这种智力发展的特征，使得大学生更加适应于高等教育的学习模式，能够从深度和广度上拓宽知识领域。在大学期间，学生们需要学习大量的专业课程，他们的管理知识和技能在这个过程中得到了极大的提升。他们学会了如何运用管理知识来解决实际问题，如何将理论知识转化为实际操作，如何进行创新性的思考和研究。这种管理知识和技能的增长，使得大学生在毕业后更加适应职场的需求，有更强的竞争力。大学生的智力发展还表现在他们对自我认知的提高上。在大学期间，学生们需要进行大量的自主学习，他们在这个过程中更加了解自己的学习风格、学习方法、学习兴趣等。他们了解自己的优点和不足，对自己的能力和潜力有更清晰的认识。这种自我认知的提高，使得大学生更加自信，更有动力去追求自己的目标，更有能力去实现自己的价值。

4.社会性发展特征

独立生活能力的提高是大学生社会性发展特征中最为显著的一点。进入大学后，许多学生第一次离开家，开始独立面对生活中的各种问题。其中包括学习、生活、人际关系等多方面的问题。他们需要学会自我管理，如合理安排时间，保证足够的休息和锻炼，平衡好饮食和学习等。他们需要学会自我服务，如自己洗衣做饭，处理生活中的各种突发事件等。这种独立生活能力的提高，使大学生在面对生活挑战时，能够更加自信，更有力量。

大学阶段，学生的社会适应能力也有着显著的提升。大学是一个小型的社会，有着复杂的人际关系和社会规则。学生们需要学会在这个环境中生存和发展，需要学会与各种人交往，处理各种人际关系。他们需要学会理解和遵守社会规则，遵守公共秩序，尊重他人的权益。他们需要学会承担社会责任，如参与社区服务，关注社会问题等。这种社会适应能力的提升，使得大学生在面对社会挑战时，能够更加成熟，更有担当。

大学生的社会性发展特征还表现在社会实践能力的增强上。大学期间，学生们有很多机会参与到各种社会实践活动中，如社团活动、实习实践、志愿服务等。这些活动使学生们有机会将课堂上学到的知识运用到实际中，有机会面对真实的社会问题，有机会提高自己的实际操作能力和团队协作能力。这种社会实践能力的增强，使大学生在面对未来职场的挑战时，能够更加从容，更有经验。

5.人生观、世界观与价值观的发展

大学期间，是学生形成和发展价值观、世界观和人生观的关键时期。在这个阶段，他们面临着从青少年到成年人的过渡，必须独立思考，形成自己对世界的理解和看法，对人生的设想和规划，以及对自己和他人价值的判断和选择。这是一个寻求自我认同，明确人生目标，塑造个性特色的过程。世界观的形成与发展，主要表现在对世界和人生的认知上。大学生通过专业学习，增长知识，扩宽视野，不断深化对世界和人生的理解。他们开始从宏观的角度去看待世界，去理解生活，形成自己的世界观。这个过程中，他们可能会经历思想的碰撞和冲突，可能会产生疑惑和困惑，但正是这些挑战和困难，促使他们更深入地思考，更清晰地认识自己和世界。价值观的形成与发展则主要体现在对事物价值的判断和选择上。大学生通过学习和实践，发现自己的兴趣和爱好，认识到个人价值的实现途径，理解社会的价值取向，形成自己的价值观。这个过程中，他们可能会面临选择上的困难，可能会遭受挫折和失败，但正是这些经验和教训，帮助他们明确自己的价值标准，强化自己的价值追求。大学生的思维能力与认知水平相较于中学生有了很大程度的提升，通过反思和规划，大学生能够更加全面地认识自己，更好地厘清自己的人生方向，确定自己的生活方式，形成自己的人生观。这个过程中，他们可能会感到迷茫和焦虑，可能会受到外界的影响和压力，但正是这些探索和尝试，让他们找到自己的人生定位，坚持自己的人生信念。

（二）大学生群体的差异性

1.年龄差异

大学生群体由于自身的特殊性以及大学学制较长的学习时间，与中学生相比，存在相对较大的年龄跨度。如在大学的四年本科阶段，学生会从新鲜的大一新生，通过大二、大三，然后发展到面临毕业的大四学生。这四年的时间，尽管在整个人生历程中只是一个短暂的阶段，但对于学生本人来说，这是一个巨大的变化，他们在这四年中经历了从青少年到成年人的转变。也就是说，在大学本科阶段中，学生自身也存在显著的年龄差异。

学生的生活经验、认知水平和思维方式在大学阶段都在发生深远的改变。刚刚入学的大一新生，他们带着高中生活的习惯和思维方式，尚未适应大学的自由和独立，需要在生活和学习上都获得足够的指导和帮助。大二和大三的学生，他们已经适应了大学生活，开始更深入地投入到专业学习和社团活动中，也开始为自己的未来规划。而到了大四，学生们需要面对毕业和就业，他们的认知水平和思维方式更加成熟，对自己和世界有了更深的理解。当然，大学生不仅仅包括本科生，从本科生到研究生，甚至博士生，他们的年龄差异可能会非常大。这就意味着他们在生活经验、认知水平、思维方式等方面都可能存在较大的差异。

这种年龄差异对于大学生管理来说具有较大的影响。对于不同年级的学生，学校需要提供不同的教育和服务。例如，对于大一新生，学校可能需要提供更多的生活指导和心理咨询，帮助他们适应大学生活；而对于大四学生，学校可能需要提供更多的就业指导和职业规划指导，帮助他们顺利过渡到社会生活。同时，学校还需要提供各种教育和服务，满足学生在成长过程中不断变化的需求。此外，大学生的年龄差异也意味着他们在价值观、世界观的形成上存在差异。大一的学生可能还在寻找自我，探索自己的价值观；而大四的学生可能已经对自己的价值观有了清晰的认识，开始着眼于如何实现这些价值。因此，在教育和管理大学生的过程中，也需要充分考虑他们在价值观、世界观形成上的差异，提供适当的引导和支持。

2.性别差异

性别差异在很大程度上影响着学生的思维模式与行为习惯，是高校管理所应重点关注的问题。大学生的性别差异表现在许多方面。在大学期间的成长、学习和社会交往过程中，男生和女生往往展现出各自独特的认知方式、学习风格、情绪表达和人际交往等方面的特点。这种差异既与生物学上的性别差异有关，也与社会文化环境中对性别角色的期待和塑造有关。性别差异也可能影响学生的认知方式。研究发现，男生和女生在处理信息和解决问题的方式上可能存在差异。一般来说，男生在处理空间、量化等类型的问题时，表现得更为突出，而女生则在语言表达、细节观察等方面有优势。这种差异可能导致他们在选择专业、课程或者职业方向时，会有所偏好。性别差异也可能影响学生的学习风格。例如，一些研究发现，男生可能更喜欢通过实践和探索来学习，善于独立思考和解决问题；而女生则可能更喜欢通过合作和交流来学习，更注重团队协作和人际关系。这种差异可能导致他们在学习方式和学习环境的选择上有所不同。此外，男生和女生在情绪表达和人际交往上也可能存在差异。男生可能更习惯于内化自己的情绪，而女生则可能更习惯于外化自己的情绪。在人际交往中，男生可能更注重竞争和独立，而女生则可能更注重合作和关系维护。

在大学生管理中，管理者在管理实践中要重视学生的性别差异，一方面，学校应当尊重并理解这些差异，避免性别刻板印象和性别歧视，给予每个学生平等的机会和资源。另一方面，学校也可以根据这些差异，提供差异化的教育和服务，满足不同性别学生的不同需求，如提供更适合男生或女生的课程、活动和服务。同时，学校也应鼓励学生跨越性别界限，多元地发展自己的能力和兴趣。

3.地域差异

地域差异同样是大学阶段表现较为显著的学生差异性之一。在中学阶段，学生大多来自同一地区，身处的文化圈接近，习惯相似。到了大学，来自五湖四海的学生汇聚一堂，他们带来的地域性差异涵盖了多元的生活方式、价值观和行为习惯等诸多方面，使得大学校园成为一个文化交融、观念碰撞、思想激荡的场所。地域差异主要体现在学生们的生活方式上，如饮食习惯、生活节奏、日常娱乐、节日习俗等方面。例如，南方的学生可能更习惯于米饭为主的饮食，而北方的学生可能更喜欢面食。这种饮食上的差异往往反映出更深层次的地域文化和生活方式的差异。对于国际学生来说，他们可能带来的是完全不同的语言和文化背景，比如西方的学生可能习惯于更为自由开放的教育和生活环境，而东方的学生可能更注重集体和和谐。地域差异还体现在不同学生的价值观和行为习惯上。这可能来源于不同地域的教育方式、家庭教育、社会环境等因素的影响。例如，城市的学生可能更加独立，更注重个性和创新，而乡村的学生可能更加谦逊，更注重团队和传统。这些价值观和行为习惯的差异在大学生的学习、交往和生活中都可能表现出来。

在大学生管理中，管理者要充分认识到地域差异对管理工作的重大影响。一方面，学校需要尊重和理解这些差异，创建一个包容和开放的环境，让每个学生都能在大学中找到自己的位置。另一方面，学校可以利用这些差异，促进学生之间的交流和学习，让他们在碰撞和融合中开阔眼界，丰富人生经验。例如：通过组织各种地域文化活动，让学生了解并尊重彼此的文化和价值观；通过跨地域的合作项目，让学生学习和借鉴彼此的优点，提升自己的能力和素养。[①]

4.专业差异

专业差异是伴随着高等教育基本育人模式产生的一种学生之间的差异性，大学生的专业选择是他们身份的一大特征，这不仅塑造了他们的学习路

---

① 王瑛.高校学生管理创新模式研究[M].长春:吉林大学出版社,2016:10-12.

径，也影响了他们的思维方式和职业兴趣。在大学，一种多元的学科领域让学生有机会探索和钻研各种不同的知识，从自然科学到社会科学，从工程技术到艺术人文，这些专业领域的差异使得大学校园成为一个充满活力和创新的地方。

专业差异表现在学生的学习经历上。不同的专业有其特定的学习内容和方法，例如：自然科学方向的学生可能需要花费大量时间在实验室进行实验，而社会科学方向的学生可能需要阅读大量的文献资料，艺术专业的学生可能需要进行大量的创作实践。这种学习经历的差异不仅让学生掌握了不同的管理知识，也培养了他们不同的技能和素质。专业差异还影响学生的职业兴趣。专业差异对学生的职业意向也具有重要的导向作用，学生选择的专业往往与他们未来的职业方向有着密切的关系，比如，医学专业的学生可能会选择成为医生，教育专业的学生可能会选择成为教师，而商科专业的学生可能会选择进入企业。而在大学学习的过程中，他们的职业兴趣也会在接触专业课程、进行实习实践、职业规划等活动中得到发展和锤炼。

在学生管理中重视学生的专业差异，管理者需要提供丰富和多元的专业选择，满足学生的不同需求和兴趣，同时要提供高质量的专业教育，让学生在专业领域中得到充分的学习和发展。同时，管理者也需要注重跨专业的交流和合作，打破学科壁垒，促进学生全面发展。例如，可以通过跨专业的课程和项目，让学生了解和学习其他领域的知识，开阔视野，提高创新能力。

5.家庭背景差异

大学生的家庭背景无疑是影响他们成长和发展的重要因素之一。家庭的经济状况、教育环境，父母的职业和受教育程度，这些元素的差异性在大学生中得以体现，而且对他们的人生轨迹、价值观形成，甚至职业选择都可能产生深远影响。

家庭经济状况是大学生差异性中的重要体现。家庭的经济状况会影响到大学生的生活方式，也会影响他们的学业选择和未来发展。例如，家庭经济条件良好的学生，可能有更多的机会去选择自己喜欢的专业，而不是被迫选择那些能够带来稳定收入的专业。他们可能有更多的机会去参加各种丰富的课外活动，进一步拓宽视野并提升能力。而家庭经济条件相对较差的学生，则可能需要通过打工等方式自我资助，或者在选择专业时更多地考虑就业前景，从而影响他们的大学生活和未来规划。家庭教育环境也对大学生产生重要影响。成长环境中的教育理念、父母的期望、家庭成员之间的关系和氛围等，都会影响大学生的性格塑造、人际关系处理，以及他们对于学业和未来的期待。例如，来自家庭教育氛围较为自由开放的大学生，可能在处理问题和面对挑战时表现得更为主动和自信；而来自家庭教育环境较为严格或保守的大学生，可能更倾向于遵循规则和避免冲突。

因此，在大学生的教育和管理中，管理者需要了解学生的家庭背景与成长环境，充分认识和尊重由其产生的学生各方面的差异，尽可能提供公平和公正的机会和服务，帮助学生们实现更好的发展。

6. 个体特质差异

每个大学生都是一个独立的个体，他们的性格、兴趣、能力和经历都各不相同，这些个人特质的差异性在大学生群体中得以广泛体现，它们塑造了每个学生独特的学习方式、人际交往模式，乃至生活方式，对他们的发展和未来都有重大影响。

每个大学生的兴趣和能力也各不相同。有的人可能对科学研究有浓厚的兴趣；有的人可能对文艺创作有特殊的才华；有的人可能擅长运动；有的人则可能在组织和领导方面有出色的表现。这些兴趣和能力的差异性为大学生提供了丰富的发展机会，也提出了不同的教育和管理需求。例如，对于对科学研究有浓厚兴趣的学生，高校需要提供更多的科研机会和资源；而对于擅长运动的学生，高校需要提供更多的运动场地和设施。学生经历的不同也会导致大学生个体特质的差异，有的人可能在中学时期就已经取得了丰硕的成果；有的人可能在面临挫折和困难时表现出自己的坚忍和毅力；有的人可能通过各种实践活动积累了丰富的经验和技能。这些经历影响大学生的信念和价值观，也影响他们的学习动机和目标。例如，对于有丰硕成果的学生，高校需要提供更高的学术挑战和更丰富的发展机会；而对于经历过挫折和困难的学生，高校需要提供更多的支持和帮助。

学生个体特质差异要求管理者在管理实践中要坚决贯彻以人为本的管理理念，一切从促进学生全面发展这一根本任务出发，尊重学生个性，重视学生个性发展，优化管理模式，灵活调整管理方法。

二、高校学生管理的任务

高校学生管理的任务复杂多样，集中体现为以下几点，具体内容如图 1-2 所示。

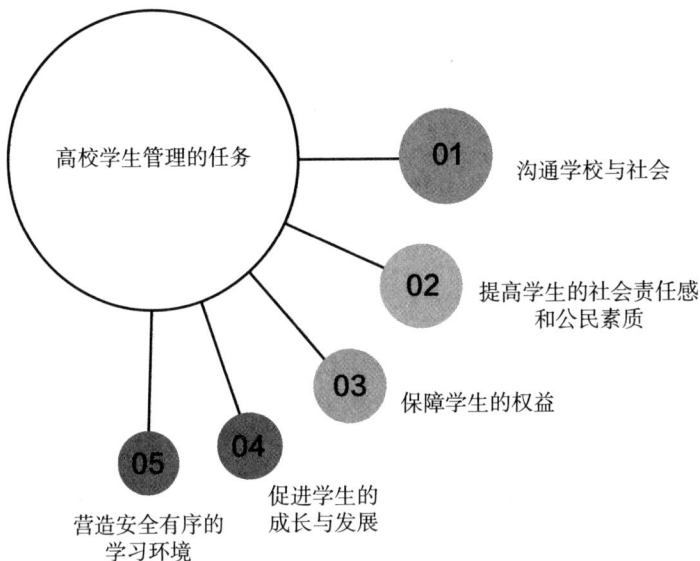

图 1-2　高校学生管理的任务

（一）营造安全有序的学习环境

在现代教育理念下，提供安全和有序的学习环境是高校学生管理的首要任务之一。高校的学习环境对于学生的日常学习生活，以及身心发展有直接影响。校园环境对于学生的心理和行为具有重要的影响，良好的校园环境可以促进学生身心的健康发展，使学生沐浴在美的氛围中，充分调动学生的积极性和主动性，提升学习效率，有利于学生良好学习习惯的养成。相反，不健康的校园环境则会对学生的成长和发展产生不利的影响。学生的身心健康是其正常学习、生活、交往、发展的前提和基础，校园环境的好坏直接影响学生心理健康的发展。因此，校园环境的建设应该得到充分的重视。

为了维护良好的学习环境，高校必须首先保证学校有一个安全的环境。这包括确保校园设施的安全性，例如楼梯、电线和实验室设备等都应定期进行安全检查。并且，学校还需要建立一套完整的应急处理机制，以应对可能发生的安全事件，如火灾、校园暴力等。此外，预防是最有效的安全保障，学校应定期对学生进行安全教育，提高他们的安全意识。高校还需要保持学校环境的卫生和美观。一个干净、整洁、美观的环境有助于提升学生的学习积极性和满意度，同时可以减少可能导致疾病的健康隐患。学校应定期清扫校园，确保公共区域的卫生，并鼓励学生参与环保活动，共同维护校园环境。同时，为了提升校园的美感，学校可以组织艺术展览、壁画绘制等活动，营造一个充满艺术气息的环境。

规范学生的行为，维护学校的教学秩序和生活秩序是维护安全有序学习环境的另一个关键因素。学校需要制定一套公平、公正、透明的规章制度，让学生明了何为恰当行为、何为不当行为，并按照制度进行管理。同时，学校应以尊重和理解为基础，允许学生在规章制度下有一定的自由度，鼓励他们自我管理，培养他们的责任感。总的来说，高校学生管理工作的目标应该是创造一个安全、有序、包容、创新的学习环境，让每一个学生都能在其中找到属于自己的位置，实现自我价值。

（二）促进学生的成长与发展

高校学生管理的另一个重要任务是促进学生的成长和发展。在这个阶段，学生正处于人生的关键转折点，他们从青少年步入成年，从依赖父母转向自我独立，从接受知识转向创造知识。这个阶段的成长和发展对他们未来的生活和工作有着深远影响，因此，学校有责任为他们提供全面、均衡的发展机会。促进学生的成长与发展，主要体现在以下几个方面：

第一，学校应帮助学生保持身心健康。对于身体健康，学校应提供丰富多样的体育活动和设施，鼓励学生积极参加体育锻炼，培养他们的体育兴趣和习惯。对于心理健康，学校应设立心理咨询中心，提供专业的心理咨询服务，帮助学生应对压力、解决问题，提高他们的心理素质和应对挫折的能力。

第二，学校应帮助学生提高学习和生活技能。在学习方面，学校应提供多元化的教育资源，满足学生的学习需求，鼓励他们探索自我、发现兴趣、追求卓越。在生活方面，学校应教授学生如何独立生活，如何处理人际关系，如何规划未来，让他们在学校中学到的不仅仅是知识，更是人生的智慧。

第三，学校应培养学生的创新性思维和批判性思维。现代社会需要的是能够独立思考、创新地解决问题的人才，因此学校应把创新和批判性思维作为教育的重要目标，通过课程设置、教学方法、实践活动等方式，激发学生的创新精神，提高他们的批判性思维能力。

第四，学校应帮助学生形成健康的世界观、人生观和价值观。大学是学生形成世界观、人生观、价值观的重要阶段，学校应通过德育教育、社会实践、文化活动等方式，引导学生树立正确的价值观，积极的人生观，实现自我价值。总的来说，高校学生管理工作的目标应该是帮助每位学生实现全面、均衡的成长和发展。通过关注学生的身心健康、提高学习和生活技能、培养创新和批判性思维、引导形成健康的价值观和人生观等方面的工作，学校可以为学生提供全方位的支持和指导，帮助他们在大学期间充分发展自己的潜能，为未来的人生做好准备。

（三）保障学生的权益

保障学生的权益是高校学生管理的重要任务，作为学校的一分子，学生不仅是教育的接受者，也是校园活动的参与者，他们应享有自己的权益，而学校则有责任保障学生的这些权益，如学习权、知情权、参与权、表达权和隐私权等。

学习权是学生最基本的权益。学校应为学生提供优质、公平的教育，无论他们的性别、种族、经济状况等，都应有平等接受教育的权利。学校应尊重学生的学习兴趣和特长，提供丰富多样的教育资源，满足他们不同的学习需求。知情权也是学生的重要权益。学校应公开、透明地向学生提供关于教育、管理、服务等方面的信息，让学生了解学校的决策过程，理解学校的规章制度。学校也应听取学生的意见和建议，尊重他们的声音，让他们参与到学校的决策和管理中来。参与权是学生的重要权益。学校应鼓励学生参与到校园生活中，如参加社团活动、公共服务、学生政务等。这样不仅能丰富学生的校园生活，提高他们的社会技能，也能让他们有机会实践自己的想法，提升自己的能力。表达权是学生的基本权益。学校应尊重学生的言论自由，允许他们表达自己的观点和情感，无论这些观点是支持学校还是批评学校。学校应为学生提供表达自己的平台，如学生报纸、社交媒体、公共论坛等。隐私权是学生的重要权益。学校应尊重学生的个人隐私，不得未经学生同意就获取、使用或公开他们的个人信息。学校应建立完善的隐私保护政策和措施，对侵犯学生隐私的行为应严肃处理。

高校在保障学生权益方面的工作，不仅是为了满足法律和道德的要求，也是为了营造一个公正、平等、有温度的学习环境。通过关注学生的学习权、知情权、参与权、表达权和隐私权等方面的需求，学校能够更好地保障学生的权益，促进他们的全面成长和发展。学校需要建立健全的机制，制定明确的政策和规章，加强对学生权益的宣传和教育，以确保学生的权益得到有效保护和实现。同时，学校还需要与学生建立良好的沟通和合作关系，倾听他们的声音和需求，共同推动学校学生管理工作的不断完善。只有在保障学生权益的基础上，学校才能真正实现其教育使命，培养出符合新时代要求的优秀人才。

（四）提高学生的社会责任感和公民素质

大学是培养未来公民的重要场所，因此提高学生的社会责任感和公民素质也是高校学生管理的重要任务。在现代社会，管理者需要的不仅仅是拥有专业技能的人才，更需要有道德素质、有社会责任感的公民。高校应以此为目标，通过多元化的教育方式，使学生明白自己是社会的一员，有为社会做贡献的责任，培养他们的社会责任感，提高他们的公民素质。

为更好提高学生的社会责任感和公民素质，学校应在课程设计中注重社会责任感的培养。除了专业课程，学校应设置涉及社会问题和公民责任的课程，使学生对社会现象有深入的理解，明白自己的责任和义务。同时，学校也应通过开设公共服务课程、组织公益活动等方式，让学生亲身体验到社会服务的过程，从中感受到自己对社会的影响，提高他们的社会责任感。学校还应通过实践活动提高学生的公民素质。可以组织各种形式的社会实践活动，如社区服务、环保活动、志愿服务等，通过这些活动，学生可以亲身参与到社会中，了解社会的需求，认识自己的社会角色，提高他们的公民素质。

学生的社会责任感和公民素质的培育与其思想道德水平是分不开的，学校应引导学生树立正确的价值观，培养他们的道德素质。学校可以通过开展道德讲座、组织道德讨论、进行道德评价等方式，教育学生尊重他人、尊重规则、尊重社会，帮助他们树立正确的道德观念，提高他们的道德素质。

（五）沟通学校与社会

沟通学校与社会同样是高校学生管理的重要任务，帮助学生从校园生活过渡到社会生活是大学育人的重要目标之一。这个过程不仅包括学术知识和专业技能的培养，也包括对社会规则和社会关系的理解，对未来职业和生活的规划，以及对社会服务和公民责任的认识。通过建立校外实习、就业、社会服务等平台，学校可以帮助学生建立社会关系，适应社会生活，为他们的未来做好准备。

为了更好地沟通学校与社会，学校应提供多样化的实习机会，帮助学生理解和适应职场环境。这包括与企业和机构合作开设实习项目，设立校外实习基地，提供职业咨询和就业指导等。通过这些方式，学生可以在真实的工作环境中了解行业动态，掌握专业技能，体验工作压力，形成职业观念。这不仅可以提升学生的就业竞争力，也可以帮助他们明确自己的职业方向和职业规划。学校还应开展社会服务活动，培养学生的社会责任感和公民素质。这包括组织志愿者服务、社区服务、环保活动、公益活动等。通过这些活动，学生可以深入了解社会问题，增强社会责任感，提升公民素质。同时，这些活动也可以帮助学生提升团队协作能力、领导能力、沟通能力等，提升他们的社会技能。

当今时代，教育主体不断多元化。同时，高校的核心任务之一就是帮助学生实现就业，为社会发展提供高素质的人才，为了帮助学生实现良好的过渡，学校需要建立与社会的联系，帮助学生建立广泛的社会关系。这包括组织各类讲座、研讨会、交流会等活动，邀请社会人士、校友、企业家、专家学者等来校交流，提供网络平台、社交活动等机会，让学生与社会人士交流，扩大社会视野，增加社会资源。这不仅可以提升学生的社会能力，也可以帮助他们建立人脉，为他们的未来开拓更多的可能。①

第三节　高校学生管理的指导思想与原则

一、高校学生管理的指导思想

（一）"以人为本"的思想

1."以人为本"的科学内涵

"以人为本"是马克思主义重要的思想结晶，始终蕴含在马克思主义理论体系之中，探讨"以人为本"的科学内涵，管理者要从马克思主义基本原理以及马克思主义中国化的理论成果中去寻找。

与传统哲学理念中强调"抽象的人"不同，马克思将人看作"现实的人"，认为人在本质上来说是一切社会关系的总和。"现实的人"这一概念是马克思历史唯物主义研究的出发点和归宿点。马克思定义"现实的人"是以物质生产活动为基础的，处于一定历史条件下、在一定的社会关系中从事生产实践活动的，有思想、观念和意识的个人。

马克思将"现实的人"作为唯物史观的基本前提，并提出了"现实的人"这一概念的一系列规定性。作为马克思理论重要的组成部分，历史唯物主义揭示了人类社会发展的一般规律，强调了人民群众在人类历史发展进程中的主体地位。人是实践的主体，人民群众是社会历史的创造者，是所有物质财富与精神财富的创造者，是促进社会变革的主要力量。人是实践的主体，人既是发展的根本目的，也是发展的根本动力，以人为本中的"人"，指的是广大的人民群众，既不是抽象的人，也不是某个人、某些人，发展需要依靠

---

① 王瑛.高校学生管理创新模式研究[M].长春：吉林大学出版社，2016：12-13.

人民群众，发展同样也需要为了人民群众。因此，在开展实践时，要充分重视人民的重要性，要始终站在最广大人民的立场上，代表最广大人民的根本利益。而具体到社会发展的各领域，"以人为本"中的人，指的则是发展的主体，比如在学生管理中贯彻以人为本的理念，就是以学生为本。

以人为本重视人的发展。马克思主义强调人的发展应该是自由、和谐、充分的发展，人具有社会性，人的发展与社会的发展紧密相连，两者互为发展条件。人是社会实践的主体，人在已有实践条件的基础上充分发挥主观能动性，不断进行创造性实践，在实现自我发展的同时，推动着社会不断向前发展，而社会的发展又为人的发展创造了新的实践条件。

以人为本也是我党开展工作的重要指导理念，我党在深入理解马克思主义群众路线的基础上，结合中国实践，形成了党的群众路线，即一切为了群众，一切依靠群众，从群众中来，到群众中去。纵观我党的百年宏伟征程，无论是在革命战争极端艰难困苦的环境中，还是在社会主义建设曲折探索的路途中，抑或是在新时代中国特色社会主义建设的伟大征程中，党始终不忘初心，坚持以人民为中心，在践行群众路线的同时，不断深化对群众路线的认识。习近平总书记在中共二十大报告中再次强调了以人民为中心的重要性，指出要坚持以人民为中心的发展思想，并再次强调了人民性是马克思主义的本质属性，党的理论是来自人民、为了人民、造福人民的理论，人民的创造性实践是理论创新的不竭源泉。管理者要在新时代坚决维护人民的主体地位，维护人民根本利益，增进民生福祉，不断实现发展为了人民、发展依靠人民、发展成果由人民共享的目标，让现代化建设成果更多更公平惠及全体人民。

2.在高校学生管理工作中贯彻以人为本的理念

（1）以人为本开展学生管理的整体考察。在高校学生管理工作中贯彻以人为本的理念，需要以尊重和保护学生的权益为原则，以满足学生的需求和期待为导向，主要从以下几点出发：

其一，以人为本的理念要求高校把学生的全面发展作为工作的首要目标。这意味着高校不仅要关注学生的学业成绩，还要关注他们的身心健康、性格培养、情感需求、社会技能等多方面的发展。学校应该为学生提供全面、均衡的发展机会，帮助他们保持身心健康，提高学习和生活技能，培养创新和批判性思维，形成健康的价值观和人生观，实现自我价值。

其二，以人为本的理念要求高校尊重和保护学生的合法权益。学校应该公平、公正地对待每一个学生，尊重他们的个性和差异，尊重他们的学习权、知情权、参与权、表达权和隐私权等。对学生的权益有侵犯的行为，学校应该及时处理和纠正。

其三，以人为本的理念要求高校关注和满足学生的需求和期待。学生的需求和期待是多元化的，包括学习需求、生活需求、情感需求、职业需求等。学校应该通过有效的沟通和咨询，了解学生的需求和期待，尽可能地满足他们的需求，帮助他们解决问题，提高他们的满意度和幸福感。

其四，以人为本的理念还要求高校关注和引导学生的自主发展。学生是学习的主体，他们应该有权参与和决定自己的学习和生活。学校应该鼓励和支持学生自我探索、自我表达、自我管理、自我超越，培养他们的自主学习能力、自主生活能力和自主发展能力。

（2）在教学中贯彻以人为本理念。在教学中贯彻以人为本理念具有悠久的历史，在我国体现为因材施教理论，在西方则体现为人本主义。

因材施教是"以人为本"理念在实践教学过程中的鲜明体现，其重视在教学过程的推进中，在教学方法的选择上充分贯彻"以人为本"的理念，因为学生在个性与天赋上存在很大的差异，教育活动若不能关注到这些差异性，就很难保证教育的质量与教育的效率。因材施教指的是教师在教学过程中，根据学生不同的认知水平、学习能力、性格特点以及生活环境，有针对性地选择适合不同学生的教学方法进行教学。因材施教的教育方法由来已久，在《论语·先进篇》中，就记载了孔子因材施教的典型案例。因材施教是以人为本的理念在教学实践中的表现，是一种尊重学生个性化发展的教学理念，它不但重视学生对知识的积累，还重视对学生自主学习能力的培养和提升，根据学生的特点因势利导，引导学生充分开发自己的潜能并进行创造性实践。

人本主义兴起于二十世纪五六十年代，由亚伯拉罕·马斯洛（Abraham H. Maslow）创立，是心理学的重要流派，强调人的自我实现。马斯洛认为，动机是人类个体成长的内在力量，而动机的形成受到诸多因素的影响，其中最为关键的就是人类发展的需要。人类的需要多种多样，而各种需要之间，则有层次高低之分，由于不同需要所形成的动机将决定人类的行为，进而影响个体境界的发展。马斯洛将个体的需求划分为五个层次，后来又扩大为八个层次，分别为生理需要、安全需要、归属与爱情需要、尊重需要、认知需要、审美需要、自我实现需要以及超越需要等。[①] 人本主义学习理论的重要代表人物是美国心理学家卡尔·兰塞姆·罗杰斯（Carl Ransom Rogers），罗杰斯认为人类的情感与认知是不可分割的，教学的目标是促进人躯体、情感、知识、精神的全面发展，他主张以学生为中心组织开展教学活动，促进学生自我学习能力的提升，不断追求自我发展与自我实现。

人本主义学习理论强调学生自主学习意识的培养与自主学习能力的提升。认为在教学过程中，教师应该重视学生的自主思想，鼓励学生在学习和探索知识时充分发挥主观能动性，分析自身的学习特点与学习现状，根据自身的学习需求自主制订学习计划，选择适合自己的学习方法，对自己的学习进程进行跟踪监控，总结分析自己的学习成果，反思自身在学习中存在的问题。学生是学习的主体，应当在教师的帮助下，通过建构知识内容，实现自我的发展与提升。[②] 人本主义着重讨论"人"的概念和意义，认为"人"是研究和理解人类社会与人类思维的基础。人本主义学习理论同样重视学生的内心世界对教学的影响，认为学习是学生的主观行为，在教学中应当将学生的认知、情感、动机等主观因素放在十分重要的位置。

在高校学生管理工作中贯彻以人为本的理念，很重要的途径就是在教学实践中重视学生的主体地位，强调学生的个性发展。

在教学中坚持以人为本的教育理念的一个重要方面就是尊重并关注个体差异。每个学生都有自己独特的学习风格、兴趣爱好、生活经历以及对特定主题的理解，这些因素在教育过程中都应得到充分的重视。为此，教育者需要在教学方法、内容选择、交流方式等多个环节反映出对个体差异的尊重和关注，让每一位学生在接受教育的过程中，能够感受到自我价值被认同与尊重，同时能够根据自身的特性和需求，得到最有效的学习与成长。

对于教学方法的选择，教育者需要采用多样化、个性化的教学方式。这

① 张利民.高校图书馆管理创新发展与应用[M].成都：电子科技大学出版社，2019：90-91.
② 马欣川.现代心理学理论流派[M].上海：华东师范大学出版社，2003：265-268.

意味着，在教学过程中不能仅仅采取一种传统的、标准化的教学方式，而是需要根据每个学生的特点和需求，灵活地运用各种教学方法。例如，对于一些喜欢动手操作、学习能力强的学生，可以通过项目式学习、案例分析等方式进行教学；对于一些善于思考、喜欢独立工作的学生，则可以采取独立研究、探究学习等方式。通过这种多元化、个性化的教学方式，可以使每一个学生都能在适合自己的方式中获得最有效的学习。

对于教学内容的选择，教育者也需要根据每个学生的兴趣和需求，进行个性化的设计和选择。例如：对于一些对历史文化特别感兴趣的学生，可以在教学过程中，更多地引入一些历史文化的素材和案例，让他们在了解和研究这些历史文化的过程中，更深入地理解和接受思想教育的内容；对于一些艺术型的学生，可以通过引入艺术作品，如书法、绘画、音乐等，作为教学的载体，让他们在欣赏和创作艺术的过程中，理解和感悟传统文化中的美学和道德观念。这种根据学生兴趣和需求进行的教学内容的选择，不仅能够提升学生对于教学的兴趣和接受度，也能够更有效地达到教育目标。

当然，教育的主要目标不仅仅是传授知识，更是服务于学生的全面发展，包括知识技能的提升、价值观的塑造、情感态度的培养等。为此，需要在教学过程中，充分关注学生的内在需求，鼓励他们表达自己的想法和感受，引导他们主动思考和探索。[1]

（二）全面发展理念

1.全面发展理念的内涵

全面发展的教育理念，也常被称为"全人教育"或"全面教育"，是一种注重培养学生全面能力与素质的教育理念。这种理念强调在教育过程中不仅仅要关注学生的知识学习，更要重视学生的身心发展、道德修养、社会适应能力等多方面的成长和提高。

在全面发展教育理念中，知识和技能素养的提升是教育的基础，也是学生适应社会生活、解决问题的基本工具。但这种知识和技能的提升并不仅仅

---

[1] 奉中华，张巍，仲心.大学生教育管理的创新与实践研究[M].长春：吉林人民出版社，2021：54-59.

局限于书本知识的学习，更包括批判性思考能力、解决问题的能力、沟通交流的能力、自我学习的能力等各种软技能的培养。具体的管理知识与技能固然是学生发展所必备的，下面就管理者所需的其他能力展开阐述。

道德体系与价值观的健康构建是学生全面发展的重要内容，教育不仅要传授知识，还要传播价值，引导学生形成正确的道德观和价值观，培养他们的道德责任感和公民意识，使他们能够成为有道德品质的人，能够为社会做贡献。

学生身心的健康是学生全面发展的另一重要内容，从学生健康成长的内在需求来看，全面发展教育理念是促进学生健康成长的重要理念支撑。现代健康观相对于人类早期健康观也产生了显著的变化，体魄的健康不再是个体健康的单一评价标准，个体的健康还需要包括心理健康以及身体各项机能的健康发展。结合健康观的相关知识，现代教育理念所提倡的学生全面发展，其重要的基础就是学生拥有强健的体魄与健康的心理，学生的身心健康是其开展一系列实践活动的前提条件，没有健康的体魄与心理状态，学生很难高效地进行知识的学习与技能的训练。良好的心理健康状态能够使学生更加高效地开展学习活动，因为只有当学生处于一个良好的心理环境之中时，才能以更加积极的心态面对生活与学习。同时，健康的心理状态也有利于促进学生思维的发展，有利于学生身体健康。

学生的综合素质是衡量大学生全面发展水平的重要指标。从社会层面来看，学生是未来国家社会发展的栋梁，是新时代中国特色社会主义建设的接班人，是实现中华民族伟大复兴的希望。因此，学生素质的高低对于社会未来的发展具有十分重要的意义，而衡量学生素质的高低，不仅需要关注学生的专业素养发展水平，还需要考查学生的素质结构是否全面，是否符合社会发展的需求。

当然，全面发展既不是面面俱到的发展，也不是德智体美劳的简单相加，而是一种多种素质的协调提升，是学生全面、协调、自由的发展，成为身体健康、智力健全、人格完整且自身个性得到良好发展的人。

2.在高校学生管理工作中贯彻全面发展的理念

全面发展理念是高校学生管理工作的重要指导思想，它强调对学生身心、知识和技能、价值观和世界观等各个方面的发展进行关注和引导，目标是帮助学生实现全面、均衡、和谐发展，最大限度地发挥他们的潜力，实现自我价值。在高校学生管理工作中贯彻全面发展的理念，保证学生管理工作达到预期的育人目标，需要从以下几点展开：

第一，需要建立全面的学生发展评价体系。这个评价体系不仅关注学生的学术成绩，还包括他们的身心健康、社会技能、价值观、兴趣爱好等多个方面。这样的评价体系可以帮助管理者全面了解学生的发展情况，发现和解决学生的问题，也可以激励学生全面发展，实现自我超越。

第二，管理者需要提供全面的教育服务和支持。这包括：提供高质量的教学，满足学生的学习需求；提供心理咨询、健康教育等服务，保障学生的身心健康；提供社团活动、社区服务、实践学习等机会，帮助学生发展社会技能和公民素质；提供职业指导、就业服务等支持，帮助学生规划未来。

第三，管理者需要全面培育学生的文化素养。学校可以通过开展多样化的文化活动，如学术论坛、文艺表演、体育比赛、社区服务等，培养学生的多元兴趣，提高他们的文化素养，丰富他们的校园生活，也可以通过引导和规范学生的行为，塑造积极健康的校园氛围，促进学生的全面发展。

（三）人性化管理思想

所谓人性化管理，就是一种在整个管理过程中充分注意人性要素，以充分开发人的潜能为己任的管理模式。至于具体内容，可以包含很多要素，如对人的尊重、充分的物质激励和精神激励、给人提供各种成长与发展机会、注重集体与个人的双赢战略、制订科学的生涯规划，等等。在高校学生管理实践中，人性化管理着重于尊重学生个体，关心学生的需求和情感，以及提升他们的幸福感和满足感。其核心在于将学生视为一个完整的个体，而非单纯的教育对象或管理目标，考虑他们的情绪、欲望、需求以及他们的个体性。通过实施人性化管理，学校可以更好地理解和满足学生的需求，更有效地解决问题，促进学生的全面发展，人性化管理思想主要体现在以下几个方面：

1.强调尊重和理解学生

每个学生都是一个独立的个体，有着自己的情感、欲望和需求。这些需求并非仅限于学术上的需求，也包括他们对于关心、理解、尊重和安全感的需求。学校应当尊重每一个学生的价值和尊严以及他们的权利和自由。这意味着学校不仅需要听取学生的声音，理解他们的需求，还需要尊重他们的决定，支持他们的选择。

2.注重创建一个温暖和谐的环境

学校不仅是学生学习的地方，也是他们生活的地方。因此，学校需要为学生提供一个舒适、安全、公正、友善的环境。这种环境不仅能够满足学生的物质需求，也能够满足他们的心理需求。在这样的环境下，学生可以感受到被尊重、被接纳和被理解，从而更愿意积极地参与到学习和生活中来。

3.人性化地处理问题

对于学生出现的问题和冲突，学校需要采取公平、公正、以学生为本的方式进行处理。这意味着学校需要充分了解问题的原因，理解学生的感受，考虑到他们的需求和利益，然后在尊重学生的前提下，以最佳的方式解决问题。

4.关注学生的个性化发展

每个学生都有他们独特的优点和特长，学校需要提供足够的机会和支持，帮助学生发掘并发展他们的潜能，实现他们的个人价值。[1]

二、高校学生管理的原则

（一）科学性原则

科学性原则是高校学生管理所必须遵循的重要原则。科学性原则要求管理者在处理和解决学生问题时，必须依赖科学的方法和理论，尊重教育规律和学生的身心发展规律。科学性原则要求管理者必须充分理解和尊重学生的发展规律。每个学生都是独立的个体，他们有各自不同的成长经历和发展需求。管理者必须以科学的态度去认识和理解学生，承认他们的个体差异，尊重他们的发展规律。这样，管理者才能根据每个学生的特点和需求，提供适合他们的教育和服务，帮助他们健康成长。科学性原则还要求管理者在处理

---

① 王瑛.高校学生管理创新模式研究 [M].长春：吉林大学出版社，2016：2-6.

学生问题时，必须运用科学的方法。比如，管理者可以运用心理学、教育学等学科的理论和方法，来分析和解决学生的学习问题、生活问题、心理问题等。科学的方法可以帮助管理者更准确、更深入地理解学生的问题，找到问题的根源，提出有效的解决方案。

（二）集体性原则

1.重视集体作用的发挥

集体性原则强调的是在管理和教育过程中，应充分利用和发挥集体的力量，以提升整体的效果。这个原则不仅要求管理者看到每一个个体学生，更要看到他们所处的群体——这个具有共同目标、共同价值、共同经验的集体。它认识到集体的力量，以及集体对个体的影响，因此管理和教育活动应该紧密围绕集体展开，充分挖掘和利用集体的潜能。

2.管理需要依靠集体

集体性原则要求管理者需要依靠集体，这意味着管理者需要理解和尊重集体的力量，将集体的力量整合到管理和教育活动中。例如，当管理者组织一次活动时，他们可以让学生作为一个集体来参与活动的策划和执行，以发挥集体的智慧和力量。同时，管理者也可以利用集体的力量来进行学生教育，通过集体的影响力来帮助学生树立正确的价值观并养成良好的行为习惯。

3.促进集体的发展与优化

高校学生管理者需要关注集体的建设，努力打造一个有凝聚力、有活力、有创新力的集体。例如，管理者可以组织各种团队建设活动，如户外拓展、小组竞赛等，以增强集体的凝聚力；也可以鼓励和支持集体进行各种创新活动，如科技创新、文化创新等，以提升集体的创新力。

4.通过集体进行教育

集体对个体有着深远的影响，学生的思想观念、行为习惯、价值观等往往会受到集体的影响。例如：当集体中的大多数人都具有良好的学习习惯时，其他的学生也可能会受到影响，形成良好的学习习惯；当集体中的大多数人都尊重他人、遵守规则时，其他的学生也可能会受到影响，形成尊重他人、遵守规则的行为习惯。因此，通过集体进行教育是一种非常有效的教育方法。

（三）主客体统一原则

主客体统一原则在高校学生管理中具有核心地位，它强调教育管理者（主体）和学生（客体）应在理念上、行动上实现一致，共同参与教育的管理过程，共同推动教育事业的发展。这一原则的理念是以人为本，尊重人的主体性，强调教育过程中教育者与被教育者的互动和协作。它是对传统的、以管理者为中心的教育管理模式的一种挑战和突破。

主客体统一原则要求教育管理者和学生在思想上实现一致。这意味着管理者需要理解和尊重学生的思想，接纳和包容学生的多样性，与学生共享教育理念和目标。他们需要不断地与学生沟通和交流，了解学生的想法和需求，共同商定教育目标和路径。只有这样，学生才能主动参与到教育过程中，才能充分调动他们的积极性和主动性。在高校学生管理中贯彻主客体统一原则，还需要管理者和学生在行动上的统一。这就需要管理者不仅要传递信息，更要通过自己的行为示范，做出表率，让学生看到他们所倡导的价值观和行为准则是如何在实际行动中得以体现的。同时，管理者也要鼓励和支持学生参与到教育管理的决策和实施中，让他们有机会实践和体验，增强他们的责任感和成就感。主客体统一原则强调管理者和学生共同投身到教育事业的发展中。管理者应该视学生为教育改进的合作伙伴，而不仅仅是管理和教育的对象。他们应该邀请学生参与到教育研究、教学设计、教育评估等各种活动中来，让他们真正成为教育事业的共同主人，共同推动教育的创新和发展。

（四）平等与尊重原则

平等与尊重对于正处于身心逐渐成熟的大学生来说非常重要。伴随着学生独立意识的不断增长，其对于平等与尊重的需求也愈发强烈，而在学生管理工作中给予学生足够的平等与尊重，也更有利于管理工作的开展。平等与尊重原则倡导的是在学生管理中，教师需要以平等、尊重的态度对待每一个学生，理解和关注他们的需求、感受和想法，平等公正地处理学生间的问题，尊重他们的人格和尊严。

平等与尊重原则的实质是对每一个学生的人格和尊严的尊重。每个学生都是具有独立人格和价值的个体，都应得到平等对待和尊重。在教育管理的过程中，管理者不应有任何形式的歧视和偏见，无论学生的性别、年龄、种族、身体条件、学术成绩、家庭背景等，他们都应得到平等的教育机会和待遇，都应得到尊重和理解。这样，管理者才能让每一个学生都感到被重视和尊重，有自尊和自信，愿意主动参与到学习和活动中。

在管理实践中，管理者需要尊重学生的差异性和多样性，理解和接纳他们的不同需求和感受。每个学生都有自己的特点和差异，有自己的优点和短板，有自己的兴趣和梦想，有自己的困惑和压力。管理者应充分认识到这一点，对学生的差异进行包容和理解，不强求他们符合某种"标准"，不因他们的差异和问题而歧视和排斥他们。相反，应该关注他们的个体差异和特性，给他们提供个性化的教育和服务，帮助他们发现和发挥自己的优点，克服和改善自己的不足。

在管理过程中，无论是学术问题，还是生活问题，无论是个人问题，还是集体问题，无论是对待优秀学生，还是对待困难学生，管理者都应持公正、公平的态度，依法依规处理，不能偏袒或压制任何一方。只有这样，管理者才能在学生中建立起公正、公平的氛围，使他们认同和尊重规则，愿意遵守规则。[①]

第四节　新时代高校学生管理的新特征

一、人本化

人本化是新时代教育理念的体现，它强调以人为本，更为深入地关注学生作为教育的主体，充分认识和尊重学生的主观能动性，保护和发展学生的合法权益。在高等教育中，这个理念引导管理者将学生的个性化需求、全面发展放在优先位置，同时要求教育者提供更为人性化、个性化的教学环境和方式。

强调人本化的教育理念，注重对学生个体差异的尊重和关注。在新时代

---

① 王瑛. 高校学生管理创新模式研究 [M]. 长春：吉林大学出版社，2016：6-8.

的背景下，管理者更加认识到每个学生都是独特的个体，他们各自具有不同的兴趣爱好、天赋能力、学习风格和成长经历。因此，高校在进行学生管理时，应该充分考虑到这些个体差异，提供更为灵活和多元的教学方式和活动，满足不同学生的个性化需求。比如，对于不同学习风格的学生，教师可以采用混合式的教学方式，如讲解、讨论、实验、案例研究等，让每个学生都能找到适合自己的学习方式。人本化的理念要求管理者尊重学生的人格尊严，发挥学生的主体作用。这就意味着，教育者不仅仅是教学的主导者，更应该是学生学习过程的引导者和助手。管理者要尊重学生的主观能动性，鼓励他们积极参与到学习过程中，主动探索和实践，实现自我教育、自我发展。同时，管理者也要尊重学生的思想、情感和选择，鼓励他们独立思考，培养他们的批判性思维和创新能力。人本化的教育理念还强调促进学生的全面发展。在新时代的背景下，管理者更加注重培养具有全面素质的人才，包括知识技能、道德品质、身心健康、社会责任等多方面。因此，高校在进行学生管理时，不仅要关注学生的学习成绩和专业技能，更要关注他们的人格培养、情感教育、社会实践等，实现学生的全面发展。

二、信息化

信息化是新时代高校学生管理的一大特征。随着互联网技术、大数据、云计算、人工智能等先进技术的飞速发展，学生管理也开始向信息化、智能化方向发展。这一变化不仅极大地提升了管理的效率，也提高了管理的精准度，更好地满足了学生的个性化需求。

信息化技术的应用使得学生管理更加高效和便捷。在过去，学生管理往往需要投入大量的人力和物力，而且信息传递和处理速度相对较慢。而现在，借助信息化技术，许多管理工作都可以实现自动化和智能化，比如学生信息的收集和整理、学生考勤的记录和追踪、学生行为的监控和分析等。这大大节省了管理者的时间和精力，提高了工作效率。信息化技术的应用提高了学生管理的精准度。通过大数据和人工智能技术，管理者可以对学生的学习和生活数据进行深度挖掘和分析，了解学生的学习习惯、生活习惯、兴趣爱好、身心状况等，从而实现精准管理。例如：通过对学习数据的分析，教师可以了解每个学生的学习强项和弱项，针对性地提供教学支持；通过对生活数据的分析，学校可以及时了解并解决学生的生活问题，提高学生的学习与生活满意度，帮助学生更好地学习与成长。信息化技术的应用还更好地满足了学生的个性化需求。每个学生都有自己独特的需求和问题，而信息化技术可以帮助管理者更为准确和深入地了解这些需求和问题，因此能够提供更为个性化的管理服务。例如：通过人工智能推荐系统，管理者可以根据每个学生的兴趣和需求，推荐适合他们的课程、活动和资源；通过线上咨询和服务平台，管理者可以提供 24 小时的学习和生活支持，解答学生的各种问题。

三、开放化

在中国特色社会主义新时代，开放化是各类实践的显著特征，高校学生管理自然也不例外。相较于过去封闭、孤立的管理模式，如今的高校学生管理更趋向于与社会、家庭、企业等多元主体建立合作关系，形成一个开放、互动的教育生态系统。这种转变突破了学校管理的边界，拓宽了教育的视野，为学生的全面发展提供了更多元、更丰富的资源和机会。

社会是学校教育的重要支持和补充。社会资源的引入，可以丰富学校的教育内容、教育形式，增强教育的实践性和社会性。例如：学校可以与社区、公益组织、企事业单位等合作，组织各类社会实践活动，让学生在实践中学习和成长；学校也可以引入社会专家和优秀人才，举办讲座、研讨会、工作坊等活动，提供多元化的学习资源。家庭是学生的重要教育场所，家校合作是实现学生全面发展的重要途径。通过开放的管理模式，学校可以更好地与家长沟通，了解学生的家庭背景和个人特质，形成对学生全面、准确的认识。同时，学校也可以利用家长的资源和影响力，开展家庭教育、亲子活动等，提升学生的家庭教育质量。企业是学生职业发展的重要平台，校企合作可以提高学生的职业素养和就业竞争力。通过实习、实训、项目合作、职业导师等方式，学生可以接触到真实的职场环境，了解和掌握管理知识和技能，形成良好的职业态度和习惯，为未来的就业和创业做好准备。

四、服务化

新时代的高校学生管理更加强调服务化，即以服务为核心，以学生为主体，不仅满足学生的基本需求，更致力于提供包括心理咨询、职业指导、就业服务、素质教育等多种服务，全方位地满足学生的多元化需求，以促进其全面发展。

心理咨询服务对学生的精神健康至关重要。当代大学生面临来自学业、人际关系、就业等方面的压力，导致一些学生可能会出现焦虑、抑郁等心理问题。高校需要建立健全心理咨询服务机制，提供专业的心理咨询服务，帮助学生克服心理困扰，提高他们的心理素质。同时，学校也可以通过开展心理健康教育，提高学生的心理素质，预防心理问题的出现。

职业指导和就业服务也是服务化管理的重要内容。在就业压力增大的今天，很多大学生对未来的职业发展感到迷茫。因此，高校需要提供职业生涯规划、就业指导、实习机会、企业资源对接等服务，帮助学生明确职业目标，掌握就业技能，提高就业竞争力。此外，学校还可以通过与企业的深度合作，为学生提供更多实习和就业机会，提供真实的职业社会环境，帮助学生更好地实现从校园到社会的平稳过渡。

素质教育服务是服务化管理的重要组成部分。素质教育旨在全面发展学生的身心素质，包括思维能力、沟通能力、社会责任感、文化素养等。学校可以通过组织各类课外活动，如社团活动、文化艺术活动、体育竞赛等，丰富学生的校园生活，提升学生的综合素质。同时，学校还应注重培养学生的创新精神和实践能力，提供科研项目、创新创业平台等资源，激发学生的学习热情和创新潜力。

五、创新性

新时代的高校学生管理更加强调创新性，这包括创新理念、创新方法和创新技术。在管理思想上，更倾向于人性化和学生中心化，注重尊重学生的个性和差异，激发学生的主观能动性。在管理方式上，逐渐从传统的线性、单一管理模式转变为动态的、多元化的管理模式。在管理工具上，也开始引入现代科技手段，如大数据、人工智能等，实现智能化、精准化管理。

首先，在管理理念上，高校开始尝试以学生为主体的管理模式，重视学生的主体性，尊重学生的个性差异，鼓励学生自主参与管理，充分发挥他们的主观能动性。同时，高校也注重以人为本，关心学生的身心健康，满足学生的个性化需求，倾听学生的声音，尊重学生的权益，帮助学生解决问题，促进学生的全面发展。其次，在管理方法上，高校不断尝试新的方法和策略。比如：将项目管理、事件管理、流程管理等现代管理模式引入学生管理，提高管理的效率和效果；运用协商、协作、互动等方式，形成师生共同参与、多方共建的管理氛围；通过实施个性化、差异化的管理策略，满足学生的个性化需求，提升学生的满意度和归属感。再次，在管理工具上，高校开始利用现代科技手段，如大数据、人工智能等，进行智能化、精准化的管理。大数据可以收集和分析学生的学习、生活、社交等大量数据，洞察学生的需求和问题，实现精准服务和精准管理。人工智能可以实现自动化、智能化的服务，如自动回答学生的问题，自动提醒学生的任务，自动分析学生的情况，提高服务的效率和质量。

六、规范性

在新时代的高校学生管理中，规范性的重要性日益凸显。规范性管理不仅对学生的权益、义务、行为进行更加规范化的管理，而且有利于营造公正、公平、和谐的校园环境。这一点主要体现在对学生权益的保护、学生行为的规范以及对学生违规行为的处理等方面。

对学生权益的保护是规范性管理的核心内容之一。高校需要明确和尊重学生的基本权利，如言论权、知识产权、隐私权等，以及学生参与校园决策的权利。同时，学校应积极创建平等、尊重、理解的校园氛围，尊重每一位学生的人格和尊严，防止任何形式的歧视和欺凌行为。此外，学校还需要为学生提供必要的支持和服务，如学术咨询、心理咨询、就业指导等，以帮助他们成功完成学业，实现自我发展。对学生行为的规范也是规范性管理的重要内容。学校应制定并公布明确的行为规范，指导学生在学校内外应该如何进行表现。这些规范应涵盖学术诚信、社区责任、人际关系等多个方面，以帮助学生形成正确的价值观和行为习惯。同时，学校还需要通过各种形式，如教育课程、讲座、工作坊等，向学生传授这些规范，使其深入人心。对学生违规行为的处理则是规范性管理的关键环节。当学生违反行为规范时，学校应公正、公平、透明地处理，给予相应的处罚，以维护校园秩序，保护其他学生的权益。处理违规行为不仅要严肃认真，还要富有教育意义，帮助学生认识错误，改正行为，从而实现其人格成长。

第二章 高校学生管理工作的要素

第一节 管理人员的角色与素质

一、管理人员的角色定位

（一）引导者

在高校学生管理工作中，管理人员发挥着引导的作用，这种作用体现在学生管理工作的方方面面，管理人员需要负责帮助学生建立明确的学习目标，为他们提供必要的支持和指导，保证学生的安全，使学生能够顺利地完成学业，为未来的生活和事业做好准备。

1.引导学生明确发展目标

管理人员必须帮助学生明确自身的学习目标。他们不仅需要引导学生确定长期的职业目标，还需要协助他们设定短期的学术目标。在这个过程中，管理人员需要了解每个学生的兴趣、专长和潜力，然后根据这些信息为他们提供个性化的指导，管理人员可以帮助学生选择适合自己的专业和课程，引导他们制订有效的学习计划，提供学习方法和技巧的指导，等等。

2.引导学生遵守规章制度

管理人员还需要帮助学生理解并接受学校的规章制度。学生若想顺利地开展学习生活，就必须了解学校的规章制度，高校学生管理者不仅承担着规章制度宣传教育的责任，还需要让学生知道，遵守校规校纪不仅是自己作为学生的基本责任，也是他们成为社会公民的重要训练。在这个过程中，管理人员需要采取各种方式传达和强化这个信息，比如：管理人员可以通过新生入学教育、班会、主题活动等，让学生深入了解学校的规章制度，理解它们的含义和价值，培养他们遵纪守法的习惯和态度。

3. 引导学生形成良好的学习和生活习惯

管理人员必须引导学生形成良好的学习和生活习惯，他们需要让学生知道，良好的学习和生活习惯对他们的学习成果和身心健康有着重要影响。管理人员既可以引导学生养成定时复习、深度阅读、积极提问的学习习惯，培养他们独立思考和解决问题的能力，也可以引导学生养成健康饮食、适当运动、充足睡眠的生活习惯，促进他们的身心健康。

4. 引导学生保持积极健康的心态

当学生面临困难或挫折时，管理人员必须提供心理辅导和情绪支持。他们需要了解学生的困扰和烦恼，给予他们理解和关心，帮助他们调整心态，克服困难。在这个过程中，管理人员需要运用专业的心理辅导技巧，对学生展开心理辅导，帮助其走出情绪低谷，规避不良思想的诱惑，保证学生能够在学习与生活的过程中维持一个相对良好的心态。

（二）协调者

在高校学生管理工作中，协调者同样是管理人员所扮演的重要角色。管理人员需要以灵活、多元的方式，有效地协调各类资源，以满足学生的多元化需求。他们不仅需要在学生的学习、生活等方面提供实质性的支持，同时要努力在学生的发展过程中，为其寻找和创造最佳的发展条件和机会。

1. 协调教学资源

作为协调者，管理人员在教学资源的配置和使用上发挥着至关重要的作用，他们需要充分了解学生的学习需求以及学校教学资源的状况，然后做出符合学生发展需求的正确决策，以确保教育资源能够有效地支持学生的学习活动。例如：管理人员需要调整课程设置，在保证学生知识与技能体系架构的同时，反映学生的兴趣和需求；管理人员还需要协调教师资源，确保每个学生都能得到高质量的教学指导，确保教师的工作能够更加顺利地开展；管理人员也需要协调设施和设备资源，保证为学生提供良好的学习环境和实践条件，保证教学的硬件设施能够得到科学运用。

2.协调生活资源

对于大学生来说，学校既是他们学习的场所，同样也是他们生活的地方。因此，协调与学生密切相关的生活资源同样也是高校学生管理人员的重要职责所在。管理人员需要理解和关注学生的生活需求和问题，然后通过协调和整合各类学生事务资源，提供全面的服务和支持。管理人员需要协调宿舍资源，确保每个学生都有安全、舒适的住宿环境；还需要协调餐饮资源，确保学生有营养均衡、美味可口的食物；也需要协调保健资源，关心学生的身心健康，提供必要的医疗和心理辅导服务。

3.协调社会资源

作为协调者，管理人员还需要协调社会资源，为学生的职业发展提供支持和帮助。他们需要了解就业市场的情况，建立和维护与各类企事业单位的合作关系，然后为学生提供实习和就业的机会。比如：管理人员可以通过协调学校的实习项目，为学生提供在企业中工作的经验；通过与企业的深度合作，为学生提供与实际工作相关的课程和训练；通过协调学校的就业服务，为学生提供就业指导和职业规划服务。

（三）管理者

管理职责是管理人员基本的职责之一，管理人员需要确保各项学生管理政策的有效执行，对学生的行为进行规范和管理，并对学生管理工作的效果进行评估和反馈，以便持续改进和提高。具体而言，管理者的工作内容和职责主要包括监督学生的学习进度，评估学生的学习成果，处理学生的违规行为，以及进行学生管理工作的规划和评估。

作为管理者，学生管理人员需要制定和实施各项学生管理政策。这些政策应该明确规定学生的权利和责任，对学生的行为进行规范和约束。包括制定关于学生出勤、学习、考试、行为等方面的规则和标准，然后通过各种方式，如新生教育、班会、主题活动等，向学生宣传和解释这些规则和标准，使学生清楚地知道管理者应该怎样做、不应该怎样做。学生管理人员也需要对学生的学习进度进行监督，对学生的学习成果进行评估。管理者需要关注每个学生的学习状况，及时发现学生学习上的困难和问题，提供必要的帮助和支持。同时，管理者需要定期收集和分析学生的学习数据，了解学生的学习成绩和进步情况，以便为学生提供更有效的学习指导和帮助。学生管理人员还需要对学生的违规行为进行处理。管理者需要确保学生遵守学校的规章制度，维护学校学习和生活的秩序。对于违规的学生，管理者需要依据相关的规定进行处理，给予相应的处分。同时，管理者也需要引导和教育学生认识到自己的错误，改正错误，以免再犯。

针对学生管理的整体工作，学生管理人员需要对学生管理工作进行规划，进行学生管理效果的评估和反馈。他们需要根据学校的教育目标和学生的发展需求，对学生管理工作进行科学的规划和设计。同时，他们需要定期对学生管理工作的效果进行评估，通过收集和分析各类数据和信息，了解学生管理工作的实际效果，找出存在的问题和不足，然后及时进行调整和改进。

（四）服务者

在高校学生管理中，管理人员的角色多样且重要。其中，作为服务者的角色同样是不可或缺的，需要以高度的敬业精神和专业能力为学生提供全方位、高质量的服务，满足学生的多元化需求。

管理人员在学生的学习支持服务上能够起到关键作用。管理人员必须深入了解学生的学习需求和困难，提供有效的学习咨询服务，解答学生对学科内容、学习方法、学习计划等方面的问题和疑惑。此外，管理人员还需要确保丰富的学习资源得到有效利用，如图书、期刊、数据库、实验室设备等，以便学生能够在良好的学习环境中获取所需的知识和技能。在生活服务方面，管理人员需要确保学生的生活需求得到满足。对宿舍管理工作进行细致而周全的规划和组织，保证每个学生都有安全、清洁、舒适的居住环境。同时，负责餐饮服务的管理人员需要确保学生有营养、美味、卫生的食物，满足他们健康和口味的需求。心理健康服务是管理人员的另一个重要职责。通过提供心理咨询服务，管理人员能够帮助学生解决他们的心理问题，如情绪困扰、人际关系问题、学业压力等。通过心理教育活动，管理人员能够帮助学生增强心理素质，提高抗压能力，培养积极的人生观和价值观。就业服务同样也是管理人员重要的工作内容之一。管理人员需要提供就业咨询服务，帮助学生了解就业市场的情况，制订合理的就业计划，提高就业技巧。同时，通过与各类企事业单位的合作，管理人员能够为学生提供实习和就业的机会，帮助他们顺利实现从校园到社会的转变。

二、管理人员的素质要求

高校学生管理的内容非常复杂，涉及学生生活与学习的方方面面，因此，这对管理人员的素质也提出了诸多要求，一名合格的高校学生管理人员应该具备以下素质，具体内容如图 2-1 所示。

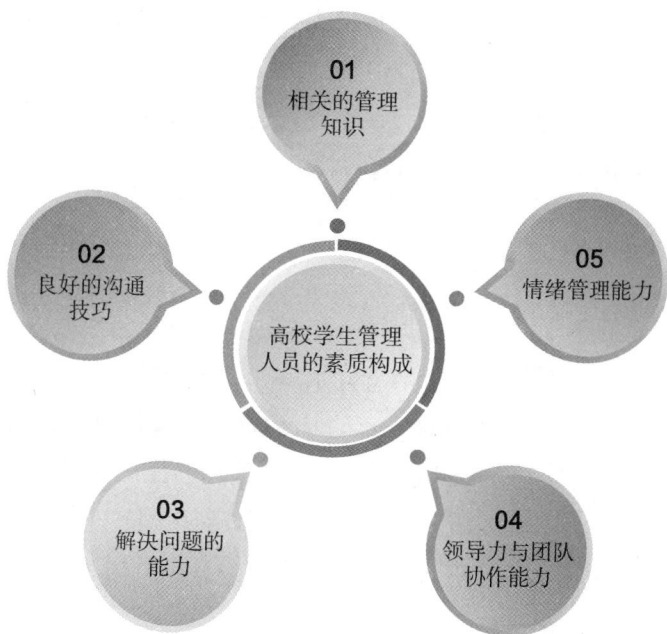

图 2-1　高校学生管理人员的素质构成

（一）相关的管理知识

与高校学生工作相关的管理知识是高校学生管理人员素质的重要组成部

分。如同一座灯塔照亮前行的方向，管理知识为学生管理人员提供了解决问题和履行职责的基础。通过学习和积累，管理人员会对教育理论知识、学生发展规律、教育方法和手段等有深入的理解和把握。这种理解和把握让管理人员在面对学生问题时能有的放矢，也使他们在设计和实施管理策略时能够照顾到学生的个体差异，真正做到以学生为本。

除此之外，管理知识还包括对高等教育政策法规的深入了解。这是因为，政策法规是规范学生行为和指导学生管理工作的重要依据。通过对政策法规的深入理解，管理人员能清楚地知道在何种范围内行事，对哪些问题有权进行处置、哪些问题需要上报或者转交。这不仅有助于保证管理工作的合规性，也有助于避免因误判和失误带来的不必要的麻烦。

深厚的管理知识能使管理人员以更加开阔的视野和更加敏锐的洞察力来理解和应对工作中的各种情况。他们能从混乱的现象中提炼出本质，从复杂的问题中找出答案，从挑战和困难中找到机会和希望。在工作中，他们会发现，那些看似烦琐的理论知识、那些看似冗长的法规政策，都能在特定的情境中发挥其独特的价值，为解决问题提供有力的支持。

（二）良好的沟通技巧

管理者若想提升管理效果，保证各项管理工作的良好运行，就必须具备良好的沟通技巧，保证与学生沟通的和谐顺畅。沟通技巧，这是一种可通过学习和实践获得并不断提升的能力。对于高校学生管理者而言，这项技巧不仅是工作的基本要求，更是成功的关键。频繁的交流与沟通是高校学生管理者每天都要面对的工作，无论是与学生、教师还是家长以及其他相关人员，良好的沟通技巧能让学生管理人员更好地理解他人，同时将自己的意见和决策清晰、有效地传达出去。

良好的沟通技巧可以提高高校学生管理者的工作效率。清晰的沟通可以将高校学生管理者的意图、计划和决策无歧义地传达给他人，避免因为信息理解错误而导致的工作返工或者误会。同时，良好的倾听技巧也是良好沟通技巧的重要组成部分。只有充分听取并理解对方的需求和意见，才能提供适当的回应和帮助。这就需要学生管理人员懂得倾听，学会换位思考，从而更好地理解和服务学生。良好的沟通技巧还有助于建立人与人之间的信任和尊重。在日常的管理工作中，学生管理人员需要通过与学生、家长、教师以及其他人员的沟通，来建立彼此的信任，这对于建立积极的工作关系至关重要。人们更倾向于信任那些他们觉得能够理解自己，并且能清晰表达自身想法的人。良好的沟通技巧也是解决和预防冲突的关键。学生管理人员在工作中可能会面临各种各样的冲突和问题，如何以一种有效、积极的方式处理这些问题，就需要良好的沟通技巧。通过沟通，可以提前发现并解决潜在的问题，避免问题升级。同时，沟通也可以帮助管理人员理解冲突的根源，从而提出有效的解决方案。

（三）解决问题的能力

在学生管理工作中，面对各种复杂的问题和挑战，学生管理人员需要具备出色的解决问题的能力。这种能力不仅仅包括对问题快速准确的识别，更涵盖了提出和实施有效解决方案的全过程。对于任何一位学生管理人员来说，这是他们在日常工作中必须具备的一种核心技能。

能够准确地识别问题是解决问题的第一步，学生管理人员需要有敏锐的观察力和洞察力，能够及时发现和精准识别出学生可能面临的各种问题。这需要他们深入了解学生的需求，关注学生的生活和学习状态，透过表面现象看到深层的问题。在这个过程中，管理人员必须具备开放和包容的心态，不急于下结论，而是在理解和评估所有信息后，确定问题的真正性质。根据对问题的分析提出解决方案是解决问题的核心环节。学生管理人员需要有创新和批判性思维，能够从多个角度和层次考虑问题，提出具有实效性的解决方案。在这个过程中，他们可能需要整合和协调各种资源，包括教育资源、社会资源、专业知识和技能等，以达到最佳解决方案。此外，他们还需要具备良好的决策能力，能在众多可能的解决方案中，选择最符合实际需求和情况的方案。实施解决方案是解决问题的最后一步，这需要管理人员有坚忍的执行力和良好的领导能力，能够将解决方案转化为实际行动，并引导和协调团队成员共同完成。在实施解决方案的过程中，管理人员需要不断反馈信息并进行调整，以确保解决方案的有效实施。同时，他们还需要有足够的耐心和毅力，因为很多问题的解决并不是一蹴而就的，而是需要长期、持续的努力。

（四）领导力与团队协作能力

在高校的学生管理工作中，管理人员扮演着重要角色，而他们的领导力和团队协作能力在其中起到关键性作用。这两种能力相辅相成，一方面，作为学生的领导者，管理人员需要引导和激励学生，对学生的行为进行有效的管理和引导；另一方面，他们也需要具备良好的团队协作能力，能够与各方建立有效的合作关系，共同为学生的发展以及学校育人水平的提升做出贡献。

领导力的主要表现在于，管理人员能够引导学生形成良好的学习和生活习惯，帮助学生树立正确的价值观，为学生的全面发展提供指导。在这一过程中，管理人员应该具备明确的目标感和决断力，能够带领学生去追求明确的目标，做出明智的决定。此外，他们还需要具备激励和影响他人的能力，能够鼓舞学生的士气，激发他们的积极性，引导他们积极参与到学习和生活中去。同时，良好的领导力还体现在有效的沟通上，管理人员需要有能力听取和理解学生的观点，让学生感受到他们的思想和情绪被尊重和理解。

团队协作能力则是管理人员在学生管理工作中必不可少的一项素质。因为学生管理工作涉及许多部门和角色，比如教务部门、心理咨询中心、学生自身等，需要各方的协同合作才能取得成功。在这个过程中，管理人员应该具备平等、开放的心态，愿意接受和尊重他人的意见，能够倾听并理解他人的需求和期望。此外，他们还需要具备协调和调解的能力，能够协调各方的利益，解决可能出现的冲突，以实现各方的和谐共处。同时，良好的团队协作能力还意味着管理人员需要有能力组织和动员团队成员，使他们形成有效的合作，共同实现团队的目标。

（五）情绪管理能力

在高校学生的管理职责中，情绪管理能力对于管理人员来说是一个至关重要的素质。工作压力、矛盾冲突以及预期与实际的差距等，都可能引发情绪的波动。如何在面对压力和挑战时保持冷静，积极应对，是管理人员必须具备的素质。

管理人员需要了解情绪的本质和作用，认识到情绪是一种自然的生理反应，不必过度抑制或逃避。每个人都有权利拥有自己的情绪，关键在于如何恰当地表达和调控。这需要管理人员具备良好的自我觉察能力，能够准确地识别自己的情绪，理解情绪背后的需要和诉求，从而更好地处理自己的情绪。

管理人员需要具备调节情绪的策略和技巧。这包括如何在面临压力和挑战时保持冷静，如何通过呼吸练习、冥想、放松训练等方法舒缓压力，如何运用积极的思考方式改变情绪的影响，如何通过有效的情绪表达方式表达自己的情绪，等等。这些都需要管理人员具备一定的心理素养和情绪智力。管理人员还需要具备良好的同理心，能够理解和接纳他人的情绪。这不仅包括学生的情绪，还包括同事、上级、下级等其他工作伙伴的情绪。在理解他人的情绪时，管理人员需要展现出尊重和接纳，避免过度干预或评价，以支持他人有效地处理自己的情绪。

学生管理者的情绪管理能力需要持续地学习和实践，以不断提升和完善。因为情绪管理不是一蹴而就的，而是一个持续的过程。管理人员需要通过实践，掌握和运用各种情绪管理的技巧和策略，形成个人的情绪管理风格，以应对工作中的各种挑战和压力。

第二节 学生的参与与反馈机制

一、学生参与机制

在高校学生管理工作中，学生的参与机制是一个重要的组成部分。它不仅有助于提高管理的效率和效果，也有助于培养学生的自我管理和社会参与能力。这种参与机制的实现，需要基于对学生权利尊重的理念，通过建立和完善相关的制度，营造鼓励参与的环境，并通过各种有效的方法和手段，实现学生的广泛和深入参与。

（一）尊重学生权利

学生的参与在高校管理工作中起到至关重要的作用。它不仅让学生有机会参与和影响他们生活和学习的环境，也是高校提高管理效率、促进公正、增进透明度的重要手段。要实现学生的真正参与，就必须首先尊重学生的权利，认识到他们不仅仅是高校的接受者，更是高校的重要参与者和贡献者。尊重学生的权利，是实现学生参与的基础。学生作为高校的主体，应该拥有在各种层次和各个领域参与决策的权利。无论是课程安排、教学方式，还是校规制定、校园环境改善，他们都有权利参与和发表意见。他们的观点、意见和建议都应被高校认真对待和充分尊重，因为这不仅是他们的权利，也是他们的责任。通过参与，学生可以更好地理解并接受学校的决策，也可以更积极地参与到学校的建设和改进中来。

为了尊重和保护学生的权利，学生管理人员应该积极建设和改进相关的制度和机制。这包括但不限于设立学生代表会议、完善学生评议和投票制度、增强学生自治组织的功能等。这些制度和机制可以为学生提供参与的平台和渠道，让他们能够在平等和公正的基础上，参与到学校的决策和管理中来。同时，也要对学生的参与和贡献给予适当的肯定和奖励，以增强他们的参与积极性和动力。此外，尊重学生的权利，也意味着要尊重他们的个性和差异。每一个学生都是独一无二的，他们有自己的兴趣、优点、需要和梦想。高校应该尽可能地提供个性化的学习和生活环境，让每一个学生都能找到适合自己的发展路径和生活方式。同时，也要尊重他们的文化和背景，让所有的学生都能在高校中感到自己被接纳和尊重。

（二）建立和完善相关制度

在高校学生管理中，学生的参与对于营造开放、包容和充满活力的校园氛围至关重要。要想实现学生的全面参与，学校必须在制度上进行积极的建设和完善，为学生参与决策和管理提供必要的平台和渠道。这些制度设定不仅可以鼓励学生主动参与到学校的决策和管理中，还有助于确保学生参与权利的保障。

建立和完善相关的制度，需要从多个方面考虑。首先，要确保学生有充足的机会和平台参与决策和管理。这可以通过设立学生自治组织、召开学生代表会议、实施学生评议和投票制度等方式实现。通过这些方式，学生可以在多个层次和多个领域参与到学校的决策和管理中，影响和改变自己的学习和生活环境。其次，要设定明确的规则和指导原则，确保学生参与的公平和公正。在设立任何制度时，都需要明确规定参与的方式、程序和标准，确保所有学生都有平等的参与权利。同时，也需要为学生提供必要的指导和支持，帮助他们理解和掌握参与的技巧和策略，增强他们的参与能力。最后，完善相关的制度还包括持续的评估和改进。学校应该定期对学生参与的效果进行评估，收集学生和教师的反馈信息，了解制度的优点和不足。基于这些反馈和评估，学校应该及时进行调整和改进，以满足学生的需要和期望，提高学生参与的效果和满意度。

（三）优化管理环境

高校在推动学生参与管理中，除了必要的制度设计之外，营造鼓励参与的环境同样重要。一方面，需要建立起开放、包容的校园文化，以鼓励学生在安全的环境下表达自己的观点和意见；另一方面，还需要培养学生的参与意识，让他们认识到参与决策和管理不仅是他们的权利，也是他们的责任。

开放和包容的校园文化是鼓励学生参与的关键。高校应该尊重和接纳不同的观点和想法，允许并鼓励学生表达自己的思考和见解。这样的环境可以让学生感到自己的观点被重视和尊重，从而提高他们参与决策和管理的积极性。同时，开放的校园文化还可以增强学生的信心，让他们在提出自己的观点时不必担心会被批评或者排斥。同时，培养学生的参与意识也是非常重要的。学生需要明白，参与学校的决策和管理，是他们实现个人成长和发展的重要途径。在参与过程中，他们不仅可以了解并影响自己的学习和生活环境，还可以锻炼自己沟通、协作、解决问题等能力，从而更好地为将来的生活和工作做准备。为了培养学生的参与意识，高校可以通过各种方式进行引导和教育，例如在课堂上讨论参与的重要性，通过实践活动让学生体验参与的过程，等等。

在营造鼓励参与的环境的过程中，高校需要密切关注学生的反馈，持续优化环境，使之更有利于学生的参与。这可能涉及改变某些已有的规定，提供更多的资源和支持，甚至可能需要改变一些深层次的校园文化和价值观。这是一个长期、系统的过程，需要学校的全体成员，包括学生、教师、管理人员等共同参与和努力。

（四）改革管理方法

为了实现学生在学校决策和管理中的全面参与，改革传统的管理方式，采取有效的方法和手段至关重要。诸如定期会议、网络论坛和调查问卷等方式，可以有效地收集和整理学生的意见和建议。这些信息是理解学生需求，以及针对这些需求进行决策的重要基础。这样的交流和反馈机制，不仅可以让学生感到自己的观点和需求被重视，也可以让他们更深入地了解和参与学校的决策和管理。

通过改革方法，引导和激励学生积极参与学生管理也是至关重要的。学生管理人员应通过各种方式，如公开赞扬、激励措施等，来对学生的积极参与给予肯定和奖励。这样，学生们会更有动力参与到决策和管理中来。这种积极的反馈机制可以极大地提高学生参与的积极性，从而使他们更乐于参与到校园的决策和管理中。另外，对于学生参与的成果，学校也应该给予充分的重视和肯定。当学生看到自己的努力和参与可以带来实际的改变时，他们会更有动力继续参与。因此，学校应该尊重并采纳学生的建议，允许他们对决策和管理产生实际影响。同时，对于那些因参与而取得成果的学生，学校应给予物质或者精神上的奖励，以表彰他们的贡献，鼓励其他学生参与。

二、学生反馈机制

在高校学生管理工作中，反馈机制是一个重要环节。通过有效的反馈机制，可以帮助学生更好地了解自己的表现和进步，也能让管理人员更好地了解学生的需求和问题，从而进行更有效的管理和引导。健全和完善学生反馈机制主要从以下几点出发。

（一）确保有效的沟通渠道

高校管理者必须确保在学生之间构建开放、多元化的沟通渠道，让学生能够以最便捷的方式向管理者反馈他们的想法和需求。管理者应尽可能地使这些渠道数字化和实时化，以满足现代学生的生活习惯。例如，学校可以设立一个专门的在线反馈平台，学生可以在任何时间、任何地点通过电子设备提交他们的建议或者投诉。通过这种方式，管理者能够最大程度地降低学生反馈的门槛，让每一个学生都有机会表达自己的观点。

当然，创建有效的沟通渠道并不意味着仅仅提供一种方式供学生提交反馈。实际上，学校应当根据学生的特性和需求，提供多种形式的反馈途径。例如：对于那些更善于面对面交流的学生，学校可以定期安排座谈会，让他们直接与管理人员交流；对于那些善于文字表述的学生，学校可以设立一个在线论坛，让他们有足够的空间详细地描述自己的想法。管理者也可以通过现有的社交媒体平台收集学生的反馈。总的来说，这种多元化的反馈途径不仅能满足不同类型的学生，也能让更多的声音被听见。

（二）认真对待学生的反馈信息

对学生反馈信息的尊重和回应是建立有效反馈机制的关键。每一份来自学生的反馈，无论是正面的还是质疑性的，都代表了学生对学校环境、教育方式、管理策略等方面的真实感受和考量。因此，管理者必须对每一条反馈都认真对待，积极收听，并从中寻找改进的线索和可能。

对学生反馈信息的认真对待首先表现在耐心倾听和认真分析上。管理者需要将每一条反馈信息都当作改进自身管理工作的机会，进行细致的分析和深度的思考，而不是仅仅将其视作常规流程的一部分。这可能需要管理者花费更多的时间和精力，但这种投入将带来更有效的管理决策。除了认真对待，有效的反馈机制还需要管理者对反馈信息进行回应。对于可以立即采纳并执行的反馈信息，管理者应当向学生说明他们的反馈信息是如何被用来改进学校的运作和环境的，以增强学生的参与感和归属感；对于那些需要长期实施或者难以立即改变的问题，管理者应当制订出明确的计划和时间表，让学生知道学校正在努力解决这些问题；对于那些由于各种原因无法采纳的反馈信息，管理者也有责任向学生说明原因，让他们知道他们的反馈已经被认真考虑过，但是由于某些限制或者考虑，暂时不能采纳。这样既能保持学生的信任和参与意愿，也能避免学生对管理者产生误解或者失望情绪。

（三）定期反馈和评估学生管理工作

在高校学生管理工作中，管理者的角色不仅在于执行规章制度和响应学生需求，也在于自我反思和提升。在这个过程中，学生管理者定期收集反馈，以对工作实效进行评估，这无疑是至关重要的一环。其中，关于学生满意度的调查、学生的学习进度和行为的跟踪等，是构成这一反馈机制的关键环节。学生满意度调查是反馈体系中的一项重要内容，它可以提供关于学生对校园生活、教学质量、辅导支持以及其他学生服务的直接评价。这些评价为管理者提供了学生满意度的实时反馈，帮助他们更好地理解学生的需求和期待，从而调整管理策略，以更有效地支持学生。同时，学生满意度调查也是一种激励机制，促使管理者不断地提高学生的满意度。

学生的学习进度和行为的跟踪是另一种重要的反馈机制。这是一个动态的过程，需要管理者对学生的学习进度、行为表现以及他们在学校社区中的参与度进行实时监测。这种跟踪可以揭示潜在的学习问题，比如学习成绩的下降，出勤率的减少，或者行为问题等，这些都可能预示着学生可能面临的挑战。通过及时发现这些问题，管理者可以提前介入，为学生提供必要的支持，帮助他们克服困难。关于学生管理的反馈信息是评估管理工作效果的重要依据。对哪些方法有效、哪些方法需要改进的了解，可以帮助管理者调整他们的工作策略和计划，以更好地满足学生的需求。这种反馈和评估的过程不仅可以提高管理工作的效率，也能增强学生服务的质量。通过学生的反馈，管理者可以了解他们的工作在哪些方面做得好，哪些方面需要改进，从而持续提高他们的工作水平，为学生提供更优质的服务。

第三节 管理系统的运行与效力

一、高校学生管理系统的运行机制

（一）规章制度

规章制度是学生管理系统运行的基石，它深深地烙印在整个管理体系中，对强化管理过程中的条理性和一致性具有重要的促进作用。其中，学生行为规范、学术诚信、奖惩机制等规章制度构成了这个体系的核心，塑造着整个学习环境和校园文化。这些制度不仅贯穿学生的学习、生活等各个方面，还会对他们的成长产生深远的影响。为了确保学生的行为符合学校的期望和标准，学校需要设计出全面而周密的规章制度，提供明确的行为指引和评价标准，使学生明白什么样的行为将会得到赞扬，什么样的行为将会受到惩罚，为高校学生管理的顺利进行提供重要保障。

制定规章制度并不是简单地列举出一份行为清单，而需要综合考虑学生的需求、教育目标和社会环境等因素，使这些制度既能够约束学生的行为，又能够激发他们的积极性，促进他们的全面发展。这就需要学校在制定规章制度时，以学生的成长和发展为中心，注重从学生的角度出发，充分考虑他们的感受和需求。只有这样，这些制度才能得到学生的理解和接受，成为他们内心的信仰和行动的准则，而不仅仅是一纸空文。与此同时，规章制度也需要随着时代的变化和学生需求的发展进行适时的调整和更新。在这个信息快速发展、知识更新加速的时代，高校需要密切关注教育领域的新动向、新理念、新技术，并根据自身的育人实践，及时反思和修订现有的规章制度，以适应新的教育环境和学生需求。只有这样，学校的管理工作才能始终保持活力和效率，为学生的成功创造最好的条件。在这个过程中，学校的领导者和管理人员扮演着关键角色，他们需要具有高度的教育洞察力和决策智慧，能够在瞬息万变的环境中找到最适合学生的教育路径和管理方式。

（二）服务支持

服务支持是学生管理系统中不可或缺的一环，它如同生态系统中的营养物质，滋养着每一位学生的成长。学生管理系统需要提供一系列的服务和支持，这些服务旨在帮助学生顺利地完成他们的学业，充分地发展他们的潜能。在服务的类型和范围上，它涵盖了诸如学术指导、心理咨询、职业发展指导等多个领域，针对学生在学习和生活中可能遇到的问题提供具体的解决方案或帮助。高校学生管理系统中的相关服务既是学生在校园生活中的指南针，也是他们在成长道路上的灯塔。学术指导为学生在知识海洋中航行确定方向，提供有效的学习策略和方法，并帮助学生明确这些策略和方法；心理咨询为学生在情感世界中找到支点，提供处理压力、解决冲突的技巧和方法；职业发展指导为学生在未来规划中明确目标，提供关于就业市场的信息和建议。这些服务和支持不仅可以帮助学生解决他们在学习和生活中遇到的问题，提高他们的满意度和归属感，也能够帮助他们建立自我价值观，增强他们的自我效能感，进一步推动他们的成长和发展。

在提供这些服务的过程中，高校应当以学生为中心，以学生的需求为导向，充分考虑学生的个性差异和发展阶段，为他们提供个性化和阶段性的服务。此外，高校还需要定期对这些服务进行评估和反馈，了解服务的效果和影响，持续优化和改进服务内容和方法，以确保服务的有效性和针对性。在这个过程中，学校的领导者和管理人员需要具备高度的敏锐性和灵活性，能够在复杂多变的环境中，快速地捕捉和适应学生的需求变化，提供最适合学生的服务支持。这样的服务支持，不仅是学生在校园生活中的保障，也是他们在人生旅程中的陪伴和引领，使他们能够在学校的支持下健康、全面地成长。

（三）学生参与

在高校学生管理系统的运行过程中，学生并不只是被管理的对象，他们更是管理工作的参与者和实施者，他们的参与是管理工作的重要组成部分。学生管理工作的核心目标是促进学生的全面发展和自我成长，这需要学生自身的主动参与和积极投入。无论是在决策制定、规章制度的实施，还是在学习生活服务的提供过程中，学生都可以发挥他们的主体性，通过他们的行动和选择，影响学校的管理工作。

在学生管理实践中，广大学生可以通过各种方式参与到学校的决策和管理中。例如，通过学生代表、学生会等组织和机构，学生可以直接参与到学校的决策过程，表达他们的意愿和诉求，对学校的政策和规章提出建议和反馈。这样的参与不仅可以提高决策的公正性和合理性，也可以提高学生对决策的接受度和满意度。同时，这样的参与还可以提高学生的责任感和主动性，让他们明白自己是学校的一员，他们的行动和选择会对学校的运行产生影响。除了参与决策，学生还可以通过实际行动参与到学校的管理工作中。学生可以在课堂上积极发言，参与到学习活动中。也可以在宿舍和食堂等地方遵守规章制度，维护公共秩序。还可以在学生会和社团等组织中担任职务，提供服务和帮助。这样的参与不仅可以让学生了解和体验管理工作的实际情况，也可以让他们培养和锻炼自己的组织能力、沟通能力、解决问题的能力等。

（四）反馈评估

在高校学生管理系统的运行过程中，反馈评估机制是非常重要的组成部分。管理工作的优化和改进，离不开对其进行的持续和深入的评估。无论是规章制度的执行效果，还是服务支持的质量与满足度，甚至是学生参与的程度和效果，都需要通过反馈评估来进行定量和定性的分析。这样的分析，有助于管理人员了解管理工作的实际效果，发现存在的问题，调整和优化工作策略，从而提高管理工作的质量和效率。

反馈评估的主要内容是学生的反馈信息，这些信息可以来自学生的直接反馈，也可以来自学生行为的间接反馈。例如，学生对规章制度的遵守程度、学生对服务支持的满意度、学生对学校环境的评价等，都是反馈信息的重要来源。学生管理人员需要定期收集这些信息，通过数据分析和问题研究，了解学生的需求和期望，了解管理工作的实际效果和影响。这样的反馈评估不仅可以帮助管理人员及时发现和解决问题，也可以帮助他们更好地理解和满足学生的需求，提高学生的满意度和归属感。反馈评估的结果也需要反馈给学生。公开和透明的反馈机制，可以让学生了解学校对他们的关注和重视，也可以让学生了解他们的反馈和建议是如何被应用和实现的。这样的反馈，可以增强学生对学校的信任和归属感，提高他们对管理工作的满意度和认同度。同时，这样的反馈，也可以让学生了解自己的责任和影响，提高他们的参与意识和积极性。

二、高校学生管理系统效力发挥的要素

（一）规章制度的完善度和执行力

在当今多元化、快速变化的教育环境中，高校的学生管理工作面临着前所未有的挑战。学生的需求和期待、学校的使命和目标、社会的要求和期待，这些多元化的因素都对高校的学生管理工作提出了新的要求。面对这些挑战，高校需要有一套清晰、全面、合理的规章制度作为学生管理工作的基础和依据。

在前边已经介绍了规章制度在高校学生管理系统中的重要作用，规章制度是高校管理工作的基础，它明确了学生的权利和责任，规定了学生的行为标准，设定了学生的学习和生活环境。一个好的规章制度不仅需要符合法律法规的要求，也需要符合学校的使命和目标，满足学生的需求和期待。因此，规章制度的完善度直接影响到管理系统的有效性和效力。然而，规章制度的完善度只是提供了有效管理的可能性，真正的关键在于制度的执行力。一套好的制度如果得不到有效执行，那么其效力也将大打折扣。管理人员需要有足够的能力和决心，保证规章制度的执行。这需要他们具备良好的专业素质和能力，能够解决执行过程中的各种问题和挑战。同时，他们还需要获得足够的权威和信任，得到学生和其他教育工作者的支持和配合。

（二）管理人员的素质和能力

管理人员的素质和能力对高校学生管理系统的效力发挥起到决定性的作用。在现代高等教育中，管理人员不仅仅是规则的制定者和执行者，他们还是服务的提供者和学生发展的引导者。他们的职责既包括维护学生的权益，

也包括促进学生的成长和发展。因此，管理人员需要具备良好的专业素质和能力，才能有效地履行职责。

　　管理人员的素质首先体现在他们的专业知识和技能上。他们需要了解学生的需求和期望，理解学生的成长和发展过程，掌握学生管理的基本理论和方法。他们还需要有足够的知识和能力来制定和执行规章制度，处理学生的问题和冲突，提供学生需要的服务和支持。此外，管理人员还需要有良好的人际交往能力和沟通能力，以便与学生、教师和其他教育工作者进行有效的交流和合作。管理人员的能力又体现在他们的思维方式和工作态度上。他们需要有前瞻性的思维，能够预见和应对教育环境的变化和挑战。他们需要有创新性思维，能够开发和实施有效的管理策略和方法。他们需要有服务性的态度，把学生的利益放在首位，努力满足学生的需求和期待。他们还需要有自我发展的意识，不断学习和提高，以提升自己的素质和能力。

（三）校园环境和文化

　　校园环境和文化不仅构成了学生日常生活和学习的背景，而且深深影响着学生的行为和态度以及他们对管理工作的接受度和满意度。因此，建设开放、公正、尊重、互助的校园环境和文化，对于提高管理系统的效力具有重要的意义。

　　开放的校园环境和文化鼓励学生表达自己的观点和想法，参与到学校的决策和管理中。在这种环境下，学生可以充分发挥他们的主体性和创造性，积极影响学校的发展。这不仅有利于学生的成长和发展，也有利于管理工作的开展。公正的校园环境和文化则保证了学生在学校中的平等地位和权利，让他们感到被尊重和重视。这有助于建立学生对学校和管理工作的信任和支持，也有助于维护和提高学校的公正性和公平性。尊重和互助的校园环境和文化则是高校学生管理工作的基本要求和目标。在尊重的环境下，学生的个性和差异得到认可和尊重，他们的权益和尊严得到保护，他们的需求和期待得到满足。在互助的环境下，学生之间的关系和合作得到促进，学生的问题和困难得到解决，学生的共享和团结得到提高。这些都有利于学生的个人发展和集体进步，也有利于学生管理工作的深入推进。

第三章 高校学生学业管理

第一节 高校学生学习的内容及其特征

一、高校学生学习的内容

（一）专业课程

大学阶段的专业课程是构建学生未来职业生涯的关键，它为学生提供深入理解和掌握所选专业的重要机会。专业课程通常分为专业必修课和专业选修课，同时包含理论课和实践课两部分。

专业必修课是每个学生在特定专业中必须完成的课程，这些课程通常涵盖了该专业的核心理论和基础知识。比如，计算机科学专业的学生可能需要学习"数据结构""操作系统""计算机网络"等基础课程，而经济学专业的学生可能需要学习"微观经济学""宏观经济学""计量经济学"等基础课程。这些专业必修课是建立学生管理知识体系的基础，它们不仅传授管理知识，也帮助学生建立对所学专业的全面理解。

专业选修课则提供更多的选择空间，使学生能够根据自身的兴趣和职业规划，深化对某一领域的理解或者拓宽自己的知识领域。例如，心理学专业的学生可能会选择"儿童心理学""临床心理学""社会心理学"等选修课，来深化自己在特定领域的知识和技能。同时，一些跨学科的选修课程，如"数据科学""人工智能应用"等，也能让学生从多元化的视角理解自己的专业。

选修课作为高等教育的重要组成部分，却经常受到教育工作者与学生的忽视，学校对于选修课程体系的构建十分随意，学生对于选修课的学习并不积极，教师对于选修课的重视也远远不如必修课，这是不正确的。选修课设置的目的是开阔学生的视野，拓展学生的思维，这对学生的成长与发展十分重要。

理论课和实践课是专业课程的两大重要组成部分。理论课程注重传授学生管理知识，使其对专业有深入的理解。例如，生物学专业的学生在理论课程中，会学习到细胞结构、遗传学原理、生物化学等基础理论。实践课程则注重让学生在实际操作中运用所学的管理知识，如实验室实习、田野调查、企业实训等。通过实践课程，学生能够将所学的理论知识转化为实际的技能，提高解决问题的能力。

专业课程的学习不仅是对管理知识的掌握，更是对解决问题、批判性思维和创新思维能力的培养。在学习过程中，学生将接触到各种案例、实际问题和挑战，需要运用管理知识和分析能力来解决。通过专业课程的学习，学生将培养批判性思维，学会分析问题、评估证据、做出合理判断，并提出创新的解决方案。这种能力的培养将使学生在未来的职业生涯中具备更强的竞争力。专业课程在大学阶段的学习中起着重要的作用。它们不仅为学生提供深入理解和掌握所选管理知识的机会，还帮助学生建立对所学专业的全面的素质结构。通过专业必修课和选修课的学习，学生可以掌握专业核心理论和基础知识，并有机会深化专业领域的理解或者拓宽自己的知识领域。理论课和实践课的结合使学生既能够掌握管理知识，又能够运用所学的知识解决实际问题。同时，专业课程的学习也培养学生的批判性思维和创新思维能力，使他们具备更强的职业竞争力。因此，专业课程的全面性、深入性和实践性对学生未来的职业发展具有重要意义。

（二）通识教育

在现代大学教育中，除了对管理知识的系统教育，通识教育同样被赋予了极其重要的地位。通识教育，或被称为广义教育，涵盖了哲学、历史、文学、艺术、自然科学等多个领域。它的目的不仅是让学生获得广泛的知识视野，更重要的是，通过学习各类通识课程，学生能培养批判性思维和创新性思维，实现个人的全面发展。

通识教育课程的广泛性可以帮助学生建立一个全面的知识结构。在现代社会，管理者需要面对的问题越来越复杂，很多问题需要跨学科的知识和技能才能解决。因此，大学生需要有广阔的知识视野和多元化的思维模式，这正是通识教育带给学生的。比如：一门介绍哲学的通识课程，可以帮助学生理解人类的存在和思考的本质；一门历史课程可以帮助学生理解社会的发展脉络和人类的进步历程；而一门自然科学的课程，则可以帮助学生理解自然界的法则，甚至人类自身的构成和运作方式。通识教育可以培养学生的批判性思维。批判性思维是指在获取、分析和处理信息的过程中，运用逻辑和理性进行判断，从而得出结论的能力。在通识教育中，学生会被鼓励对所学知识进行深入思考，挑战现有的观点和理论，提出自己的见解和疑问。这种训练可以帮助学生形成独立、清晰、有逻辑的思考方式，使他们在面对复杂问题时，能够独立分析，理性判断，避免盲目从众或者被错误的信息所误导。通识教育也是创新思维的摇篮。在通识教育的课程中，学生会接触到各种不同的思维方式和解决问题的方法，这为他们的思维提供了广阔的空间和可能性。比如：学生在学习艺术课程时，会接触到对美的不同理解和创造美的不同方式；在学习文学作品时，会体验到不同的情感和人生观；在学习科学课程时，会学习到科学探索的方法和实践技巧。这些多样的学习经历可以激发学生的创新思维，培养他们的想象力和创造力。同时，通识教育也为跨学科的研究和合作提供了基础，学生可以在不同领域的知识交叉中发现新的问题和解决方案，推动知识的创新和社会的进步。

通识类课程要求打破专业局限，开阔学生的视野，课程内容既能拓展学生的知识面，又能培养和提升学生的思维能力。通识类课程主要有以下特性：

第一，通识类课程具有普遍性。通识类课程涉及的是学生所应具备的基本素质与能力，这些素质与能力的要求具有普遍性，不因学生专业的不同而改变。

第二，通识类课程具有多元性。通识类课程的课程内容应该丰富、全面，既符合基础性原则，又符合多元性原则，既能培养学生的基本素养，还能够拓宽学生的视野，促进学生个性的发展，形成多元化人格与精神。

第三，通识类课程具有整合性。通识类课程需要对不同领域的知识进行整合，形成普遍适用于不同专业学生发展需求的课程，丰富学生的知识，启发学生的心智。

第四，通识类课程具有创新性。通识类课程具有创新性，这是由其本身的性质决定的，通识类课程设置的目的就是打破学科之间的界限，使学生的知识结构不被禁锢在单一的专业领域，在丰富学生知识的同时，拓展学生的思维，使学生能够从不同的角度观察问题，用新的思路解决问题。

通识类课程的学习是完善学生知识结构的重要环节，能够使学生具备更加全面的知识结构，构建更加完善的知识体系。与专业课重视学生在具体专业领域知识与技能的掌握不同，通识类课程重视学生常识性知识的学习，旨在为学生提供通行于不同领域的知识与价值观。通识教育没有专业的硬性划分，它提供的选择是多样化的。通识类课程的教学内容既包括具体的知识，比如思想知识、外语知识，也包括处理问题的能力，比如创新创业能力、沟通交流能力、团队协作能力、自主学习能力等。通识教育能够帮助学生树立正确的三观，使学生能够更好地认识和改造世界，对促进学生综合素质的提升具有重要的作用。

通识类课程是高校教育的重要组成部分，但却存在受重视程度不足的现象，部分教育工作者认为高校教育工作的重点是提升学生的专业素养，因此对通识类课程的教学缺乏重视，这种观念的形成就是缘于对通识教育与专业教育之间的关系定位不合理。通识教育重视学生综合素质的提升，随着高等教育的普及化发展以及教育水平的不断提升，专业教育不断细化完善，人才之间能力的差距愈发体现在综合素质上。可以说，当今时代，学生的综合素质对自身的就业以及长期发展来说越来越重要，专业素养决定着一个人处理具体工作任务的能力，而综合素质则决定着一个人整体工作的能力。当前，学生若想实现自己的人生价值，获得长远的发展，就不能将自身的能力范围局限在专业素质上，而是要努力实现自身的全面发展。通识教育是高校课程体系的重要组成部分，从课程设置来看，通识教育无论在课时安排上还是在教学内容上，均不与专业课程产生冲突。相反，通识类课程的教学有利于学生更好地开展专业课程的学习。因此，专业教育与通识教育之间并不是一种相互掣肘的关系，而是一种对立统一，相辅相成、相互促进的关系。

（三）实践教育

实践教育在大学教育中占据着至关重要的地位，它包括实验、实习、课程设计、毕业设计（论文）等各种形式，旨在通过实践活动使学生把理论知识应用于实际，从而增强他们的实践和创新能力。

实验是一种基础而关键的实践活动。在科学和工程等理工科专业中，实验教学更是重中之重。例如，在物理、化学和生物等课程中，实验是帮助学生深入理解和掌握理论的重要途径。通过实验，学生可以亲手操作，直观观察，使得抽象的理论知识具象化、形象化，深化对理论知识的理解。而在工程技术类课程中，实验则更多地让学生通过设计和实现一项项工程项目，了解和熟悉工程实践中的各种方法和技巧，提高他们解决实际问题的能力。其次，实习是一种重要的职业技能训练方式。通过实习，学生可以进入企业、医院、学校等真实的工作环境，参与到实际的工作中去。这种亲身参与可以让学生对自己的专业有更深入的了解，提前感受职业生涯，明确职业规划。实习也是学生提前获得职业技能，提高就业竞争力的重要途径。例如：商学院的学生可以在企业中实习，学习并实践营销、财务等工作；医学院的学生可以在医院实习，提高临床技能和医疗服务能力。

课程设计和毕业设计（论文）是大学教育中一项重要的综合性实践活动。课程设计通常要求学生在一门或者几门相关课程的基础上，完成一个有一定复杂度的项目或者研究。这既需要学生运用所学的管理知识，也需要他们充分发挥创新能力，解决实际问题。毕业设计（论文）则是学生大学学习的最后一站，通常要求他们对一个专业问题进行深入的研究，或者设计并实现一个复杂的系统。这不仅是对他们管理知识的一次全面考验，也是他们独立思考、创新、解决问题的能力的展示。通过课程设计和毕业设计（论文）的实践，学生可以锻炼自己的综合能力、创新能力和团队协作能力，为未来的职业发展做好准备。

通过实验、实习、课程设计和毕业设计（论文）等实践活动，学生可以将理论知识转化为实际能力，增强自己的实践能力和创新能力。实践教育不仅能使学生更好地理解和掌握所学的知识，还能提升他们解决实际问题的能力，增强就业竞争力。因此，学校应高度重视实践教育，为学生提供丰富多样的实践机会，培养他们的实践能力和创新精神，为他们未来的职业发展奠定坚实的基础。

（四）课外活动

课外活动在大学生的学习和发展中扮演着重要的角色。它包括但不限于社团活动、志愿服务、学术竞赛和学术研究等，这些活动能够丰富学生的校园生活，提升他们的社会实践能力，拓宽人际关系，有利于学生的身心健康和人格成长。课外活动是隐性课程的重要体现。显性课程也叫正规课程，显性课程指的是教师和学生在规定的时间、规定的地点，依据教材和教学大纲，有目的、有计划地完成规定教学内容的教学实践活动。隐性课程则是除显性课程之外的能对学生知识、技能和综合素质的提升产生促进作用的教育过程，是一种隐含的、非计划的、不明确或未被认识到的课程。隐性课程包括学校文化方面的教育、学习与生活环境方面的建设以及人际关系的建立等。与显性课程有组织地开展教学活动不同，隐性课程对于学生的成长和发展的影响是潜移默化的，更多表现为一种润物细无声的教育形式。显性课程与以课外活动为代表的隐性课程之间存在着密切的关系，主要体现在以下几点：

1.相互补充

显性课堂是在一定教学计划的指导下开展的教学活动，以学术性知识教学与专业技能培养为主要任务。隐性课堂是在教学计划之外开展的教育性活动，以品德、综合素质的培养为主要任务。二者相辅相成，在促进学生全面发展方面形成良好的互补关系。

2.相互促进

显性课堂与隐性课堂之间是相互促进，共同提升的。显性课程与隐性课程相互配合开展人才培养，能够在不断完善学生的知识与能力体系的同时，提升学生的综合素质。学生在显性课堂中学习到的知识与技能，能够帮助学生更好地认识世界与改造世界，进而推进隐性课程的发展。而学生通过隐性课程可以实现自身综合素养的提升，以正确的价值观处理学习与生活中遇到的问题，对学生显性知识的学习大有裨益。

3. 相互转换

显性课程与隐性课程之间的关系并不是一成不变的，显性课程的实施总是伴随着隐性课程，显性课程可以作为一种隐性课程存在于其他专业的学习过程中。而隐性课程在一定条件下是可以转化为显性课程的。隐性课程一旦被发现具有成为显性课程的价值，其育人内容就会被明确化、系统化、规范化，进而被开发为显性课程。

第二课堂是隐性课程的重要载体，指的是在学校课程培养计划之外开展的开放式教育活动和实践活动的综合，包括参加社会实践、志愿服务、学术活动、创新创业、素质拓展、文体竞赛、学生社团等方面，是对教学第一课堂的课程的延伸和拓展。第二课堂的任务并非直接传授给学生特定的知识与技能，而是关注学生人格的发展与综合素养的提升。隐性课程是美育与德育的重要方式，通过丰富多彩的实践活动与文化氛围的营造，有助于帮助学生形成正确的世界观、人生观和价值观，不断完善学生的人格，促进学生的全面发展。

参加社团活动是学生在大学期间最常见的课外活动之一。大学校园中有着丰富多样的学生社团，如学术科研社团、艺术表演社团、公益服务社团、体育运动社团等。学生可以根据自己的兴趣爱好选择参加不同的社团。参与社团活动能让学生在快乐中学习，激发他们的兴趣和潜能，也有助于培养他们的组织能力、沟通能力和团队协作能力。做志愿者是一种很好的社会实践方式。无论是参与校园的志愿服务，还是走出校园到社区、乡村，甚至到海外进行志愿者服务，这些经历都能让学生接触到更广阔的社会，理解并关注社会问题，提升他们的社会责任感和公民素质。同时，通过志愿者服务，学生可以学习到很多在课堂上学不到的知识和技能，比如解决实际问题的能力、跨文化沟通的技巧等。参加学术竞赛和进行学术研究也是大学生常见的课外活动。通过参加学术竞赛，学生可以与来自不同学校、不同背景的同龄人交流比较，激发他们的学习动力和竞争意识，提高他们的学术水平和实践能力。而通过学术研究，学生可以提前接触学术前沿，锻炼他们的科研能力，为未来的学术生涯或者职业生涯做好准备。

（五）自我提升

大学生的自我提升，远超出课堂的边界，既包括知识的获取与储备，也包括技能的掌握与提升。而这需要学生具有自主学习的意识和能力，能主动探索和创新，以实现自我的持续发展。

在知识的获取与储备方面，大学生不仅要深化管理知识，还要不断丰富自己的通识知识，如历史、哲学、科学、艺术等。通识知识能使学生从宏观角度理解世界，激发他们的思维活力，培养他们的批判性思维，提升他们的创新能力。而管理知识的深化则需要学生对所学的专业有深入的理解，通过大量读书、研究和实践，来提高他们在特定领域内的专业素养。

在技能的掌握与提升方面，大学生需要注重两类技能的发展：通识技能和职业技能。通识技能包括批判性思维、沟通技能、领导力等。批判性思维是指理解、分析和评价信息的能力，它能帮助学生分析问题、做出决策；沟通技能包括口头和书面表达能力，是在人际交往中分享和交流信息的基础；领导力则涉及组织、协调和引导他人的能力，是在团队中实现共同目标的关键。这些通识技能在各种职业中都至关重要，也是未来社会的主要需求。职业技能则是针对特定职业的技能，如编程、数据分析、外语等，它们可以直接提高学生的就业竞争力。

为了实现自我提升，大学生需要具有自主学习的意识和能力。自主学习意味着学生需要有明确的学习目标，能够独立策划、组织和控制自己的学习过程。自主学习的实现，需要学生具备较强的自我控制能力和自我管理能力，需要他们掌握一定的学习策略和方法，需要他们对自己的学习能自觉地反思和调整。自主学习不仅可以提高学习效率，更能培养学生的责任感和自我约束力，激发他们的学习动力和创造力。[①]

二、高校学生学习的特征

大学作为学生知识与能力结构构建最重要的时期，其教学模式与学生的学习模式与中学阶段具有明显的不同。高校学生学习的特征主要包括以下几

---

① 沈佳，许晓静.基于多视角下的高校学生管理工作探究[M].北京：现代出版社，2022：33-35.

点，具体内容如图 3-1 所示。

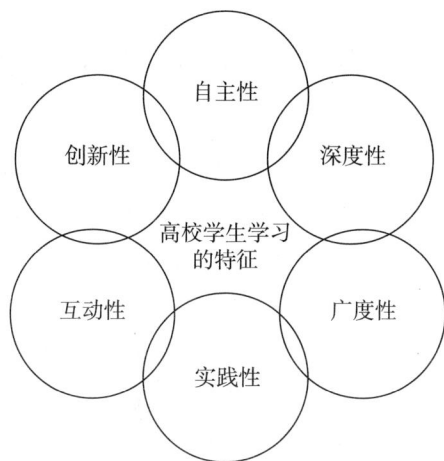

图 3-1　高校学生学习的特征

（一）自主性

自主性是大学生区别于中学生的显著特征。自主性是指学生主动地参与学习，对自己的学习过程和结果负责。在大学阶段，学生有更大的自由来选择他们想要学习的课程和活动，他们可以根据自己的兴趣、目标和才能来规划自己的学习路径。这需要他们有自我管理和自我调整的能力，因为他们需要独立地安排自己的学习计划，设定自己的学习目标，寻找自己的学习资源。

自主性首先来源于学生的自主权，在大学中，学生拥有前所未有的自主权。他们可以自主选择学习的专业、课程、方向，也能自我决定学习的速度和深度。自我决策能力也延伸到日常生活的各个层面，例如如何分配时间、如何规划学习与休息的平衡等。大学生的自主学习还体现在他们对自己的学习过程有一定的自我监控能力。他们可以根据自己的理解程度、兴趣等，适时调整学习策略，最大限度地提升学习效果。学生的自我监控也包括对学习进度的把握，能够根据课程的要求自己设定目标，并跟踪自己的学习进度。除了对学习过程的控制，大学生的自主性还体现在他们能对自己的学习结果进行客观的自我评估。他们能通过反思自己的学习，分析自己的优点和不足，然后调整自己的学习计划和策略。大学生学习的自主性还体现在他们主动追求个人发展。他们不仅在学术上追求卓越，而且会在众多的课外活动中积极参与，通过社团活动、学术研究等方式，提升自我，实现全面发展。

当然，在大学教育阶段，学生若想充分发挥自主性提升自我，就需要做到以下几点。首先，学生必须具备自我管理的能力，这包括时间管理、学习资源管理等。例如，他们需要安排适合自己的学习时间，利用各种资源（如图书、网络资源、教师和同学的帮助等）进行学习，以达到自己设定的学习目标。对于不同的课程和任务，他们可能需要采取不同的学习策略和方法，以达到最好的学习效果。其次，学生必须具备自我调整的能力，包括自我反思、自我评价和自我激励等。他们需要定期反思自己的学习过程和结果，找出自己的优点和不足，根据自我评价的结果来调整自己的学习计划和策略。此外，他们还需要保持持久的学习动力，对自己的学习持有积极的态度。最后，学生需要有自主选择的能力。他们不仅需要选择合适的课程，也需要选择合适的学习方式和环境。这包括选择合适的学习方法（如讲座、讨论、实验、自学等），选择合适的学习环境（如图书馆、实验室、网络等），选择合适的学习伙伴（如同学、导师、网络社区等）。

（二）深度性

在大学阶段，深度学习成为主导的学习方式，而这种学习方式以理解和掌握为核心，这让学生需要在研究和实践中对知识有更加深入的理解。大学生的深度学习通常意味着对知识的深入理解，而不仅仅是记忆。他们需要掌握的不仅仅是知识的表面内容，更是知识的含义、原理和逻辑。这种深度理解能帮助他们更好地消化和吸收知识，从而在将来的学习和生活中更有创新性和适应性。比如在学习一门物理课程时，他们不仅需要记住公式，更需要理解公式背后的物理原理，以便于他们在不同的情境中运用这个公式。

大学生的深度学习还体现在对知识的运用上。他们需要把所学的理论知识应用到实践中，通过解决实际问题来进一步理解和掌握知识。这种学习方式使他们有机会在实践中发现问题，解决问题，从而提高他们解决问题的能力和创新能力。在实践中，他们可能会发现理论知识的局限性，这也是他们对知识进行批判性思考的过程。

深度学习也体现在学生的创新性思维上。在深入掌握知识的基础上，他们可以进行创新性的思考，提出新的问题，寻找新的解决方案，甚至创造新的知识。这种创新性思维可以帮助他们更好地理解知识，更好地应对未来的挑战。

（三）广度性

广度性同样也是大学生学习的重要特征，大学教育与中学教育显著的不同点之一就是教学内容的丰富性，无论从知识的深度还是知识的广度来说，大学都比中学有了一个质的提升。

高校学生能够在广泛的领域中学习，这涵盖了他们的主修专业以及其他跨学科的知识。这些跨学科的知识可以来自他们的辅修专业、选修课程或自我学习。这种广度学习可以帮助他们构建起多元化的知识结构，使他们能够在不同领域之间建立联系和对比，从而形成更丰富、更全面的认知视野。例如，一个主修经济学的学生，如果还学习了一些心理学知识，那么他在研究经济行为时，就能够更好地理解人们的行为动机和行为模式。广度学习的另一重要体现是通识教育的开展。大学虽然最基本的培养模式是分专业培养，但通识教育仍然占据着重要的课时量。通识教育的目标是提供一个广泛的知识基础，涵盖人文科学、社会科学、自然科学和艺术等领域。通过通识教育，学生能够对世界有更深的理解，能够从不同的角度看待问题，从而培养出更为全面和平衡的世界观。例如，学生可能在艺术课程中学习到审美的观点，在科学课程中学习到实证的思维方式，这些都能够丰富他们的思维方式。高校学生的广度学习还包括他们在课外的学习。学生可以通过参与社团活动、学术研究、社区服务等方式，学习到各种非正式的知识和技能。这些活动可以帮助学生拓宽视野，丰富经验，提高社会实践能力。例如，一个参与学生会工作的学生，可能在实践中学习到一些关于团队管理和项目管理的知识和技能。

（四）实践性

实践性是大学生学习的一个关键特征，它体现在学生不仅需要掌握理论知识，还需要将这些知识应用到实践中去，以此来提升自己的技能，解决实际问题，创新思维，深化理解，甚至可能产生新的知识。实践性的第一个要素是"应用"。大学生的学习不仅仅是对理论知识的吸收，更是关于如何将这些理论知识应用到解决实际问题中去。这种应用可以是对理论知识的直接应用，比如将所学的编程语言应用到具体的编程项目中；也可以是对理论知识的间接应用，比如将所学的心理学理论应用到人际交往中去理解他人的行为。这种应用能让学生对所学的知识有更深入的理解，也能提高他们解决问题的能力。实践性的第二个要素是"体验"。大学生的学习不仅需要通过思考和理解，更需要通过亲身体验和实践来学习。这种体验可以是通过实验、实习、课程设计等方式来完成的。通过亲身体验和实践，学生能够直观地看到理论知识在实践中的表现，可以发现理论知识的局限性，也可以发现自己的不足，从而有针对性地改进和提升。实践性的第三个要素是"创新"。大学生的学习不仅要注重知识的获取和应用，更要注重创新思维的培养。在实践中，学生有机会发现新的问题，提出新的假设，设计新的实验，探索新的解决方案，甚至产生新的知识。这种创新不仅能够提高学生解决问题的能力，还能够提高他们的创新能力，培养他们的创新精神。

总的来说，大学生学习的实践性特征体现在学生对知识的应用，学生对知识的体验，以及学生对知识的创新。这三个要素相互关联，相互影响，共同构成了大学生学习的实践性特征。这种实践性的学习不仅能够提高学生的知识水平，还能够提高学生的能力水平，对学生未来的学习和工作具有重要的意义。

（五）互动性

互动性是大学生学习的一个重要特征，它体现在学生在学习过程中不仅是知识的接受者，也是知识的创造者，他们通过与教师、同学、教材、网络等各种学习资源的互动，共享信息，交流思想，合作学习，形成理解，解决问题，创新知识。

互动性首先体现在交流层面。大学生的学习不再是孤立地、被动地接受知识，而是通过与他人的交流，积极主动地参与到知识的建构中来。这种交流可以是面对面的交流，比如在课堂上与教师和同学的交流，也可以是在线的交流，比如在网络平台上与网友的交流。这种交流使得学生可以听到不同的观点，理解不同的思考方式，提高他们的思考能力和表达能力。大学生学习的互动性还体现在合作层面。大学生的学习不仅需要个人的独立学习，也需要团队的合作学习。在合作学习中，学生可以共享资源，分担任务，互相帮助，共同解决问题。这种合作学习既可以提高学生的团队合作能力，也可以提高他们问题的解决能力，培养他们的团队精神和责任感。良好的反馈也是大学生学习互动性特征的重要表现。大学生的学习需要及时有效的反馈，以便他们了解自己的学习状况，发现自己的问题，调整自己的学习策略。这种反馈可以来自教师的评价、同学的建议、自我评价，也可以来自学习系统的数据分析。通过反馈，学生可以及时纠正错误，提高学习效率，提升学习效果。

（六）创新性

创新性是大学阶段学习的核心特征之一，其重要性不言而喻。创新性不仅指向新的想法、新的解决方案，而且也涵盖了新的学习方式、新的合作模式、新的交流方式等。在大学阶段，学生需要具备探索未知、挑战既有知识、发现新问题、提出新观点、找出新解决方案的勇气和能力。

知识创新是科学进步和社会发展的重要推动力，也是大学教育的核心目标之一。知识创新需要学生对既有知识进行深入的理解和批判性思考，找出知识的疑问和缺陷，通过阅读文献，做实验，进行研究，产生新的理论或发现。这种知识创新可以体现在各个学科领域，从基础科学到社会科学，从工程技术到人文艺术。随着科技的进步和教育理念的更新，大学教育也需要不断创新教学方法，满足学生的学习需求。这种教育方法的创新可以体现在课程设计、教学方式、评价方式、学习资源等方面。例如，课程可以更加注重实践和探究；教学可以采用混合式学习、翻转课堂等新模式；评价可以更加注重过程和能力；学习资源可以充分利用网络和多媒体。创新精神并不只是创新思想或创新行为，而是一种对待问题、对待生活的态度和习惯。它要求学生敢于挑战权威，敢于独立思考，敢于尝试失败，敢于持续学习。这种创新态度和习惯的培养，不仅能够促进学生学业的成功，也能够有利于他们的人生发展并为社会服务。

第二节　高校学生学习能力的培养与开发

一、高校学生学习能力的构成

（一）认知能力

认知能力是学习能力的基础，它是学生处理和理解新信息，解决问题和做出决策的基础。它涉及各种思维过程，包括观察、记忆、理解、分析、评估和创新。对于高校学生来说，这是非常重要的，因为它不仅影响到他们的学业，而且对他们的职业生涯和个人生活也有重要影响。

大学生在日常学习中会遇到大量的信息，这些信息可能来自课本、教材、论文、网络、讲座等多种渠道。他们需要有强大的认知能力来获取这些信息，识别其中的关键信息，理解其含义，记忆其内容，这是他们学习的基础。例如，他们需要有能力阅读和理解专业书籍和教材，理解其中的理论和知识，记忆其中的重要信息。他们也需要有能力搜索和使用网络资源，找到所需的信息，理解和记忆其内容。大学生在学习中不仅需要获取和理解信息，更需要处理和分析信息，解决问题。他们需要有能力分析和评估信息，判断其价值和可信度，发现其规律和趋势，提出有力的论点和论证，解决实际问题。例如：他们在学习专业课程时，需要有能力分析案例，解决问题，提出新的思考和见解；他们在写论文或报告时，需要有能力分析并评估资料，提出有力的论点来进行论证。大学生在学习中还需要有创新性的思考，这也是认知能力的重要组成部分。他们需要有能力发现新的问题，提出新的观点，找出新的解决方案，这对他们的创新能力和批判性思维能力的培养有很大的帮助。例如，他们在课堂讨论或小组活动中，需要有能力提出新的问题和观点，挑战传统的观点和做法。他们在研究项目时，需要有能力发现新的研究方向，提出新的研究方法，找出新的研究结果。

（二）技能能力

技能能力对于高校学生来说非常重要，它指的是学生在学习过程中运用的各种技巧和方法，包括但不限于有效的笔记技巧、时间管理技巧、考试技巧、研究技巧等。这些技能能力不仅可以帮助学生提高学习的效率，还可以提高学习的效果，使学生在学习过程中能更好地理解和掌握知识，更好地应对学业挑战。下面就几个典型的技能能力来展开论述。

有效的笔记技巧是一种重要的学习技能。笔记不仅可以帮助学生记录下课堂或研究过程中的重要信息，还可以帮助学生整理和理解信息，加深对知识的记忆。当学生在课堂上或在阅读书籍的过程中做笔记时，他们实际上正在进行信息的筛选和整理，这有助于他们理解和记忆信息。此外，良好的笔记技巧还可以帮助学生在复习时快速回顾并找到重要信息，提高学习的效率。时间管理技巧也是学生学习技能中的重要组成部分。高校学生在学习过程中需要处理大量的学习任务，如课程学习、课程作业、课外活动、实习、科研等，如何合理安排时间，如何在有限的时间内完成这些任务，是学生需要面临的挑战。良好的时间管理技巧可以帮助学生合理规划学习任务，合理分配学习时间，有效提高学习的效率。研究技巧则是高校学生在学习过程中需要掌握的重要技能，也是与中学阶段学生技能结构明显不同的地方。在高校阶段，学生不仅需要学习知识，还需要学会如何进行科学研究，如何发现问题，如何设计实验，如何分析数据，如何撰写研究报告。良好的研究技巧可以帮助学生更好地进行科研活动，切实提升自身的学术水平。

（三）情感态度

情感态度是大学生重要的学习能力之一，它包括学习的动机、兴趣、态度和价值观。对于高校学生来说，拥有正确的情感态度不仅有助于学业成功，也对个人成长和发展有着深远的影响。

学习动机是驱动学生进行学习的内在力量，它影响着学生对学习的态度和行为，决定着学生的学习效果和学习成就。学习动机有多种形式，例如对知识的好奇心，对成功的渴望，对职业目标的追求等。对于高校学生来说，强烈的学习动机可以帮助他们克服学习中的困难和挑战，使他们在学习中保持积极性并坚持下去，从而提高学习的效率和效果。学习兴趣是学生对特定学科或主题的喜好和关注。研究表明，学习兴趣对学习成效有着显著的影响。拥有学习兴趣的学生在学习过程中会更加专注和投入，更愿意投入时间和精力在学习上，这有助于他们更好地理解和掌握知识，提高学习的质量。学习态度是学生对学习的看法和情感倾向。积极的学习态度可以增强学生的学习动力，使他们更愿意参与学习，更有信心面对学习中的困难和挑战。反之，消极的学习态度可能会降低学生的学习动力，使他们对学习产生厌烦和排斥心理，这会影响他们的学习效果和学习成就。学习价值观是学生对学习的意义和价值的认识。正确的学习价值观可以引导学生树立正确的学习目标，形成正确的学习行为，这对他们的学习和发展有着重要的影响。例如，如果学生认为学习是为了获取知识，提高能力，实现个人发展，那么他们在学习过程中可能会更加专注于理解和掌握知识，而不仅仅是追求高分。

（四）自我调控能力

自我调控能力对高校学生的学习至关重要，它涵盖了学习计划、监控和调整的过程。拥有强大的自我调控能力的学生，不仅可以更有效地进行学习，也更有可能成为自主学习和终身学习的实践者。

制订合理的学习计划是自我调控能力的体现。学习计划为学习过程提供了明确的方向和目标，可以帮助学生更好地管理他们的学习时间和学习资源。对于高校学生来说，他们需要面对大量的学习任务和挑战，如复杂的课程安排、大量的阅读材料、多样的课外活动等。明确且合理的学习计划可以帮助他们在面对这些挑战时，保持学习的积极性和持续性。监控自己的学习过程是自我调控能力的重要环节。学习监控涉及对学习过程和学习效果的持续观察和评估，可以帮助学生了解自己的学习情况，找出学习中的问题和困难。例如，学生可以通过定期的自我测试，查看自己对学习材料的理解和掌握程度，通过对学习时间和学习方法的记录，查看自己的学习效率和学习习惯。这些信息可以帮助学生对自己的学习进行反思，提高学习的效果。调整自己的学习策略是学生自我调控能力的关键。学习是一个动态的过程，需要学生根据自己的学习情况和学习环境的变化，不断调整自己的学习策略。例如：如果学生发现自己的记忆方法对某个主题不太有效，他们可能需要尝试其他的记忆方法；如果学生发现自己在某个时间段的学习效率较低，他们可能需要调整自己学习时间的安排。通过这种方式，学生可以根据自己的特点和需要，找出最适合自己的学习方式，提高学习的效率和效果。[①]

（五）社交能力

社交能力是学习能力的重要扩展，它包括合作学习和交流沟通的能力。在现代教育环境中，学习越来越被认为是一种社会性活动，学生需要与他人合作，通过有效的交流和沟通，共同解决问题，共同完成学习任务。对于高校学生来说，社交能力不仅可以帮助他们建立和维持有效的学习社区，拓宽学习视野，提高学习深度，还能够在未来的职业生涯中发挥重要作用。

合作学习是学生社交能力的重要组成部分。在高等教育阶段，课堂教学、小组项目、实验研究等多种学习方式都需要学生与他人合作。在合作学习中，学生需要学会如何与他人分工合作，如何共同解决问题，如何互相帮助和支持。这不仅可以帮助他们提高学习效率，还可以让他们学习到多种视角和思考方式，有助于他们拓宽学习视野，深化对所学内容的理解。交流沟通是学生社交能力的另一个重要部分。高校学生在学习过程中需要频繁地与他人进行交流和沟通，包括与教师交流、与同学交流、与研究伙伴交流等。较强的交流沟通能力可以帮助学生更好地理解他人的观点，更好地表达自己的观点，从而促进学习的深度和广度。在交流沟通的过程中，学生也可以学习到更多的知识，获得更多的信息，开阔自己的视野。

较强的社交能力也有助于学生建立学习社区。学习社区是一种以共同目标和共同利益为基础的社会组织，它可以提供一个共享资源、交流思想、共同解决问题的平台。在学习社区中，学生可以通过共享资源，互相帮助，互相学习，提高他们的学习效果。此外，学习社区也可以提供一个学习的社会

---

① 祁素萍.高校学生管理工作创新与研究[M].长春：吉林人民出版社，2021：70-74.

环境，增强学生的归属感，提高他们的学习动力。

二、高校学生学习能力培养与开发的路径

（一）创新教学方法

创新教学方法是学生学习能力培养与开发的重要路径。新颖且有趣的教学方法不仅能够激发学生的兴趣，更能刺激他们的思维，调动他们的学习主动性。下面就以一些较新的教学方法为例来进行阐述。

1.翻转课堂

翻转课堂是一种典型的创新教学方法。传统的课堂教学模式是教师讲授，学生听讲。而在翻转课堂中，学生需要在课前预习，然后在课堂上进行讨论、答疑和深度学习。这种教学方法能够培养学生的自主学习能力和批判性思维能力。在预习阶段，学生需要自己寻找和整理学习资源，这就考验他们的信息检索能力和知识整合能力。在课堂讨论阶段，学生需要提出自己的观点，批判性地分析和评价问题，这就考验他们的思维深度和思维广度。而在答疑和深度学习阶段，学生需要对自己的学习进行反思和调整，这就考验他们的反思能力和调整能力。因此，翻转课堂能有效地培养和开发学生的多元化学习能力。

2.项目式学习

项目式学习也是一种重要的创新教学方法。在项目式学习中，学生需要围绕一个主题或一个问题，进行深入的研究和探讨。这种教学方法能够培养学生的实践能力和合作能力。在项目的执行过程中，学生需要将所学的理论知识应用到实践中，解决实际问题，这就考验他们的知识应用能力和问题解决能力。同时，项目的执行往往需要团队协作，这就考验学生的团队合作能力和沟通协调能力。此外，项目的执行还需要规划和管理，这就考验学生的计划能力和管理能力。因此，项目式学习能有效地培养和开发学生的复合学习能力。

3.案例教学

案例教学是一种实用性很强的创新教学方法。在案例教学中，学生需要

分析和解决真实或者模拟的问题，通过实践来理解和掌握知识。这种教学方法能够培养学生的分析能力和决策能力。在案例分析过程中，学生需要识别问题，收集数据，分析数据，得出结论，这就考验他们的观察能力、分析能力和评估能力。在案例的决策过程中，学生需要权衡各种因素，做出最优的决策，这就考验他们的判断力和决策力。因此，案例教学能有效地培养和开发学生的高级学习能力。

（二）充分运用现代教学技术

现代教学技术包括但不限于网络学习平台、人工智能教学、虚拟现实技术、学习分析工具等，它们正在改变管理者的教育方式，并为学生的学习能力培养提供了新的途径和可能性。充分运用现代教学技术，能有效地提升教学效率与教学质量，更好地促进教学目标的实现。

现代教学技术赋予学生更大的自主权和掌控权，有助于发展他们的自主学习能力和自我调控能力。通过现代教学技术，学生可以根据自身需求和兴趣，选择学习内容和学习速度，设定学习目标，监控学习进度，调整学习策略。而教师则转变成学习的导航者和支持者，提供指导和帮助，而非传统意义上的知识传授者。这种转变使得学习过程更加以学生为中心，更加注重学生的主体性和创新性。现代教学技术也提供了丰富的学习资源和学习方式，有助于发展学生的认知能力和技能能力。学生可以通过网络获取海量的信息和知识，可以通过虚拟实验、模拟训练等方式，进行"动手"操作和实践，甚至可以通过 AI 等技术，获取个性化的学习反馈和建议。这种多元化和个性化的学习环境，不仅能够满足学生的知识需求，而且能够刺激学生的学习兴趣，培养学生的思维习惯，提升学生的技能水平。现代教学技术还能够实现全球化的交流和合作，有助于发展学生的社交能力。学生可以通过网络平台与来自世界各地的学生和教师进行交流，可以参与到跨地域的团队项目中，共享资源，协作解决问题。这种互动和合作的学习方式，可以提高学生的沟通技巧，培养学生的团队精神，拓宽学生的国际视野，提升学生的跨文化素养。

然而，尽管现代教学技术在学生学习能力的培养与开发中发挥了重要作用，但管理者也要看到，教育仍然需要教师的专业指导，需要教育者的人文关怀，需要教育环境的社会文化脉络。因此，管理者在利用现代教学技术的同时，也应该保持教育的人文关怀和社会价值。教育者应发挥自己的管理知识和教育智慧，结合现代教学技术，设计和组织学习活动，引导学生合理地利用技术资源，培养他们的思辨能力、创新能力和社会责任感。教育环境应提供良好的学习氛围和人文关怀，促进学生全面发展和健康成长。

（三）构建学习社区

学习社区是一个包容、互动和合作的学习环境，通过构建学习社区，可以有效地培养和开发学生的学习能力。学习社区以学生为中心，倡导学生之间的互动和合作，提供良好的学习氛围和支持系统，促进学生自主学习、批判性思维和创新能力的发展。学习社区是一个包容、互动和合作的学习环境，通过构建学习社区，可以有效地培养和开发学生的学习能力。

1.学习社区可以激发学生的学习动力和学习兴趣

学习社区提供了一个积极、互动的学习环境，学生可以与同学们共同探索和学习，分享知识和经验。在学习社区中，学生可以通过与他人的交流和合作，获得新的观点和思路，激发他们的学习兴趣和动力。学习社区还可以提供丰富多样的学习资源和活动，如讨论组、学习小组、学习研讨会等，为学生提供更多参与学习的机会，使他们能够更主动地探索和学习。

2.学习社区可以促进学生的合作和互助

学习社区强调学生之间的互动和合作，鼓励他们分享知识、解决问题并共同成长。在学习社区中，学生可以通过合作学习，相互补充和支持，共同完成学习任务和项目。合作学习不仅能提高学生的学习效果，还能培养他们的团队合作能力、沟通能力和解决问题的能力。学习社区还可以设立学习导师或学生互助制度，由高年级学生辅导新生，帮助他们适应学习环境、提升学习能力。

3.学习社区可以提供学习资源支持和反馈机制

学习社区可以设立学习资源中心或学习支持中心，为学生提供学习资料、学习工具和学习辅导等支持服务。学习社区还可以引入学习分析工具和技术，对学生的学习过程和学习成果进行评估和反馈，帮助学生了解自己的学习状况，发现问题并及时改进。学习社区还可以组织学术活动和比赛，为学生提供展示和交流的平台，激发他们的创新和竞争意识。

4.学习社区可以培养学生的批判性思维和创新能力

学习社区鼓励学生积极思考、质疑和探索，培养他们的批判性思维能力。在学习社区中，学生可以参与到讨论和辩论中，学习不同观点的思考方式和论证方法，提高自己的批判性思维能力。学习社区还可以提供创新项目和实践机会，鼓励学生运用所学知识解决实际问题，培养他们的创新能力和创业精神。

（四）优化实践教学

通过优化实践教学，可以有效地培养和开发学生的学习能力。实践教学是将理论知识应用于实际情境中的学习方式，它不仅能够帮助学生巩固所学的理论知识，还能培养学生的问题解决能力、创新能力和团队合作能力。以下是一些优化实践教学的方法和策略，可以促进学生学习能力的培养和发展。

1.创设真实情境和案例

通过将学生置身于真实的情境中，让他们亲身经历和解决实际问题，能够激发他们的学习兴趣和动力。教师可以引入真实的案例、场景或模拟环境，让学生运用所学的知识和技能，进行实践和探索。例如，在商学院的市场营销课程中，教师可以组织学生参与市场调研、产品推广或销售活动，让他们亲身体验市场营销的实际操作和挑战。

2.提供实践机会和项目

为学生提供实践机会和项目，让他们能够在实际情境中运用所学的知识和技能。这可以包括实习、实训、项目设计和社区服务等。学生可以通过参与实际项目，解决实际问题，培养他们的问题解决能力和创新能力。例如，在工程学院的机械设计课程中，学生可以进行机械产品的设计和制作，通过实际操作，深化对机械原理和工艺的理解。

3.引导反思和总结

在实践教学中，反思和总结是关键的环节。教师可以引导学生对实践过程进行反思，思考自己的经验、观察和学习成果，从中获取经验教训和启示。通过反思和总结，学生能够提升对实践经验的深度理解，发现问题并改进实践方法。教师可以让学生通过讨论、写作或展示等方式，分享他们的反思和总结。

4.鼓励合作和团队学习

实践教学可以通过组织合作项目和团队学习，培养学生的团队协作能力。学生在团队中能够学习互相合作、有效沟通、协调分工和解决冲突等方面的技能。这对于培养学生的团队合作精神、领导能力和组织协作能力非常重要。教师可以设立团队任务，鼓励学生进行小组讨论和协作，通过合作完成实践项目。

5.提供及时反馈和指导

学生在实践教学中需要及时的反馈和指导，以便了解自己的学习进展和不足之处，并及时进行调整和改进。教师可以通过观察、评估、评价和讨论等方式，为学生提供个性化的反馈和指导，这有助于学生意识到自己的成长和进步，也能够为他们提供在实践中改进的机会。[①]

第三节　高校学生学业管理优化路径探析

一、大学生学习过程中出现的新情况

（一）信息化改变学习方式

信息化时代，知识的爆炸和获取信息途径的多样化，使大学生的学习方式发生了显著的变化。这些变化主要包括：由个体性学习转向合作性学习，由被动学习为主转向自主学习为主，由统一性学习转向个性化学习。

由于知识总量与类型的急剧增长，完全靠以往的个体学习，单打独斗已不能很好地掌握这么多的知识点。因此，合作性学习变得越来越重要。合作性学习，即学生之间相互合作，共同解决问题，相互学习，互为补充。这种

---

① 沈佳，许晓静.基于多视角下的高校学生管理工作探究[M].北京：现代出版社，2022：37-39.

学习方式可以整合集体的智慧，通过相互帮助，共同提高。在合作学习的过程中，每个学生都在相互交流和互助中获得进步，提升自己的学习能力和效率。此外，合作学习也有助于培养大学生处理人际关系的能力。

信息化时代，每个人的学习需求不同，如果再按照以前的被动学习方式，学习的效果和效率都将大打折扣。因此，自主学习变得越来越重要。自主学习，就是学生主动参与，自己设计和管理自己的学习过程，对自己的学习负责，以提高学习效果。在这个过程中，学生需要有判断能力，自主选择对自己有用的知识，自主选择感兴趣的内容。这样的学习方式将大大提高学习的效果。

信息化时代的学习更偏向于个性化学习。传统的学习方式往往有统一的内容、统一的学习要求、统一的学习目标。而信息化时代，因为每个人的学习需求和兴趣都是不同的，所以学习方式更加注重尊重个体差异，尊重学习兴趣，强调个体的学习需求，提供个性化的学习资源和学习机会。这种以学生为中心的学习方式，不仅有助于激发学生的学习动力，提高学习效果，而且有利于发展学生的自我调控能力和创新能力。

（二）新一代高校学生开始凸显自身的特点

1.个性突出，自主意识强

新一代高校学生在充满信息且多元开放的环境中茁壮成长，他们展现出独立的认知和鲜明的个性，这在很多方面反映出他们的价值观、生活方式以及对未来的看法。

由于新一代高校学生是在一个信息丰富、思想多元、社会开放的大环境中成长起来的，从各种社交媒体到线上学习平台，他们的每一次点击、浏览和互动都在塑造他们独特的个性。他们对世界的看法不再是从书本或者教师那里得到的，而是从不同的信息来源、不同的观点和不同的生活经验中汲取并形成的。因此，他们对世界的认知更加独立，个性更加鲜明。其次，他们的自主意识更强。新一代高校学生更愿意自己做决定，他们对自己的未来有明确的规划和目标，也愿意为实现这些目标付出努力。他们不希望被动地接受他人的安排，而是乐于主动去寻找自己的路。这种自主性表现在他们的学习中，他们更愿意自主选择自己的学习进程，自主确定自己的学习目标，自主找到适合自己的学习方法。在生活中，他们也更乐于自主选择自己的生活方式和价值取向。

2.好奇心强，接受新生事物的能力强

新一代高校学生生于信息时代，被广泛接触的各类信息资源包围着。他们对世界有着开放的心态，对新生事物有着积极的接受能力。他们的好奇心强烈，敢于探索，愿意接受挑战，对未来充满期待。他们希望了解世界的各个方面，对于未知的知识和事物充满好奇心。他们不满足于表面的信息，而是愿意深入挖掘，追求更深层次的理解。这种好奇心驱使他们去阅读更多的书籍，参与更多的实践活动，拓宽自己的视野，丰富自己的人生经验。这种对知识的渴求和好奇心是他们的一种自我激励，能让他们在学习和成长的过程中保持持续的动力和活力。新一代高校学生对新生事物的接受能力也很强。他们在快速发展的社会环境中，对各种新生事物充满接纳和包容。无论是新的科技产品，新的社会现象，还是新的思维方式，他们都能迅速适应和接纳。他们乐于尝试新的事物，乐于接受新的挑战，这使得他们在面对变革时，能够快速适应，勇敢前行。

此外，新一代高校学生对未来充满期待和探索的欲望。他们对未来的社会，对未来的生活有着美好的期待。他们不惧怕未知，反而对未知充满好奇。他们愿意探索，愿意尝试，愿意去实践自己的想法，去实现自己的目标。这种对未来的探索欲望，使他们在追求自己的人生目标时充满热情和动力。新一代高校学生还富有挑战精神，勇于创新和创业。他们不满足于现状，对于新的挑战和机会总是怀有期待和热情。他们勇于尝试，不畏失败，愿意接受挑战，走出舒适区。他们积极创新，追求个性化，不断开拓新的领域和可能性。这种创新精神和创业意识使他们能够在不断变化的社会中保持竞争力，并为社会带来新的价值和发展动力。

3.有强烈的质疑精神

新一代的高校学生有自己独立的观点、独立的思想，敢于批判，敢于反抗，面对说教、规定、纪律，只要认为不对、不合理，就会勇敢地提出疑问，大胆地进行反抗。他们这种质疑精神特别适合批判性学习，不再唯书、唯师、唯理论。如果教师抓住他们这些优点，因势利导，好好发挥，对于突破传统，创造新观点、新思想有较大的好处。但这种强烈的质疑精神如果不加以控制，又很容易激化出极端行为，高校学生事务管理工作者必须好好加以把握。

4.组织性相对不足

当代大学生在一个充满自由、多元和开放的社会环境中长大，形成了自我中心，强调个人主义和追求个人价值的行为模式。他们对组织观念和纪律意识的把握相对不足，更愿意按照自己的意愿和思维方式行事，这些特质使得他们在某些场合显示出组织性相对较差的一面。当今时代的大学生大多以自我为中心，强调个性的表现。在他们的世界观中，个人是核心，个人的感受和愿望至关重要。他们乐于按照自己的思维方式和行为模式来应对生活，希望通过表达自我、展示自我来获得他人的认可和赞赏。这种以自我为中心的观念在很大程度上决定了他们的行为方式，使他们在面对集体活动或者组织行为时，更倾向于遵循自己的内心，而不是顺应集体的意愿。当代高校学生对组织的参与意识和纪律意识相对较弱。部分学生认为自我是首要的，集体和组织在他们的价值观中的地位相对较低。因此，他们在面对需要遵循规定，需要牺牲一定个人利益去适应集体或者组织的情况时，可能会产生矛盾和冲突。这也导致了他们在面对集体活动或者组织行为时，可能表现出对集体规则和纪律的忽视，缺乏团队合作的意识。

相比于中学生来说，大学生更加追求个人价值的实现。他们渴望被看到，被理解，被赞美。他们希望自己的一言一行都能得到他人的认可，从而实现个人价值。这种过度的个人价值追求使他们在面对集体和组织的需求时，可能会优先考虑自己的需求和愿望，忽视集体和组织的利益。这也是他们在集体和组织中表现出较差的组织性的一个重要原因。

（三）实践教学比例的增加

在当代高等教育中，实践教学比例的增加已经成为一个新的特征。这个特征的出现，既反映了教育理念的更新与发展，也凸显了对学生能力的培养及其与社会需求对接的深度思考。实践教学比例的提升，是对传统教学模式的一种有益补充，它强调了学生的实践操作能力，培养了学生的创新思维，同时激发了学生的主观能动性。

实践教学既是现代经济社会发展对人才培养提出的客观要求，又是我国高等教育更深层次改革与发展的内在要求，更是高校人才培养目标的迫切需要。当前整个高等教育正处于转型发展、综合改革的关键时期。所谓转型发展、综合改革，就是要改变高等学校传统的观念、体制、人才培养模式、管理结构，以适应当前不断发展的社会形势。在这一系列的改革措施中，人才培养模式的变革最重要、最突出的特点就是改变过去老师教学一言堂、灌输式的教学模式，给学生更多的时间、更多的机会进行实践操作、实践演练，将原来死的书本知识转换为活的实际操作，让学生在实践教学、实际操作中学到更多有用的知识，发现自己的短处，发现自己的不足，用实践来检验教学效果。

在新一代大学生中，这一特征更加凸显。他们成长在信息化、网络化的环境中，获取知识的方式和渠道比以往任何时候都要丰富和便利。然而，面对世界的复杂性和不确定性，仅仅依靠传统的理论知识的传授，已经无法满足他们的学习需求。因此，他们对于知识的应用，对于知识与实践之间的联系，对于理论与现实之间的桥梁，有着更为迫切的需求。实践教学比例的增加，正好满足了这一需求，它使学生有机会将所学知识应用到实际中，提高他们的实践操作能力，提升他们的问题解决能力。实践教学比例的增加，也反映了高等教育对知识和技能教学目标的重新定位。在经济全球化、知识经济时代，知识更新的速度越来越快，单一的知识技能往往难以适应社会的快速发展。在这样的背景下，教育更需要重视学生综合能力的培养，而实践教学正是培养学生综合能力的有效途径。通过实践教学，学生不仅可以学到具体的操作技能，还能培养自身独立思考、解决问题的能力。同时，实践教学比例的增加，也凸显了教育更加注重培养学生的社会责任感和公民意识。在实践教学中，学生有机会直接接触社会，参与到解决社会问题的行动中来。这不仅有助于提升学生的社会实践能力，同时有助于培养他们的社会责任感和公民意识。

二、高校学生学业管理的优化路径

（一）优化学业规划指导

1.帮助学生科学制订学习规划

在当今高校的教学环境中，学生管理者的职责发生了显著的转变。他们不仅关注学生的日常行为和心理健康发展，还需要关注学生的学业发展。其中，首要的环节就是帮助学生进行学业规划和学习目标的制订。过去，教师主要关注学生的专业学术发展，而学生事务管理者在学业方面的介入相对较少，而现在学业管理者已经成为辅助学生更好地开展学习的重要力量。

在高等教育转型的过程中，学生管理者对学生学习的动机、学习方法的影响变得越来越大。学习是学生的首要任务，其他问题，包括行为和心理问题，往往源自学习的困扰。因此，学生事务管理者需要将重心放在学业管理和学习规划上，而不仅仅是一般性的事务管理。对学生的学业进行全方位的理解，包括他们的兴趣、爱好、学习风格，以及他们的学习心态、学习状态和学习成绩，将对针对他们的学业管理和学习规划有所帮助。学生管理者可以与学生共同商议制订学习计划，既包括短期内的学习时间管理和习惯培养，也包括长期的学习目标设定和调整。学习规划不仅是安排学习时间和形成良好学习习惯的工具，更重要的是，它可以帮助学生明确学习的目标和方向，以避免无目的的学习。通过帮助学生科学设定学习目标，并对其进行定期的检查和监督，学生管理者可以为学生学业的成功提供有力的保障。这种管理职能的转变不仅能够更好地满足学生的学业需求，也符合高等教育的发展趋势和要求。

2.以学生为本，促进学生全面发展

在优化高校学生学业管理的过程中，以学生为本，促进学生全面发展至关重要。具体来说，这意味着所有的教学活动和管理策略都应围绕学生的需求展开，尊重他们的独特性，鼓励他们追求自我发展，同时确保他们有机会掌握各种各样的技能，以便他们在毕业后可以成功适应多样化的社会环境和职业要求。以学生为本的理念，要求高校在设计和实施教学策略时，充分考虑到学生的个体差异和学习需求。这可能意味着提供多样化的课程，让学生有机会根据自己的兴趣和能力选择学习的领域，或者实施个性化的教学方式，以满足不同学生的学习风格和进度。促进学生全面发展的任务则是帮助学生在学术、人格、社会、情感等各方面都取得进步。这需要高校提供丰富的课程和活动，让学生有机会发掘和发展自己的潜力；也需要高校提供一种支持性的环境，让学生有机会实践新的技能，接触新的观点，建立良好的人际关系，形成健康的生活习惯。

促进学生的全面发展、综合发展是高校学生事务管理的理想目标。高校学生事务管理所有的工作内容都应该围绕促进学生的综合、全面发展而开展。以学生为本，让高校学生在相对宽松的大学环境里获得知识、能力、素质，全方位地自由发展、充分发展、尽情发展，获得极大的解放。为了实现这样的培养目标，高校学生事务管理首先要尽可能创造一个宽松的环境，让学生能够自由发挥，其次为学生提供个性化、多层次的服务，满足学生个性化、多样化的需求。除此之外，应充分尊重学生多样化的发展方式，在学习方式、选课方式、社会实践方面，充分发挥学生的主观能动性，给予他们自主选择、自主创造的机会。高校学生事务管理者要在管理过程中充分尊重每个学生的价值和个体尊严，为每个学生提供平等、公平的发展机会和平台，激发学生的学习潜力和学习积极性，挖掘每个学生的创造力。

（二）健全和完善学业动态管理

1.加强教学管理

在健全和完善学业动态管理机制中，加强教学管理是极其关键的一步。首先，加强教学管理要从创造良好的学习氛围开始。这包括定期组织关于学风建设的主题班会，引导学生把学习重心放在学业上，营造尊重知识、崇尚学习的氛围。其次，对学校的各项规章制度、校规校纪和奖惩措施的深入宣讲和执行也是加强教学管理的重要方面。这不仅能增强学生的纪律观念，也能引导学生形成积极向上的学习态度和行为。再次，高校学业管理者要积极进行教学检查，做好考勤工作，及时了解学生的学习状况和需求。要将教室、宿舍，甚至课外活动都纳入管理范围，全方位、无死角地进行教学管理。与此同时，高校学生管理者还要做好与家长的联系沟通工作。由于高校学生离家较远，家长在学生学习过程中的作用不能忽视。家校联手，一起做好学生的思想教育和学业管理，对学生的成长有着积极的推动作用。最后，高校学生管理者要扮演好学生生活导师、学习导师、人生导师的角色，全面关注学生的学习和生活，定期设定可以通过努力达成的目标，激发学生的学习动力和热情，促进良好学风的形成。

2. 完善学籍管理

学籍管理是高校学生事务管理中的重要内容，从内容上看，学籍管理包括学生入学和注册管理、学生成绩管理、学生异动管理、学生奖惩管理、毕业生相关工作管理等。从管理实践上来讲，学籍管理具有导向功能、测评功能、预警功能。在高校各项事务管理中，学籍管理对学生而言是最重要的管理活动，关乎学生的学习、成绩、就业。

从高校学生事务管理这个角度来做好学生的学籍管理，首先要建立一套完备的学籍管理制度。现行的学籍管理制度是《普通高等学校学生管理规定》颁布实施之后开始施行的，之后随着大多数高校实行的学分制，学籍管理也随着学分制改变。当前是高校转型发展的时期，高校学生事务管理要做的重要工作就是依托学校建立起来的一系列学籍管理规定，加大宣讲力度，全面宣传学校的学籍管理制度，让学籍管理的各项制度与学生切身利益相关的各项制度深入人心，人人知晓。同时坚持以学生为服务主体的学籍管理理念，变管理为服务，变控制为引导，尊重、保障学生各种自我学习、自我发展的个性需求，鼓励学生参与学籍制度的建设和学籍管理，充分给予学生选择的自由权、参与权。

3. 强调过程管理

在健全和完善学业动态管理机制中，加强过程管理同样也是非常重要的，过程管理的主要目的是通过持续、连续的跟踪，发现和解决问题，从而促进学生的学业进步。

加强学业过程管理，首先要定期实施学习进度跟踪，了解学生的学习状况和进展情况，发现学生在学习过程中可能出现的问题。这要求管理者定期与学生进行交流，了解他们的学习难题和遇到的困扰，并及时提供解决策略和方法。其次，需要实现对学习质量的持续监控。这可以通过定期的学习测评和考核，观察学生的学习成绩和技能的提升情况，对学习过程中的问题进行及时发现和矫正。另外，学习过程中的参与度、学习方法、学习态度等也是过程管理中需要关注的重要因素。再次，过程管理还需要实现对学习行为的规范和管理。例如，提倡并培养良好的学习习惯，建立正向的学习激励机制，以鼓励学生积极主动地参与到学习过程中。最后，高校学业管理者还应懂得利用多元化的教学资源和工具，如数字化教育工具，提高过程管理的效率和效果。例如，可以通过学习管理系统等数字工具，实现对学习过程的实时监控和管理，使过程管理更加精细化、个性化。[①]

（三）完善学业服务体系

1.打造优秀的学业咨询团队

（1）构建专业团队。打造优秀的学业咨询团队首先需要构建出一支专业化的队伍。作为基础的一步，需要在选拔咨询团队成员时，优先考虑具备教育学、心理学、教育管理等相关专业背景的人才，这样可以确保他们在进行学业指导时，拥有足够的管理知识和理论支持。具备相关专业背景的咨询师，能够更深入地理解学生的需求和困惑，从而更准确地引导他们走向适合自身发展的道路。团队成员不仅要有理论知识，还应具备丰富的实践经验和对学生群体的深入了解，从而提供具有针对性和实效性的学业咨询。然而，单凭拥有相关专业背景和经验的人才，并不能满足学业咨询团队对于专业化的需求。在现代社会，知识的更新速度非常快，因此咨询团队需要定期进行专业培训，以更新和补充他们的知识和技能。通过持续的学习和提升，咨询团队才能够跟上教育领域的发展步伐，理解和应对新的教育理念和趋势。定期的培训活动不仅可以强化团队成员的管理知识，还能帮助他们提升自身的咨询技巧和服务水平，从而更好地满足学生的需求。当然，专业化不只是单纯的知识和技能的积累，更是一种对专业精神和态度的追求。一个专业的学业咨询团队，应该始终保持对学生的尊重和关心，对每一位学生的问题和需求都进行认真的思考和分析。他们需要有足够的耐心和毅力，去帮助学生解决学业上的困难并直面挑战，引导他们找到适合自己的学习方法和发展路径。这种对专业精神的坚守和追求才是构建专业团队的关键，也是学业咨询

---

① 祁素萍.高校学生管理工作创新与研究[M].长春：吉林人民出版社，2021：74-78.

团队能够真正服务于学生，推动他们全面发展的基础。

（2）提高服务意识。一个优秀的学业咨询团队首先必须拥有鲜明的服务意识，始终将学生的需求和期望放在首位。以学生为中心的服务理念，不仅是简单的提供帮助，更是在整个服务过程中全面理解学生的独特性，感知他们的需求，然后提供最匹配的建议和支持。每个学生都是独一无二的，他们的学业目标、兴趣爱好、学习风格、处境挑战都可能有所不同。因此，咨询团队的成员必须学会从多角度和多维度来理解学生，这就需要他们具备良好的人际交往能力，能够倾听学生的心声，理解他们的困扰，并根据学生的具体情况，提供个性化的咨询服务。以学生为中心的服务理念也意味着要尊重学生的独立性和个性，不仅要关注他们的学业问题，更要关注他们的个人发展。服务团队应该引导学生树立自主学习的意识，鼓励他们充分发挥自己的个性和优势，找到自己的发展道路。这也意味着，咨询团队需要拥有包容性的思维，尊重学生的不同观点和选择，不偏颇地支持学生，助力他们实现自我价值和人生目标。

提高服务意识，不仅要求管理者有专业的知识和技能，更需要管理者有真诚和热情的态度。作为学业咨询团队，管理者的使命就是帮助学生解决学业上的困难，引导他们找到适合自己的学习方法，实现学业和人生的目标。这需要管理者以爱心和责任心去服务每一位学生，让他们在困惑和挑战中感受到支持和鼓励，激发他们的学习热情和信心，助力他们获得成功。管理者的服务，不仅是对学生的帮助，更是对他们成长过程的陪伴和见证，这就是管理者为什么要强调提高服务意识，因为这是管理者完成使命，实现价值的关键。

（3）加强团队协作。在高效的学业咨询团队中，团队协作的重要性不言而喻。每个团队成员虽有自己的专业特长和工作领域，但要牢记，团队的力量总是大于个体的力量。只有团队成员之间保持密切的合作，才能更好地发挥团队的整体效应，共同为学生提供更优质的咨询服务。

加强团队协作，建立高效的学业咨询团队，首先，需要通过有效的沟通机制，确保团队内的信息流动和意见交流。团队中每个成员的观点和建议都是制订和优化服务策略的宝贵资源。因此，需要设立固定的团队会议，定期讨论和评估服务进展和效果，分享成功的经验，发现和解决存在的问题。此外，还需要搭建更直接的沟通平台，如工作群，让团队成员能够随时提出自己的想法和疑问，及时获取反馈和支持。其次，需要通过团队建设活动，加强团队成员间的默契。团队建设活动不仅可以提升团队的凝聚力和向心力，也有助于团队成员间建立更深的信任和理解，从而提升团队的协作效率。可以组织一些有益的团队建设活动，如团队研讨会、户外拓展活动、团队晚餐等，通过这些活动，让团队成员有机会在轻松愉快的氛围中加深彼此的了解，增强共识，提升合作精神。

（4）建立反馈机制。反馈机制在优秀的学业咨询团队中起着至关重要的作用。通过建立健全的反馈机制，团队可以了解到自身服务的效果如何，什么地方做得好，什么地方需要改进。这种信息的获取，是团队工作持续优化、提升服务质量的基础。

咨询团队需要定期收集并主动求取学生和教师的反馈信息。团队可以通过定期的问卷调查、面对面的访谈，或者通过电子邮件和社交媒体等方式，来获取这些重要的反馈信息。对于每一条反馈信息，无论是褒是贬，团队都需要以开放和接纳的态度去对待。因为正是通过这些反馈信息，团队才能了解到自己的服务在实际执行过程中的效果，从而找到可能存在的问题。当然，收集反馈信息只是第一步，真正重要的是如何利用这些反馈信息来改进和提升服务。收集到的反馈信息应进行系统的整理和分析，找出反馈信息中反映出的问题和不足，以及值得肯定和学习的优点。针对反馈信息中的问题和不足，团队需要研究对策，制订改进计划，并将这些改进计划落实到实际的服务中去。同时，对于反馈信息中的优点和亮点，团队也应该进行总结和学习，不断巩固和提升自己的优势。

（5）加强与其他部门的合作。在学业咨询工作中，加强与其他部门的合作是优化服务效果的重要途径。学业咨询团队与学校的其他部门，如教务处、心理咨询中心等紧密合作，让学业咨询工作在更大的背景和框架下进行，能够在更大的范围内优化和完善服务。比如，通过与教务处的合作，学业咨询团队能够及时了解到教学计划的变动、新的教学政策以及各类学术活动等信息，从而为学生提供更为准确、及时的咨询和指导。教务处掌握着学生的学习成绩和学习进度等关键信息，这些信息对于学业咨询团队来说至关重要，因为只有深入了解学生的学业情况，咨询团队才能提供真正符合学生需求的个性化建议和指导。再比如，通过与教务处的合作，学业咨询团队能够及时了解到教学计划的变动、新的教学政策以及各类学术活动等信息，从而为学生提供更为准确、及时的指导。

2.建设学业指导中心

在高校学生学业管理中，学业指导中心是一个至关重要的组织，它可以为学生提供及时、专业的学业指导，帮助他们解决学习过程中遇到的各种问题。学业指导中心的建设涉及人员、环境、资源、服务等多个方面，这需要通过系统的规划和科学的管理，才能实现有效的运作。

（1）完善学业指导中心的基本职能。学业指导中心首先需要有一支专业的教师队伍，这些教师不仅需要有丰富的教学经验和深厚的学科知识，还需要有良好的人际沟通技巧和高度的责任心。他们需要了解学生的需求，提供有效的学习策略，帮助学生提高学习效率，克服学习困难。学业指导中心还需要有一个舒适的学习环境，包括足够的自习空间、良好的学习设施以及各种学习资源。一个好的学习环境可以提升学生的学习效率，激发学生的学习兴趣。其次，学业指导中心应当有丰富的学习资源，包括各种教学资料、学习工具、参考书籍等。这些资源可以帮助学生深入理解学科知识，提升学习能力。最后，学业指导中心需要提供多元化的服务，包括个别咨询、小组讨论、讲座、研讨会等，以满足不同学生的需求。通过这些活动，学生可以获得更多的学习技巧，提高学习效率，增强信心。

（2）成立学习兴趣小组。学校管理者应根据学生不同的兴趣成立不同的小组，吸引更多的学生参加。可以在学生中选出有兴趣特长的同学当组长，然后公布各兴趣小组的名称、活动内容、方式、时间、要求、规则，让大家自由报名参加。兴趣小组成立之后，有严格的活动开展时间、活动开展方式、活动目标计划、活动成效评估。通过严格的活动参与时间、方式等，把兴趣转化成爱好，升华为以后的职业生涯规划、人生方向，更多的同学必将在参加这样的兴趣小组活动中找到自己的发展方向。

（3）开展研讨论坛。研讨论坛是一种集思广益的学习方式，能够让学生在开放、自由的环境中共享知识，交换思想，互动学习。在建设学业指导中心和完善学业服务体系的过程中，有效地开展研讨论坛是非常重要的。确定研讨的主题是研讨论坛成功的关键。主题应当具有一定的热点性和时效性，与学生的学业密切相关，能够引起学生的兴趣和关注。此外，主题也需要有一定的深度和广度，既能够满足不同层次和专业背景的学生的需求，又能够深入探讨，引发深层次的思考。精心组织和准备研讨论坛也是非常重要的。组织者需要事先详细了解主题，精心设计研讨的流程，包括发言的顺序、时间的分配以及可能出现的问题和解决方案。此外，主持人还需要具备良好的组织和沟通技巧，能够熟练地引导讨论，处理突发情况，确保研讨的顺利进行。激发学生的参与热情是研讨论坛能够取得良好效果的关键。可以通过设计各种互动环节，如小组讨论、角色扮演、案例分析等，使学生能够积极参与到研讨中来。同时，要鼓励学生表达自己的观点，欣赏和尊重他人的观点，营造一个开放、平等、尊重的讨论氛围。当然，论坛结束后的反馈和总结也是必不可少的。可以通过问卷调查、访谈等方式收集学生对论坛的评价和建议，总结论坛的成果和经验，不断改进和完善论坛的组织方式和方法。

第四章 高校学生时间管理

第一节 时间管理概述

一、时间管理的内容

（一）教育引导

1.时间管理意识的培养

在时间管理中，对学生时间管理意识的培养首先体现在让学生认识到时间的价值。时间是公平的，每个人每天都拥有相同的 24 小时，但人们对时间的利用效果却大相径庭。有效的时间管理能够帮助学生提高学习和工作效率，实现自己的目标，提升生活质量。因此，管理者需要通过课程教学、讲座、研讨会等多种形式，向学生普及时间的价值，让他们认识到每一分钟都是珍贵的，需要珍惜和有效利用。

在学生对时间价值有了基本认识之后，管理者还需要进一步引导学生理解时间管理在个人发展、职业规划和人际关系中的重要作用。对于个人发展而言，有效的时间管理能够帮助学生规划学习和生活，避免焦虑和压力，从而促进个人的成长。对于职业规划而言，时间管理能力是现代社会对每一位职场人士的基本要求，懂得时间管理的学生在将来的职业发展中更可能获得成功。对于人际关系而言，尊重他人的时间就是尊重他人，懂得时间管理的学生更能够在人际交往中建立良好的关系。因此，管理者需要不断地教育和引导学生，让他们认识到掌握时间管理技巧对于他们的长远发展具有重要的意义。

2.传授时间管理的方法

高校学生管理者不仅需要引导学生了解和认识到时间管理的重要性，还需要帮助他们掌握实际的时间管理技巧。首先，管理者可以通过课程、讲座或研讨会等方式，教授学生如何制订合理的学习计划和生活计划。这包括如何根据学业和生活需求，合理分配时间，设置明确和可达到的目标；如何根据自己的学习习惯和生活节奏来调整和优化时间的使用。此外，管理者还可以向学生展示如何使用日程管理软件和工具，如何制订并实施日程计划，以提高他们的时间规划和管理能力。

管理者还应该教授学生如何处理突发事件和时间冲突，这是时间管理中非常重要的一部分。他们需要向学生传授在面对突发事件或多项任务冲突时，如何评估各项任务的优先级，如何进行有效的决策，如何灵活调整自己的计划和日程。这种技能对于提高学生应对复杂情况的能力，提高他们的生活和学习效率都是非常有帮助的。同时，管理者还应该引导学生认识到浪费时间的危害，鼓励他们抵制各种形式的时间浪费行为，充分利用和珍惜自己的时间。

3.培养合理使用时间的价值观

学校管理者应该重视学生时间价值观的培育，因为这不仅关系到学生的学业，也关系到他们的生活质量和个人发展。首先，可以通过各种方式强调时间的重要性和宝贵性，比如通过课程教学，讲解时间的价值，以及如何充分利用时间来提高学习效率，实现学业目标。同时，可以强调合理利用时间的好处，包括减少压力、提高生活质量以及对个人全面发展的积极影响。通过这些方法，管理者可以帮助学生学会尊重时间，培养他们的时间意识，鼓励他们珍惜每一分每一秒。

在这个过程中，高校管理者也应该向学生展示合理利用时间的具体方法，包括如何设置和实现短期和长期的目标，如何平衡学习、工作和休闲的时间，如何提高效率，如何避免拖延症等。这种具体的指导可以帮助学生将时间管理的理论知识转化为实践操作，提高他们的时间管理技能，让他们更加有效地利用时间，达到提高学习效率、提高生活质量、促进全面发展的目标。总的来说，通过这些教育和培训，高校管理者可以帮助学生形成正确的时间观念，提高他们的时间管理能力，为他们未来的生活打下坚实的基础。

（二）时间安排

1.教学计划与课程安排

在教学计划与课程安排方面，管理者首先需要理解并满足各学科的特性与要求。每个学科都有其独特的学习方式和节奏。理科类课程可能需要大量的实践和实验时间，而文科类课程则可能需要更多的阅读和讨论时间。因此，管理者在安排课程时，需要充分了解各学科的特性和学生的需求，科学地安排课程的时间和频率，使每个学科都能得到充分的关注和发展。

课程安排也应考虑到学生的学习节奏和压力。过度紧凑的课程安排可能会导致学生感到压力过大，无法有效吸收和消化知识。相反，过于宽松的课程安排又可能导致学生缺乏学习动力和目标。因此，管理者需要在安排课程时，尽量平衡学生的学习压力和学习需求，既要保证学生有足够的时间进行预习和复习，又要避免课程安排过于紧凑或过于宽松。

每个学生都有自己的学习风格和习惯，管理者在安排课程时，也需要考虑到这些因素。对于理论性强的课程，管理者应尽可能地提供更多讨论和思考的时间，让学生有机会深入理解和掌握理论知识；对于实践性强的课程，管理者则需要确保学生有足够的时间实践和操作，让他们可以通过实践活动，提升自己的技能。同时，管理者还应鼓励学生在学习过程中发现和追求自己的兴趣，挖掘和发展自己的潜力，从而获得更好的学习效果和学习体验。

2.生活与娱乐的时间安排

高校学生管理者可以通过合理安排生活和娱乐的时间，帮助学生平衡学业与生活的需求。还可以通过制定校园规章制度，保证学生休息与自主活动的时间，以确保学生有足够的时间休息和放松。此外，管理者还应为学生提供丰富多样的娱乐活动，例如体育赛事、艺术展览、文化节等，让学生能够在学习之余，享受多样化的文化和娱乐体验。

高校学生管理者应鼓励学生参与社团和志愿者活动，并充分调动学校与社会的教育资源，为学生的多样化发展提供更广阔的空间。社团和志愿者活动是学生丰富校园生活、培养领导力和社交能力的重要途径。管理者可以为社团的多样化发展提供必要的支持和资源，鼓励学生参与到感兴趣的社团中，并在其中发挥自己的才能和潜力。此外，管理者还可以组织和推动志愿者活动，鼓励学生参与到社区服务和公益事业中，培养学生的社会责任感和公民意识。

3. 自我发展的时间管理

自我发展是高校学生生活的重要部分，管理者也应该注重培养学生的自我发展的时间管理能力。包括鼓励学生自主设定和实现个人发展目标，比如自学新的知识和技能，进行个人项目或研究，参加专业训练或实习等。同时，管理者还可以提供各种资源和服务，比如提供学习和职业发展咨询，举办职业规划讲座和工作坊，提供实习和就业的信息和机会等，帮助学生更好地规划和利用他们自我发展的时间。

（三）监督和评估

1. 数据收集与跟踪

在高校学生时间管理中，对学生时间使用情况的数据收集与跟踪是一项关键任务。管理者应建立并维护一套有效、详尽的数据收集系统，旨在收集并评估学生如何分配和使用他们的时间。这套系统可能包括多种数据源，如学习管理系统中的数据，其中可能包括学生的课程参与度、作业完成情况、在线学习时长等。学生自我报告的数据也是学生时间管理重要的数据源。管理者可以通过问卷调查、日志记录等方式，收集学生关于自己日常生活和学习活动的时间使用信息。例如，学生可能需要记录他们在学习、休息、娱乐和其他活动上分别花费了多少时间。这种自我报告的数据可以提供更个人化、更实际的时间使用情况，有助于管理者更好地理解学生的生活节奏和习惯。在数据收集与跟踪过程中，教师的观察数据也是一项重要组成。教师直接与学生接触，他们可以从日常教学活动中观察到学生的时间管理能力，比如学生是否按时完成作业，他们是否能在规定时间内完成测试等。这些观察数据可以为管理者提供第一手的、现场的时间使用情况，也有助于管理者了解和评估学生的时间管理能力。

2.个性化指导与建议

高校管理者在收集和跟踪学生的时间使用数据后，可以基于这些数据给出个性化的指导和建议。个性化的指导意味着考虑到每个学生的独特性和差异性，而不是一刀切式的指导。每个学生的学习方式、习惯、目标和需求都可能有所不同。因此，管理者需要根据学生的实际情况，提供适合他们的指导和建议，包括：调整学习计划，比如为某些课程留出更多的学习时间；改善学习方法，比如采用更有效的记忆技巧或学习策略；提高时间使用效率，比如通过提高集中力或减少干扰来提高学习效率等。在个性化指导中，管理者还需要关注学生的个性化需求和问题。例如：一些学生可能需要更多的时间来进行自我学习和思考，而不是参加课堂讨论或小组活动；一些学生可能需要更多的社交和休闲时间，以缓解学习压力和保持心理健康；一些学生可能需要更多的睡眠时间，以保持良好的体能和精神状态等。因此，管理者需要针对这些个性化需求和问题，给出相应的建议和支持，比如提供更灵活的学习时间、更多的社交活动、更好的休息设施等。

3.反馈与改进

对于高校管理者来说，定期提供反馈信息是一项重要的职责。定期的、有针对性的反馈信息可以帮助学生了解自己在时间管理方面的表现，认识到自己在时间管理方面的优点和不足。例如，如果一个学生在平衡学习时间和娱乐时间上做得很好，但在处理突发事件或调整学习计划上有困难，管理者可以在反馈信息中指出这些问题，帮助学生更清楚地看到自己的问题所在，并鼓励他们寻找改进的方法。反馈方式不仅可以是口头的，也可以是书面的，甚至可以通过评价表、报告等形式来进行。此外，反馈的内容应当是建设性的，不仅指出问题，更要给出改进的建议。当然，时间管理工作并不止是提供反馈信息，学生管理者还需要倾听和理解学生反馈的信息。学生是学生管理工作的主要对象和参与者，他们对于学校时间管理工作的意见和建议具有重要的参考价值。通过收集和分析学生反馈的信息，管理者可以了解学生对于学校时间管理工作的满意度，认识到学校时间管理工作的优点和不足，从而进行优化和改进。这可能包括改进课程安排，提供更多的学习资源，提高教学质量，改善学习环境，增加学生的自主学习时间等。在此过程中，管理者需要展现出开放和包容的态度，尊重学生的意见和建议，积极响应学生的需求，共同推动学生时间管理工作的发展。

（四）环境建设

1.学习资源的提供与整合

管理者应当提供并整合各种学习资源，包括图书、电子资料、学习工具、在线课程等，使学生在学习过程中能够高效地获取和利用这些资源，减少不必要的时间浪费。这可能包括建立一体化的学习资源平台，提供一站式的学习服务，以便学生能够快速找到所需的资料和信息。同时，管理者也可以通过举办工作坊或讲座，教导学生如何有效地利用这些资源进行自我学习。

2.校园活动的规划与组织

高校管理者应规划与组织各种有益于学生全面发展的活动，如学术讲座、实践活动、社团活动等。这些活动不仅可以拓宽学生的视野，提高学生的实践能力和社交能力，还可以通过活动的设计与安排，引导学生学习如何有效管理和分配自己的时间。同时，这些活动的安排也需要遵循时间管理原则，避免过度占用学生的学习与休息时间，确保活动的时间安排既合理又高效。①

二、高校学生时间管理的原则

（一）优先级原则

在大学生时间管理中，管理者应该遵循优先级原则，确保学生能够合理地分配时间并处理最重要和最紧急的事情。

学习对于大学生来说是优先级最高的事情，包括参与课堂学习、完成作业和准备考试等。管理者可以帮助学生制订合理的学习计划，提供学习方法和技巧，以提高学生的学习效率和学术能力。在保证学生学习时间与效率的同时，鼓励学生参与其他对个人发展有益的活动，如社团活动、志愿服务和实习等。通过与学生沟通，了解他们的兴趣和需求，管理者可以帮助学生

---

① 祁素萍.高校学生管理工作创新与研究[M].长春：吉林人民出版社，2021：52-54.

选择适合自己的活动，并合理安排时间，以充分利用这些机会。娱乐和休息在优先级中位于末尾，但并不意味着不重要，学生需要适当的休息和放松来保持身心健康，这是更好地开展学习实践的前提。管理者可以提供健康的生活方式的指导，鼓励学生保持良好的作息习惯，同时提供丰富多样的娱乐活动选择，让学生能够在休息中享受生活的乐趣。通过遵循优先级原则，管理者可以帮助学生合理安排时间，提高工作效率，实现学业目标，促进个人发展，并为未来的职业发展做好准备。

（二）平衡原则

管理者在帮助学生规划时间时，应考虑到学生的各种需要，包括学习、社交、娱乐、休息等，以保持生活的平衡。避免因过度专注于某一方面而忽视其他方面，如过度学习可能导致学生身心疲惫，而过度娱乐则可能影响学习成绩。

高校学生管理者应鼓励与引导学生养成健康的学习习惯，合理安排学习时间，避免过度学习造成的身心疲惫。管理者可以帮助学生制订学习计划，设定学习目标，并提供学习方法和技巧的指导。同时，管理者还可以提供学习环境的支持，如提供安静的自习室、图书馆资源等，以提供良好的学习条件。与此同时，管理者也应鼓励学生积极参与社交和娱乐活动，拓展人际关系和丰富个人经历。社交活动和娱乐是大学生学习生活中不可或缺的一部分，有助于缓解压力、增进人际交往、培养兴趣爱好。管理者可以组织丰富多样的社交和娱乐活动，如运动比赛、文化艺术展示、社团活动等，为学生提供丰富的选择和参与的机会，同时促进学生综合素质的全面发展。

（三）灵活性原则

在大学生时间管理中，管理者还应注重管理的灵活性，管理是一门艺术，高水平的管理一定不是照本宣科、毫无变通的，而是要根据实践与对象的变化灵活调整管理方式与管理行为。

在学习时间管理方面，管理者应鼓励学生灵活调整学习计划，以适应不同阶段的学习需求。例如，考试前可能需要增加复习时间，集中精力备考，而在学习任务相对较轻松或放假期间，则可以适度放松学习进度，多参与一些娱乐或社交活动，以提高学生学习的动力和兴趣。管理者可以与学生进行沟通，了解他们的学习进度和感受，根据学生面临的实际情况提供相应的指导和建议。管理者还应帮助学生学会应对突发事件或变化，提高灵活应变的能力。生活中常常会遇到各种突发事件，如科研任务、工作任务、家庭事务等，这可能对学生的时间安排造成影响。在这种情况下，管理者可以与学生协商，寻找解决方案，如调整学习计划、重新安排任务等，以减轻学生的压力和负担。高校学生管理者的支持和理解有助于学生应对挑战，并保持学习和生活的平衡。

（四）自我认知原则

高校学生管理者在进行时间管理时，应充分考虑到学生的个性差异和个人习惯，遵循自我认知原则。管理者可以与学生进行沟通和交流，了解他们的学习习惯和时间喜好。通过与学生建立良好的互信关系，管理者可以更准确地了解学生的自我认知，包括他们对自己学习的方式、效率和时间利用的理解。在此基础上，管理者可以与学生共同制订时间管理计划，使其更符合学生个人的认知和习惯。管理者还可以鼓励学生进行自我观察和反思，帮助他们更好地认知自己的学习特点和时间利用效果。通过引导学生自我评估和反思，他们可以更清楚地了解自己的学习习惯和时间利用方式是否高效，是否符合自己的期望和目标。管理者可以提供一些自我评估工具和方法，如时间日志记录、学习反馈问卷等，帮助学生主动观察和分析自己的学习行为和时间利用情况。这样的自我认知过程可以帮助学生更好地调整和优化自己的时间管理策略，提高学习效率。

第二节　高校学生时间管理的重要性

一、提升学习效果

（一）制订清晰的学习目标

在帮助学生设定学习目标的过程中，良好的时间管理不仅可以帮助学生明确何时以及如何达成这些目标，还可以帮助他们理解这些目标的重要性和紧迫性。例如，如果学生设定的是一个长期目标，如在学期结束时达到一定的学分，那么他们需要计划并管理自己的时间，以确保在学期结束时能够顺利达到目标。他们可能需要提前开始复习，或者每天都要花费一定的时间来进行学习。这种计划性和长期视角可以帮助学生更加系统和全面地理解并掌握所学的知识，从而提高学习的效率和质量。

通过设定明确的学习目标，可以帮助学生更有针对性地利用时间。他们可以根据自己的目标，优先处理最重要和最紧急的任务，避免被不重要或不紧急的任务分散注意力。这种目标导向的时间管理方式可以有效地提高学生的学习效率。比如，如果学生明确自己的目标是准备某次考试，那么他们可以集中精力复习相关的知识，而不是浪费时间在无关的活动上。这不仅可以帮助他们节省时间，提高效率，也可以帮助他们保持学习的动力和积极性。

（二）合理地安排学习计划

作为高校管理者，他们能够帮助学生在规划课程和制订学习计划时，将时间管理的理念融入其中，从而帮助学生更有效地学习。管理者可以根据学生的学习需求，科学地设计和安排课程表。这包括合理地安排课程的时间和频率，尽量避免课程冲突，使学生有足够的时间用于预习和复习。这样的安排可以使学生的学习更具系统性和连贯性，从而提高学习的效率。同时，管理者还可以引导和教育学生根据自己的学习习惯和精力制订个性化的学习计划，优化学习过程。

高校管理者还可以通过课程设计和学习计划，引导学生理解学习持续性和平衡性的重要性。例如，他们可以在课程设计中注重理论与实践的结合，注重专业学习与通识教育的平衡，避免学生过度专注于某一部分学习内容而忽视其他部分。同时，他们还可以通过教育活动和指导服务，帮助学生认识到过度学习或学习疲劳的危害，引导学生合理地分配学习和休息的时间，维持学习的持续性和效率。这些措施不仅有利于提高学生的学习效率和效果，还有利于培养学生健康的学习习惯和良好的生活方式。

（三）有效提升学习效率

有效地引导和教育学生进行时间管理可以明显提升学生的学习效率。对学生来说，大学生活中的学术压力和课程任务繁多，这需要他们有效地管理自己的时间，以提高学习效率。因此，作为管理者，他们的一个重要职责就是帮助学生建立有效的时间管理策略，以实现高效率学习的目标。

在这个过程中，管理者可以通过多种方式来引导学生进行时间管理。首先，他们可以在课程设计和安排中，确保课程的内容和难度都在学生的接受范围内，避免学生因过重的学习任务而无法有效管理时间。此外，他们还可以通过教育活动和辅导服务，教授学生如何制订合理的学习计划，如何评估和调整学习计划，如何处理突发的学习任务和时间冲突等问题。这些都是有效提升学习效率的关键因素。

高校管理者还可以提供必要的资源和支持，帮助学生更好地实现时间管理。例如，他们可以提供学习资源，如图书馆、在线学习平台等，供学生利用空闲时间学习。他们还可以提供咨询和辅导服务，帮助学生解决学习中的困难和问题，从而避免学生因这些问题而浪费时间。此外，他们还可以通过营造有利于学习的环境，如安静的图书馆、舒适的自习室等，提高学生的学习效率。

二、提升学生自我管理的能力

（一）帮助学生确立目标

学习、生活与自身发展等目标的设定是时间管理的核心部分，没有目标就没有方向。对于学生来说，无论是短期还是长期的目标，都是驱动他们前进的关键动力。明确的目标可以帮助学生有意识地管理自己的时间，因为他们知道自己要达到的目标，知道自己需要做什么，以及需要何时完成。这对他们理解和掌握时间管理的重要性非常关键。明确的目标还可以提高他们的自我效能感，使他们更有信心完成学习任务，实现自我提升。

目标的设定也有助于学生对自己的兴趣和能力进行深入的了解。在设定目标的过程中，学生需要思考和评估自己的能力和兴趣，以便设定符合自己实际的目标。同时，他们也需要考虑到实际的时间和资源约束，以确保设定的目标是可实现的。这一过程可以帮助学生发现和挖掘自己的潜能，发展和提高自己的能力，增强他们的自我意识和自我认同。另外，目标的设定也需要学生对自己的学习进度进行持续的监测和评估。这需要他们具备良好的自我观察和自我评价能力，以便及时调整学习策略，以适应不断变化的学习环境和要求。这一过程可以提高学生的自我管理能力，使他们能够更有效地管理自己的学习，实现自己的学业目标。

（二）帮助学生优化决策

帮助学生优化决策也是高校学生时间管理的重要意义之一，在高校教育的过程中，学生需要在有限的时间内，面对诸多学业任务和生活需求，做出最有效的决策。这涉及课业优先级的确定、学习时间的分配以及对个人能力和资源的合理利用。在这个过程中，学生需要进行批判性思考，评估各项任务的重要性和紧迫性，然后做出决策。这一过程不仅能够提高学生的决策能力，还可以提升他们的批判性思维和问题的解决能力。

高校学生管理者通过帮助学生提升时间管理能力，能够使学生在面对学习生活所遇到的实际问题，特别是涉及时间管理分配的问题时，更加科学地做出决策。对于学生来说，优化决策还需要具备良好的自我控制和自我调整能力。在学习过程中，他们可能会遇到各种挑战和困难，比如课程压力、考试压力、时间冲突等。面对这些挑战，学生需要保持冷静，坚持自己的学习目标，合理分配使用时间和资源。这要求他们具备良好的自我控制能力，能够抵抗其他干扰，保持学习的连续性和稳定性。同时，他们还需要具备自我调整的能力，能够根据实际情况调整学习计划和策略，以适应不断变化的学习环境和要求。这种自我控制和自我调整的能力，对他们的自我管理能力的提升非常重要。

从高校管理者的角度来看，他们需要在教学过程中，教导学生如何做出最优决策，如何进行时间管理，如何进行自我控制和自我调整。他们可以通过提供各种学习资源和指导，帮助学生建立和提高这些能力。同时，他们还需要提供一个支持性和鼓励性的学习环境，以鼓励学生在面对挑战和困难时，保持积极的态度，持续学习，不断提升自我管理能力。

（三）帮助学生进行实践与反思

时间管理是一个动态的过程，需要学生不断地实践、反思和调整。对于学生来说，他们需要学会如何对自己的行为和结果进行跟踪和反思。这可能涉及记录自己的时间使用情况，如何分配学习和休闲的时间，如何处理突发的事件和任务等。同时，他们还需要评估自己的时间管理策略是否有效，是否能够帮助自己实现学习目标和生活目标。这些都需要学生进行深入的思考和反思，以便了解自己在时间管理上的优点和不足，找出可以改进的地方。高校管理者应该提供各种工具和资源，帮助学生进行时间管理的实践和反思。例如，他们可以提供有关时间管理的培训和指导，教导学生如何设定目标，如何安排时间，如何处理紧急和重要的任务等。他们还可以提供各种工具，如时间记录表、学习计划表、目标设定表等，帮助学生更好地管理自己的时间。此外，他们还可以通过定期的反馈和评估，帮助学生了解自己的时间管理情况，鼓励他们进行反思和改进。

通过时间管理的实践与教学，学生可以不断地学习和掌握时间管理的技巧和方法，提高自我管理的能力。他们可以通过实践和反思，不断地调整和优化自己的时间管理策略，以更好地适应高校的学习环境和生活环境。这不仅能够提高他们的学习效率和质量，也能够提高他们的生活质量，使他们在高校生活中更有成就感，也更加满足。同时，这也有利于他们在未来的生涯规划和职业发展中，更好地管理自己的时间和资源，实现自己的目标和梦想。

三、提高学生学习与生活的满意度

（一）降低压力与焦虑

高校学生常常面临着来自学业、社交和生活等多方面的压力，如果不能妥善管理自己的时间，这些压力可能会导致学生感到焦虑和困扰。然而，通过科学的时间管理，以及培养学生有效的时间管理能力，学生可以合理地安排自己的学习和生活时间，避免各种任务的冲突和压力。通过良好的时间管理，学生可以更有效地安排和分配时间，合理规划任务和活动。这有助于学生日后提高工作效率，减少拖延和紧迫感，避免任务积压造成的压力。当学生能够高效地完成任务，并有充足的时间用于复习和准备，他们会感到更有掌控力和自信，从而减少焦虑和压力。时间管理有助于学生合理分配时间，并为休息和娱乐留出空间。通过合理规划学习时间和休息时间，学生可以避免过度劳累和压力过大的情况。适当的休息和放松可以帮助学生恢复精力，调整心态，减轻焦虑和压力。有规律的休息和娱乐时间可以使学生心理平衡，提高幸福感和生活质量。

例如，高校管理者可以帮助学生在学习和休闲之间找到平衡，确保他们有足够的时间来准备考试和完成作业，同时有时间进行休息和娱乐。此外，他们也可以通过提前规划和准备，避免不同活动的临时冲突和时间分配的紧张，从而降低自己的压力和焦虑。这不仅有助于他们保持良好的心理状态，还有助于他们更好地专注于学习和生活，提高学习和生活的质量。

通过科学的时间管理，可以帮助学生培养自我控制的能力，形成良好的学习习惯与生活习惯，提高对时间的把控能力。当学生能够自律地管理时间，按计划完成任务时，他们会感到更有成就感和自信心，这有助于减轻焦虑和压力的负面影响。自信心的提升也会使学生更加乐观并积极地面对挑战，更好地适应学习和生活的压力。

（二）提升学习的满意度

有效的时间管理对提升学生的学习满意度有着显著的影响。作为高校管理者，他们有责任和义务帮助学生实现这一目标。管理者应鼓励并辅助学生制订合理的学习计划，这些计划应充分考虑到学生的个体差异，比如他们的学习节奏、学习风格、兴趣爱好等。例如，一些学生可能更善于集中时间进行深度学习，而另一些学生则可能更适合利用碎片时间进行学习。因此，高校管理者可以提供诸如时间管理工作坊、个人学习计划咨询等服务，帮助学生找到最适合自己的学习方法和策略。

在学习计划的制订过程中，管理者还可以鼓励学生设定明确而实际的学习目标，并确保这些目标与他们的学习时间和资源相匹配。当学生能够看到自己的进步，并知道这些进步是他们努力的结果时，他们的学习满意度也会随之提高。因此，定期反馈和评估机制也是非常重要的。学校可以设立定期的学习成果展示，或者提供在线平台，让学生可以跟踪和展示他们的学习进度和成果。同时，管理者也应该提供必要的支持，如学习资源、辅导服务等，帮助学生在面临困难和挑战时，能够找到解决方案，保持学习的持续性和效率。

有效的时间管理也包括合理安排深度学习和轻松学习的时间。在学习过程中，兼顾深度学习和轻松学习是很重要的，过于关注一种方式可能会导致学习效果降低，甚至产生倦怠感。因此，管理者可以提供各种学习资源和活动，满足学生不同类型的学习需求，如图书馆、在线学习平台、讨论小组、学术讲座等。此外，还可以通过定期的学习活动，如学术比赛、项目展示等，让学生展示自己的学习成果，激发他们的学习动力和热情。这些活动不仅可以提高学生的学习效率，也可以增强他们的学习体验，从而提升学生的学习满意度，使学生能够以更加积极的心态面对学习。

（三）提升生活的满意度

学生对于学校生活的满意度同样与科学的时间管理密不可分，科学的时间管理可以帮助学生找到学习和生活的平衡点。对于高校学生来说，他们往往需要处理大量的学习任务，同时需要面对诸如社交等生活方面的需求。科学的时间管理可以帮助学生更加清晰地了解自己的时间和任务分配，从而做出更合理的安排，确保他们既能完成学业任务，又能满足生活需求。这样的平衡不仅可以减少学生的学业压力，也可以丰富他们的校园生活，从而提高生活的满意度。

科学的时间管理也可以帮助学生提升自我实现感和满足感。当学生能够有效地管理自己的时间时，他们就更可能完成自己设定的目标，无论这些目标是与学业相关的，还是与生活相关的。比如，他们可能在完成学业任务的同时，还有时间和精力参加社团活动、交朋友，或者进行体育锻炼等。这些活动不仅可以丰富他们的校园生活，也给他们提供了展示自我，实现自我价值的机会。当学生看到自己的成就，无论是学业上的还是生活上的，他们都会感到满足和自豪。这种自我实现感和满足感是提高生活满意度的重要因素。

科学的时间管理还有助于学生建立良好的人际关系。人际交往和能力发展是影响生活满意度的重要因素，通过科学的时间管理，学生可以留出时间参与各种社交活动，建立和维持人际关系，这对于他们的社会适应能力和人际交往能力的提升是非常有益的。同时，他们还可以参加各种爱好的活动，比如艺术节、音乐节、体育比赛等，这对他们的全面发展，特别是创新能力和批判性思维能力的提升也是非常有益的。当学生能够在社交和能力发展方面取得进步，他们的生活满意度也会随之提高。

四、培养学生的责任感与自律性

（一）提升个人责任感

时间管理能够提升学生的责任感，主要是管理者通过科学的时间管理，能够帮助学生提升自身的时间管理意识与能力，明确自己所做的决策对自身发展的影响。

良好的时间管理能够使学生明白学习的成功和生活质量的实现取决于自己的行为和决策，而非别人的帮助或者偶然的运气。这是因为当学生开始制订自己的学习计划，安排自己的学习任务和生活活动时，他们正在承担着管理和控制自己生活的责任。每当他们成功完成一个任务或者达到一个目标时，他们都能认识到这是自己的努力和智慧带来的结果，而不是别人的功劳。这种成功的体验和成就感可以大大增强他们的个人责任感，使他们更愿意主动承担更多的责任，更好地管理自己的时间。

时间管理还能够帮助学生形成相对独立的、符合自身的学习方法与习惯，使学生真正做到按照自身的时间特征去规划学习与生活，同时当学生在时间管理中遇到困难，例如没有完成预期的任务，或者没有达到预期的目标时，他们需要反思自己的时间管理策略，找出问题所在，找到解决办法，而不能简单地将失败归咎于外界因素。这种对失败的深入理解和正确处理，可以使他们学会从失败中吸取教训，勇敢地面对并承担自己的错误和不足，从而提升他们的个人责任感。

（二）培养自律性

在时间管理中，学生具有非常强的自主性，学校管理者进行时间管理的重要目的之一就是提升学生的时间管理能力。时间管理作为自我管理的重要部分，是学生自我控制和自律性的具体体现。在时间管理的过程中，学生们需要对自己的行为进行调整和控制，以便在有限的时间内完成更多的事情，达到自己的目标。其中涉及的，无论是设定目标、制订计划，还是执行计划、调整策略，都需要高度的自我约束力和自我控制力，而这两者正是自律性的关键。

在时间管理的过程中，学生需要对自己的行为、习惯和态度进行反思和调整，这是一个提升自律性的过程。例如，他们可能发现自己经常被手机或电脑上的社交媒体分散注意力，导致无法专心学习或工作。面对这种情况，他们需要学会如何抵制这些诱惑，如何控制自己的行为，以保证能够按照计划完成任务。这种自我约束和自我控制的过程，是自律性的体现，也是自律性的锻炼和提升。此外，时间管理也需要学生学会如何优化决策，如何在面对多个任务和选择时，确定优先级，做出最有利于自己的决定。这同样需要很强的自律性。

（三）塑造积极习惯

时间管理是一个需要理性规划和坚决行动的过程，因此良好的时间管理能够培养和塑造学生积极的学习习惯与生活习惯。良好的学习习惯不仅对提升学业成绩有积极影响，更在无形中塑造了学生的责任感和自律性，为他们未来的生活和职业发展铺平道路。对大学生来说，能够培养并保持良好的习惯尤为重要。在学习过程中，定时复习、按时作息和有计划地学习等积极习惯可以帮助他们提高学习效率，优化知识吸收，并有助于保持身心健康。比如：定时复习可以帮助他们巩固记忆，更好地掌握知识；按时作息可以保证他们有足够的精力应对学习和生活中的挑战；有计划的学习则可以帮助他们有效地管理时间，优先处理最重要的任务。同时，这些积极习惯的培养也有利于提升学生的责任感和自律性。当学生明白自己的学习和生活需要自己来规划和管理时，他们会更有责任感；当他们为了实现自己的目标而坚持做某件事情时，他们的自律性也会得到提升。这些都是积极习惯的培养带来的直接和深远的影响。

通过时间管理培养出的这些积极的习惯，不仅对学生在学校的学习和生活有重要的影响，而且对他们的未来生活和职业发展也有深远的影响。有了良好的习惯，他们在进入职场后可以更好地管理自己的时间和工作，能更高效地完成任务，能更好地应对压力和挑战。因此，时间管理的重要性不仅体现在学生的学业成绩和生活满意度上，也体现在他们未来的生涯规划和职业发展上。

第三节　高校学生时间管理的策略

一、开展时间管理训练

（一）组织有关时间管理的研讨会和讲座

在举办有关时间管理的研讨会和讲座时，学生管理者可以设计各种形式和主题来引导学生深入理解和实践时间管理。例如，可以有面向新生的入门级讲座，介绍时间管理的基本概念和原则，如时间的有限性、目标的重要性、优先级的设置以及时间使用的追踪和反思等。此外，也可以有面向高年级学生的进阶研讨会，探讨更复杂的时间管理问题，如如何在忙碌的学习和生活中找到平衡、如何在面对压力和困难时坚持目标，以及如何有效地利用暑假和寒假等大量的时间。这些活动可以让学生从不同角度和层面来思考和学习时间管理，逐渐提升他们的理解和技巧。

　　高校可以邀请具有丰富经验的讲师来分享他们的经验和策略，帮助学生更好地学到时间管理的方法与技巧，规避时间管理中所遇到的问题。讲师们的实际案例和心得可以让学生更直观地理解时间管理的重要性和方法。例如，教师可以分享他们如何规划教学和研究的时间，如何在忙碌的工作中抓住学习和成长的机会；学长学姐可以分享他们在学习、生活和工作中如何应用时间管理，如何处理各种时间冲突和挑战，如何在繁重的任务中保持动力和效率；职业讲师可以从科学和心理学的角度，解释时间管理的理论和实证研究，为学生提供更深入、更全面的理解。通过这些分享，学生可以获得更多的启示和灵感，找到适合自己的时间管理方法，从而更有效地应对学习和生活的挑战。

（二）开展时间管理课程

　　将时间管理作为一门独立的课程，意味着需要考虑到课程的系统性和实用性。首先，课程应涵盖时间管理的基本理论和实践。这可能包括对时间的观念、目标设定、优先级划分、计划安排、时间使用的追踪和评估等内容的讲解和讨论。此外，课程还应该介绍一些实用的时间管理工具和技巧，如日程表、待办事项清单、时间日志、时间块法等。这些内容不仅可以帮助学生了解和掌握时间管理的知识，还可以提供实际操作及实践的工具和方法。

　　课程的实践性是提升学生时间管理能力的关键。这意味着，课程应该提供足够的机会让学生在实际中应用和实践时间管理知识。这可能包括课堂讨论、小组作业、个人项目等各种形式。例如，课堂讨论可以让学生分享他们的时间管理经验和遇到的问题，互相学习和启发。小组作业可以让学生共同规划和管理一个项目的时间，以实现共同的目标。个人项目则可以让学生独立进行一段时间的时间管理，如设计和执行一个学习计划，然后进行反思和评估。这些活动不仅可以让学生在实践中提升他们的时间管理能力，还可以帮助他们了解自己的时间习惯和问题，寻找更有效的解决方法，从而达到提升时间管理能力的目标。

（三）提供时间管理的教材和工具

对于时间管理，有很多优秀的教材和书籍可以供学生参考和学习，高校学生管理者可以筛选这些书籍提供给学生，或者自主开发校本书籍。这些教材可能来源于不同的领域，如心理学、管理学、教育学等，他们从不同的角度阐述了时间管理的理念、方法和技巧。例如，一些心理学书籍可能会讲解时间感知、动机理论、行为改变等与时间管理相关的心理学知识；一些管理学书籍可能会讲解目标设定、任务管理、团队协作等时间管理的方法和技巧；一些教育学书籍可能会讲解学习计划、复习策略、考试准备等与学习时间管理相关的内容。作为学生管理者，可以整理这些教材和书籍，按照内容和难易程度进行分类，然后推荐给学生。例如，可以在图书馆设立一个时间管理专区，将这些书籍放置在那里供学生借阅；可以在学生事务处的网站上发布这些书籍的信息，供学生在线查阅和下载。

除了教材和书籍，还有很多实用的时间管理工具可以帮助学生更好地管理时间。这些工具可能包括纸质的日程表和待办事项清单，也可能包括电子日历、提醒器、时间跟踪工具等。这些工具可以帮助学生清晰地看到自己的时间安排，提醒他们按时完成任务，追踪他们的时间使用情况，从而提升他们的时间管理能力。作为学生管理者，可以整理这些工具，并推荐给学生。例如，可以在学生事务处提供一些纸质的日程表和待办事项清单模板，供学生领取和使用；也可以在网站上推荐一些好用的电子时间管理工具，供学生下载和使用。

二、建立辅助支持系统

（一）设立学习中心

学习中心的价值不只在于提供学习资源，还在于能够创建一个专注于学术研究和时间管理的社区环境。在这样的环境中，学生可以与志同道合的同伴一同学习，相互激励，形成正向的学习动力。在他人的榜样和鼓励下，学生会更加积极地管理自己的时间，充分利用学习资源。同时，学习中心也能建立一种积极向上的学习文化，使学生意识到，高效的时间管理和自我约束是实现学习成功的重要因素。

学习中心还可以根据每个学生的具体需求和情况，提供定制化的时间管理计划和策略。比如，对于有特定学习目标的学生，可以提供针对性的学习计划和时间安排；对于面临特定学习困难的学生，可以提供相关的解决策略和技巧。这种个性化的服务，不仅有助于解决学生在学习和时间管理上的具体问题，也有助于提升他们自我管理的能力，进一步提升他们的学习效率和生活满意度。

（二）提供个别咨询和指导

个别咨询是一种针对个体特定需求的服务，可以有效地解决学生在时间管理上的个别问题。在学习与生活中，有的学生可能对时间管理的理念和方法感到困惑，有的学生可能在执行时间管理计划时遇到困难，有的学生可能由于学习与生活中的特殊事件或突发事件而无法有效地管理时间。对于这些问题，个别咨询可以提供专业化和个性化的帮助。在咨询过程中，学生管理者可以听取学生的问题和困扰，提供反馈和建议，帮助他们找到解决问题的策略和资源。这不仅可以解决学生的即时问题，也有助于他们提升自我理解和自我帮助的能力，从而在未来更好地管理时间。

除了解决学生面临的与时间管理相关的实际问题，个别咨询还可以提供指导和支持，帮助学生提升时间管理能力。这可能包括制订个性化的时间管理计划，提供持续的监督和反馈，以及提供心理支持和鼓励等。例如，学生管理者可以和学生一起分析他们时间的使用情况，识别时间管理的"瓶颈"和问题，然后制订适合他们的时间管理计划；在实施计划的过程中，学生管理者可以定期和学生进行沟通，了解他们的进展和困难，提供必要的反馈和调整；当学生在时间管理中遇到挫折和困难时，学生管理者还可以提供心理支持和鼓励，帮助他们保持积极的心态，并坚持下去。这种个别化的指导和支持，可以更有效地帮助学生提升时间管理的能力，提高他们的学习效果和满意度。

（三）提供同行辅导

同行辅导是一种以学生为中心的辅导方式，通过同学之间的相互学习和支持，帮助学生提升学习效果和满意度。在时间管理上，同行辅导可以通过分享经验、讨论问题、制订计划等方式，帮助学生提升时间管理的能力。在同行辅导中，辅导者可以分享他们在时间管理上的成功经验，帮助学生找到有效的策略和方法；他们也可以一起讨论和解决时间管理中存在的问题和困扰，帮助学生找到适合自己的解决办法；更重要的是，他们可以一起制订和执行时间管理计划，相互监督和鼓励，帮助学生更好地实践时间管理。这种互动式的学习方式，不仅可以提升学生的学习效果，也有助于他们养成良好的学习习惯，提高他们的自律性和责任感。

三、创建良好的学习环境

（一）提供适合学生的学习空间

为学生提供适合其自身学习与发展的学习空间是高校管理者优化学生时间管理的重要策略之一。这种物理环境的建设能为学生创造一个有利于集中精力、深入学习的环境，进而提升他们的学习效率。比如，建设图书馆、学习室等设施，都是为学生提供安静、无干扰的学习环境。这种环境既可以使学生更加专注于学习，减少外部因素的干扰，也有助于提升他们的学习质量，从而使其更好地利用时间。学生在这样的环境中学习，不仅可以提升学习效率，而且可以培养自身良好的学习态度和习惯。

此外，良好的学习环境还能使学生理解和感受学校对于学习以及学生自身的重视和鼓励，从而激励他们更加积极主动地进行学习。这对于提升学生的时间管理意识和能力是非常有益的。学习空间的设施和服务也应该随着学生的需求和技术的发展进行更新和升级，如提供高速的网络服务，配备现代化的学习设备，提供方便的自助服务等，以满足学生多样化、个性化的学习需求，从而提升他们的学习效率和时间管理能力。

（二）确保学生拥有自主学习与反思的时间

确保学生拥有充足的自主学习和反思的时间，是对学生时间管理能力提升的又一重要支撑。高校作为学生知识获取、能力提升和人格发展的重要场所，应该鼓励并培养学生自主学习和反思的习惯。自主学习不仅可以加深学生对知识的理解，提升学习效率，而且可以帮助他们培养批判性思维，提高问题的解决能力。同时，反思是学习过程中的重要环节，通过反思，学生可以回顾自己的学习过程，检视自己的长处和短处，从而形成更加有效的学习策略和方法。

但需要学生管理者注意的是，确保学生有足够的自主学习和反思的时间并不意味着减少课堂教学时间，而是应当把握好教学和学习的平衡。过度的课堂教学可能会剥夺学生自主学习的机会，导致他们过于依赖教师，无法形成自主学习的能力。相反，通过合理设计课程和活动安排，确保学生有充足的自我学习和反思的时间，可以让他们在学习过程中找到自己的节奏，掌握自己的学习进度，进而更好地管理自己的时间。这种做法有助于学生形成良好的学习习惯，提高学习效率，也更有利于他们在未来的学习和生活中更好地管理自己的时间。

（三）提供学习资源与机会

在信息化时代，学习不再局限于课堂，而是可以通过多种渠道和方式进行学习。因此，学生管理者有责任为学生提供多元化的学习资源和机会，以丰富他们的学习体验，提升他们的学习效率和时间管理能力。

高校作为学生学习和成长的重要阶段，除了要为学生提供基础的教学设施和环境，更需要为学生提供丰富和多元化的学习资源与机会。学生管理者在其中起到至关重要的作用，他们需要以开放和创新的心态，积极寻求和提供各种可能的学习资源与机会，为学生的全面发展提供支持。这样不仅可以丰富学生的学习体验，提升学习效率，也有助于学生发现和建立最适合自己的学习时间管理方式。在线课程、研讨会、实践机会等多种形式的学习资源与机会，都能为学生提供更广泛的学习领域、更深入的学习内容和更自主的学习方式。这样的环境会激发学生的学习兴趣和探索欲，提高学生学习的自主性和主动性。同时，各种学习机会的提供也让学生有自主规划和管理时间的可能性，他们可以根据自己的兴趣爱好、专业要求、能力状况等进行选择，调整学习计划和时间分配。另外，这些学习资源和机会也为学生提供了丰富的社交和交流机会，有助于他们建立良好的人际关系，提升团队协作能力。社交和交流过程中的经验分享、知识碰撞，都能促使学生对已有知识的反思和创新，提高学习的深度和广度。而这一切，无疑都离不开有效的时间管理。

四、完善反馈机制

在学生时间管理优化实践中，完善反馈机制同样十分重要。作为学生管理者，可以通过问卷调查、访谈、观察等方式收集学生的时间使用情况，了解学生在学习、生活、娱乐等方面如何分配和使用时间。这些数据可以帮助管理者了解学生的时间管理状况，找出可能存在的问题，比如学生是否有拖延症，是否花费过多的时间在不必要的事情上等。同时，这些数据也可以为管理者提供依据，帮助他们制订更科学、更具针对性的时间管理策略。收集数据和分析数据的目的是评估现有的时间管理策略的效果，看看这些策略是否真的帮助学生提升了时间管理能力，改善了学习和生活状况。如果策略效果良好，那么可以进一步推广和优化；如果效果不佳，那么需要反思原因，是不是策略不够科学，或者执行不到位，然后进行调整。

基于对学生时间使用情况的分析和对策略效果的评估，学生管理者可以据此进行调整，优化时间管理的策略和服务。改进教学方法，增强时间管理的课程和活动的吸引力，提供更多的时间管理工具和资源，帮助学生更好地实践时间管理，加强对学生的关注和支持，帮助他们战胜时间管理的困难和挑战。这样，通过持续的反馈和调整，可以不断提升时间管理的效果，帮助学生更好地利用时间，提高学生学习和生活的质量。[1]

---

① 祁素萍.高校学生管理工作创新与研究[M].长春：吉林人民出版社，2021：60-65.

第五章　高校学生安全管理

第一节　高校学生安全管理的内容

一、个人安全管理

（一）安全教育课程

安全教育课程是高校个人安全管理的重要组成部分。高校应设立必修的安全教育课程，针对可能面临的各种风险，包括但不限于欺凌、盗窃、诈骗等，向学生普及相关的防护知识，提高他们的安全意识，使其具备自我保护能力。在课程设计中，还应引入案例分析，深化学生的理解和认识，让他们真切感受到安全防护的重要性。

安全教育课程应涵盖个人生理安全知识。这包括性教育、防性侵害教育以及防止暴力和性骚扰的教育。教育学生了解自己的身体，学会尊重自己和他人的身体，知道在遇到潜在的性侵害和暴力行为时如何保护自己。对于这些可能导致身心创伤的威胁，必须进行明确而直接的教育，使学生有足够的知识来识别和反抗这些威胁。安全教育课程还应教授学生如何防止和应对欺诈和盗窃。随着科技的发展，网络诈骗和个人信息盗窃已经成为常见的安全威胁。因此，安全教育课程应教授学生如何保护自己的个人信息，如何识别和防止网络诈骗，以及在自己的个人物品或财产被盗时应如何应对。安全教育课程应该深入教授有关灾难应对和生存技能的知识。例如，如何在火灾、地震或其他自然灾害中保护自己，如何进行基本的急救操作等。这类知识对提高学生在面对突发事件时的生存概率和自我保护能力具有重要意义。安全教育课程还应该引导学生了解并遵守法律法规，明白个人权益的重要性，知道如何维护自己的合法权益，这样才能在可能面临威胁或侵害时，能够合法、有力地保护自己。

（二）体检和医疗服务

身体健康是个人安全的重要组成部分。定期进行身体健康检查可以及早发现和处理健康问题，防止因健康问题导致的安全事故。此外，高校还应提供必要的医疗服务，包括基础的医疗设施、专业的医务人员以及有效的医疗程序，以确保在紧急情况下，学生能够及时得到医疗援助。在高校个人安全管理中，体检和医疗服务是保障学生身体健康，防止可能的健康风险的关键方式。

定期体检是发现潜在健康问题的重要途径。体检内容应全面，包括但不限于血压、血糖、心肺功能、视力、听力等基本检查，同时应根据学生的年龄和性别提供相应的健康检查，如妇科检查、男性健康检查等。这样可以帮助学生及早发现可能存在的健康问题，早期干预，避免问题恶化带来的风险。学校应提供必要的医疗服务。包括提供基本的医疗设施，例如卫生室或医务室，配备常用的急救设备和药品。此外，学校还应有专业的医务人员，如护士和医生，他们应具备处理常见疾病和紧急情况的能力。同时，对于一些复杂的医疗问题，学校应建立与周边医疗机构的合作关系，以便在需要时能迅速送学生到更专业的医疗机构中。学校还需要有明确的医疗程序，以便在发生紧急医疗事件时，可以迅速、有效地响应。这包括但不限于如何及时发现学生的紧急医疗需求，如何快速联系专业的医务人员，如何安全、有效地转送学生到医疗机构，以及如何在事后进行恰当的后续处理。健康教育也是必不可少的，教会学生如何保护自己的健康，如何面对常见的健康问题，以及在面临紧急医疗事件时如何进行自救和求救。这些知识和技能可以帮助学生更好地关注自己的健康，减少可能的健康风险。

（三）预防性教育的推广

在高校环境中，学生可能面临的健康问题不仅局限于身体的疾病，还包括心理的压力和情感的困扰。通过预防性教育的推广，管理者可以引导学生在日常生活中形成良好的健康习惯，帮助他们提前防范可能出现的健康问题。

预防性教育强调良好的生活习惯对于身体健康的重要性。例如，宣传合理的饮食习惯，让学生了解均衡膳食的重要性，尽可能多地摄取新鲜的蔬菜和水果，少吃过多的油腻食品和糖分，同时提醒他们避免过度饮酒和吸烟等不良习惯。另外，管理者还要强调规律运动对于身体健康的重要性，鼓励学生每天保持适量的运动，这既可以保持身体健康，又能帮助他们缓解学习和生活的压力。预防性教育也关注学生的心理健康。通过宣传，让学生了解生活压力、情感困扰等可能对心理健康产生影响的因素，并提供一些应对这些问题的方法，例如学习放松的技巧、保持积极乐观的态度、建立健康的人际关系等。此外，管理者也要教导学生当他们觉得无法独立应对心理问题时，应及时寻求专业的心理咨询服务。预防性教育还关注学生的社会安全。教育学生了解可能面临的社会风险，例如欺凌、性侵、网络犯罪等，并提供一些防范这些风险的方法。同时，管理者也要强调在遇到这些问题时，学生应该勇于站出来维护自己的权益，及时向学校和法律机构寻求帮助。

二、校园安全管理

（一）建筑物和设施的安全

建筑物和设施的安全是高校日常运营的基石，它的重要性不仅在于保障学生、教职工的生命安全，也在于维护学习环境的稳定性和舒适性。从教室到图书馆，从宿舍到实验室，每一处都是学生学习、生活、发展的空间，也是他们实现自我、追求梦想的舞台。一旦建筑物和设施的安全性得不到保障，就可能引发意外事故，影响到学生的学习和生活，甚至可能对他们的生命安全构成威胁。

建筑物的结构安全至关重要。学校需要定期进行安全检查，对每一栋建筑物的结构健康状况进行全面的评估。对于老旧的建筑物，及时地维护和修复是防止因破损或老化导致安全事故的重要措施。任何可能对建筑物结构安全构成威胁的问题都应立即得到处理。此外，不仅是建筑物本身，还应检查建筑物内的设施，如电梯、楼梯、扶手等，以确保它们的安全性和可用性。由于高校的人口密度相对较高且用电量大，因此在校园安全中，消防安全是不能忽视的一环。火灾是严重威胁人员生命安全的灾害，因此确保消防设施的完备和有效至关重要。这包括火警报警器、灭火器、消防水带以及各种消防设施的使用和操作规程。所有这些设备和规程都应定期检查和更新，以确保在紧急情况下能够立即启动。学校各种设施的设计和布局也应符合安全规定。例如，教室的疏散通道应保持畅通，不应有任何障碍物阻挡；实验室应配备必要的安全设备，如防护眼镜、手套、实验服等，以防止实验过程中可能发生的危险。对于需要高强度电力的设备，应保证电线、插头绝缘良好，避免电气火灾的发生。

（二）校园治安管理

校园治安管理是高校安全工作的重要部分，其目标是维护校园内的和谐稳定，让学生在一个安全、平静的环境中学习和成长。安全的校园环境对于学生的学习、生活乃至整个人格的发展都有着重大影响。恶劣的校园治安可能导致学生的心理压力增大，影响他们的学业和心理健康。更为严重的是，校园欺凌、性骚扰、盗窃等行为会对受害者造成严重的身心伤害，甚至可能威胁到他们的生命安全。因此，优良的校园治安是每所学校都必须重视和努力实现的目标。

维护校园治安需要从多方面进行。首先，校园的行为规范需要得到有效的强化和执行。学校应设立清晰的行为准则，明确列出禁止的行为，并对违反行为准则的学生进行处罚。同时，对于校园欺凌、性骚扰、盗窃等严重犯罪行为，更应该采取严厉的措施进行打击，包括但不限于校内处分、法律追究等，以体现学校对这些行为的零容忍态度。学校应提供足够的安全保障，包括优化校园警卫系统，可以进行定期巡逻，防止非法入侵，在紧急情况下及时进行干预。此外，安装监控设备也是一个有效的手段，它可以帮助捕捉到犯罪行为的证据，也可以起到威慑作用，使得那些有意犯罪的人知道他们的行为会被记录下来。对于紧急情况，学校管理部门需要有有效的应急计划。如何快速疏散人群，如何及时联络医疗、警察、消防等部门，这些都是需要预先计划和培训的。一旦遇到紧急情况，能否迅速而有效地应对，直接关系到学生的安全。[1]

三、网络安全管理

（一）网络行为管理

在网络时代，学生的网络行为管理是学校安全管理的重要部分，这涉及如何引导学生形成健康的网络使用习惯，遵守网络道德规范，尊重网络公序良俗，避免网络侵权行为。同时，也包括如何帮助学生正确面对网络中的各种问题和挑战，保护自己的网络安全。

互联网作为一个开放的平台，为学生的学习和生活提供了巨大的便利，但同时，由于其开放性、虚拟性、匿名性等特性，也给学生的网络行为管理带来了一定的难度。一方面，网络的开放性使得信息传播难以控制，很容易出现言论过激、侵犯他人权益、散布不实信息等不良网络行为；另一方面，网络的虚拟性和匿名性可能会使一些学生失去行为的约束，更容易出现违反网络道德和规范的行为。因此，建立明确的网络行为规范、引导学生遵守法律法规、尊重他人的网络权益尤为重要。学校应该制定全面的网络行为规范，包括但不限于禁止在网络中发布含有暴力、色情、诽谤、欺诈等违法信息，禁止未经授权非法获取和盗用他人的个人信息，禁止进行网络欺诈，禁止破坏网络安全等，让学生明确知道哪些行为是可以的，哪些行为是不可以的。同时，学校还应定期开展网络道德和法律法规教育，提高学生的网络道德意识和法律意识，使他们了解和接受网络行为规范的重要性。对于违反网络行为规范的学生，学校应该采取适当的措施进行处理，如警告、通报批评、限制网络使用权限、纪律处分等，以此表明学校对于网络行为管理的决

---

[1] 沈佳，许晓静.基于多视角下的高校学生管理工作探究 [M]. 北京：现代出版社，2022：66-68.

心和态度，对其他学生起到教育的作用。

（二）进行网络安全教育

在当前数字化的社会环境中，网络安全教育的重要性已经日益凸显。随着互联网和信息技术的飞速发展，网络已经渗透管理者日常生活的方方面面。然而，随之而来的是各种网络的安全问题，如网络诈骗、网络欺凌、信息泄露等，这些问题不仅严重威胁到个人的财产安全，而且可能对人的心理健康产生严重的影响。对于高校学生来说，他们在使用网络的过程中，往往缺乏必要的防范意识和防范能力，容易成为这些网络安全问题的受害者。因此，进行网络安全教育，提高学生的网络防护能力，是高校教育的一个重要任务。

网络安全教育的核心是提供必要的知识和技能，使学生能够理解网络安全的重要性，了解网络安全的基本知识，掌握基本的防护技巧，提高他们的网络素养，帮助他们在享受网络带来便利的同时，能够识别并防范网络风险。例如，学生应该知道在网络上分享个人信息的风险，了解如何设置强密码，知道如何识别网络诈骗等。此外，网络安全教育还包括让学生理解和尊重网络道德和网络法律，了解网络行为可能产生的后果，这对于培养他们的网络公民意识，形成良好的网络行为习惯至关重要。实施网络安全教育，需要采取多种方式和手段，比如在课程中设置网络安全的内容，组织网络安全知识讲座，开展网络安全主题活动等。同时，也需要充分利用网络平台，比如制作网络安全教育的视频、动画、互动游戏等，让学生在互动和体验中学习和认知网络安全知识。

（三）指导学生正确、安全地使用网络资源

在当今这个数字化时代，互联网无疑已经成为管理者获取信息、知识和娱乐的重要平台。对于高校学生来说，互联网不仅可以为他们提供海量的学习资源，帮助他们拓宽知识视野，提高学习效率，还可以为他们的日常生活提供便利，如在线购物、社交娱乐等。同时，互联网也是充满风险的地方，如虚假信息、有害内容、网络病毒、网络欺诈，等等。因此，指导学生正

确、安全地使用网络资源，无疑是网络安全管理的重要组成部分，对于学生的成长和发展具有深远的影响。

在互联网上，信息的真假往往难以判断，特别是对于缺乏相关知识和经验的学生来说，他们更容易被虚假信息误导。因此，学校应该教授学生如何寻找和筛选网络资源，提升他们的信息素养。这包括如何鉴别网络信息的真伪，如何从大量的信息中筛选出对自己有用的内容，以及如何利用搜索引擎、在线数据库、电子图书馆等工具高效地查找信息。互联网的开放性也使网络安全问题变得尤为重要。不少恶意网站会通过各种手段，如网络钓鱼、垃圾邮件、木马病毒等，尝试窃取用户的个人信息，或者破坏用户的计算机设备。对于这种情况，学校需要教授学生如何识别和避免访问这些危险网站，如何定期更新和升级安全软件，以防止计算机设备被病毒或恶意软件感染。同时，学校也应当强调网络隐私保护的重要性，教授学生如何设置强密码、如何保护自己的个人信息，避免成为网络犯罪的目标。

四、实验室安全管理

（一）设施与设备安全

实验室设施和设备的安全性是任何实验活动的前提条件。正确使用和维护实验设备不仅可以防止学生和教职工受到伤害，也能确保实验结果的准确性和可靠性。对于任何一所承担实验教学任务的高校来说，都必须要有健全的设备维护和保养机制，对所有实验设备进行定期检查、维护和必要的修复，以确保设备的安全运行。这不仅包括设备本身的安全性，也包括设备使用过程中的安全措施，比如设备的操作规程、安全警示等。此外，实验室的整体布局设计也是影响实验安全的重要因素。实验室应该具有良好的通风设施，以防止有害气体的积累，合适的照明设施，以保证学生和教职工在进行实验操作时的视线清晰。易燃易爆物质的储存方式也应合理安全，应当远离热源和火源，存放位置应清晰标识。同时应有专门的防火设备和应急疏散设施。

实验室设施和设备的安全管理还应涵盖对安全规定的传达和遵守。所有进入实验室的人员，包括学生、教职工和访客，都应当清楚了解实验室的安全规定，并严格遵守。实验室的安全规定应当明确、具体、易于理解和执行，而且应当经常进行复习和更新，以应对新的安全挑战。在实验室进行任何形式的实验活动，都离不开设施和设备的支持。因此，健全的设备维护保养体系、科学合理的实验室布局设计，以及严格的安全规定和执行，共同构成了实验室设施和设备安全的重要组成部分。通过这些措施的实施，可以有效地降低实验室事故的发生率，保障所有在实验室内工作和学习人员的生命安全。

（二）安全教育和安全培训

实验室安全教育和安全培训是确保实验室安全的关键环节。它不仅能提高学生和实验室员工的安全意识，使他们明白何为安全的实验行为、何为危险的实验行为，还能教会他们如何应对实验过程中可能出现的各种突发情况，可以有效地避免或减少实验室事故的发生。

培训内容可以广泛涵盖各种安全主题。例如，应该教育学生如何遵守实验规程，理解并遵守实验室的各项安全规定和操作流程。通过这样的培训，学生可以清晰地知道哪些行为是允许的，哪些行为是禁止的，从而减少不安全的行为发生。再比如，实验器材的正确使用方法也是培训的重要内容。不正确地使用实验器材可能会导致实验器材损坏，甚至引发安全事故。因此，对实验器材正确使用方法的教育和培训，对于保障实验的顺利进行和实验室的安全至关重要。急救技巧的教育也是实验室安全培训的重要组成部分。尽管管理者尽量避免实验室事故的发生，但无法完全排除这种可能。在事故发生时，正确的急救措施会大大减轻伤害，甚至挽救生命。因此，让每一个实验室成员都掌握基本的急救知识和技巧，是保障实验室安全的重要手段。化学是使用实验室资源较多的专业，实验项目非常多，实验物品存在一定的危险性。对化学物品处理方式的教育也是关键。不同的化学物品有不同的性质和风险，如何储存、如何使用、如何处置，都有各自的规定和要求。正确地处理化学物品，不仅可以防止化学事故的发生，也有助于维护实验室的环境。

（三）严格实验室操作规程

实验室操作规程的制定和执行是保障实验室安全的基础工作，它明确了实验的流程和步骤，规定了实验室的行为准则，旨在减少实验中可能出现的风险和错误。

实验前准备是实验操作规程的重要部分。这包括学生需要了解并熟悉实验目的和实验步骤，学会使用实验设备和工具，了解实验材料的性质和可能存在的风险，做好防护措施等。这些准备工作能让学生对即将进行的实验有一个全面的了解，也能够让他们提前做好应对各种情况的准备，避免在实验中出现意外情况。实验过程中的注意事项也是实验操作规程的关键部分。这包括如何正确地使用实验设备和材料，实验过程中应遵循的行为规范，出现异常情况时如何及时应对等。这些规定可以让学生在实验过程中避免不必要的风险，提高实验的安全性。实验后的清理程序也是实验操作规程中不可忽视的一部分。这涵盖实验器具的清洗和消毒，实验废弃物的正确处理，实验场地的清理等。正确的清理程序不仅保障了实验设备的可持续使用，也可以防止实验废弃物对环境和人体造成伤害。对于违反实验操作规程的行为，应当及时进行纠正和处理，这既可以纠正学生的错误行为，也可以防止错误行为的再次发生。通过对违规行为的处理，可以向全体学生传达对实验规程的重视和尊重，促使他们提高警觉，遵守规定，提高实验安全性。

（四）实验室的安全检查

实验室的安全检查是实验室安全管理的重要组成部分，其目的在于通过系统性的、定期的检查来发现并及时消除实验室内可能存在的安全隐患，以确保实验室的安全运行，保护学生和教职工的生命财产安全。实验室的安全检查应覆盖实验室的所有方面，包括实验设备、化学品存储、实验室环境、消防设施、紧急出口等。检查的目的在于找出实验室中任何可能存在的安全隐患，如设备损坏、化学品的非法存放、消防设施失效、紧急出口堵塞等，以便及时进行修复和整改。这对于防止实验室的安全事故有着至关重要的作用。实验室的安全检查不应只停留在对设备的检查上，还应涵盖实验室的管理和操作。例如，检查学生和教职工是否遵守实验室的操作规程，是否正确使用实验设备，是否知道在紧急情况下如何进行自救和互救等。这样的检查可以帮助实验室使用者提升安全意识，进一步提高实验室的安全性。

实验室的安全检查对于防止实验室安全事故的发生具有极其重要的作用。通过定期的、系统性的安全检查，不仅可以发现和排除安全隐患，防止安全事故的发生，而且还可以提升学生和教职工的安全意识和能力，从而确保实验的顺利进行。此外，实验室的安全检查也有助于建立起良好的实验室安全文化，使实验室成为一个安全、高效、宜人的学习环境和工作环境。

五、应急管理

（一）灾害应急管理

灾害应急管理在高校学生管理中占据着极其重要的地位。它直接关系到每一位学生的生命安全，是高校应急管理中不可或缺的一环。由于学校的特殊性，一旦发生自然灾害，如火灾、地震、洪涝、台风等，都可能会造成大规模的人员伤亡和财产损失。因此，有一套完善、科学、可行的应急预案是至关重要的。

实施有效的灾害应急管理，可以让学校在灾害发生时迅速、有序地进行疏散和救援，减少灾害带来的损害。对于学生来说，它们在灾害发生时能够知道应该如何自保，如何寻找安全的避难所，如何进行基本的自救互救。这种知识和技能可能在关键时刻挽救他们的生命。灾害应急管理最重要的作用是营造一种安全的学习环境，使学生在学校生活中感到安全和舒适，特别是在灾害频发的地区，良好的灾害应急管理措施可以使学生安心学习，无须过度担忧灾害发生的风险。这种安全感可以提高学生的学习效率，促进他们的身心健康发展。因此，灾害应急管理不仅是维护学生生命安全的重要手段，也是提高教育质量和学生满意度的重要工具。

（二）公共卫生应急管理

公共卫生应急管理是高校学生管理中不可忽视的一部分，它涵盖了流行病、食物中毒、校园疫情等公共卫生事件的应对措施。近年来，全球性的疫情如新型冠状病毒疫情给管理者敲响了警钟，高校必须拥有高效的公共卫生应急体系，才能在第一时间内进行有效防控，尽可能减少疫情对学生及其校园生活的影响。此外，除了大型社会卫生事件之外，还有其他常见的公共卫生问题，例如食物中毒。食物中毒事件对于高校而言，可能会涉及大量的师生，因此预防以及应对食物中毒事件的能力对于高校来说同样重要。更重要的是，这种预防和应对能力，也是高校对师生负责任的重要体现。

公共卫生应急管理的重要性不仅在于及时、有效地应对公共卫生事件，减少负面影响，更在于通过建立和执行这些应急措施，使学生意识到公共卫生的重要性，培养他们的公共卫生意识和自我防护能力。这些都将在他们未来的生活中发挥积极作用，帮助他们建立健康的生活习惯，提高生活质量。因此，公共卫生应急管理是高校学生管理中极为重要的一环，它既关乎每个学生的生命安全，也关乎他们的生活质量和未来发展。

（三）治安应急管理

治安应急管理是高校学生管理工作的重要组成部分，它涉及暴力事件、校园欺凌、突发抢劫等治安问题的应急预案和措施。在校园中，这些治安问题不仅可能对学生的人身安全造成威胁，而且可能对学生的心理健康、学习环境，甚至整个校园的安全环境产生负面影响。因此，对于治安应急管理的重视与实施，对于保护学生权益，创造良好的校园环境具有至关重要的作用。对于任何一所高校来说，学生是学校的中心，他们的安全和健康是学校最应关注的事项之一。在治安问题面前，无论是暴力事件、校园欺凌，还是突发抢劫，每一起事件的发生都可能使学生陷入恐慌和无助，严重者甚至可能对他们的生活产生长期影响。因此，通过实施治安应急管理，及时处理和防止这些治安问题，是保证学生安全、保护学生权益的重要手段。

治安应急管理的意义也在于通过实施这些应急措施，营造一个安全、和谐的校园环境。在这样的环境中，学生可以专心于学习和发展，而无须过多地担心自身的安全问题。同时，也为学生提供了一个可以信赖的保障，使他们知道在遇到治安问题时，学校有一套完备的应急预案和措施，能够及时有效地进行应对。这样不仅有利于提高学生的安全感，也有利于提升学校的声誉和影响力。因此，治安应急管理是高校学生管理工作中的重要部分，是实现学生安全、校园和谐的关键。

（四）技术故障应急管理

技术故障应急管理是高校应急管理中的一部分，它涉及网络中断、设备损坏等技术问题的应急预案。在当今这个信息化的时代，技术设施对于高校的教学、研究和日常运行起着至关重要的作用。无论是教室的多媒体设备，还是实验室的专业设备，或者是整个校园的网络系统，一旦发生故障，都可能影响到学校的正常运营，甚至可能对学生的学习和生活产生不利影响。因此，高校必须要有专门的技术团队，及时响应和处理这些技术故障，以保障学校的信息化设施正常运行。

技术故障应急管理对于保证教学质量和学生满意度具有重大的意义。在现代的教学环境中，很多教学活动都依赖于技术设施，比如在线教学、多媒体演示等。一旦这些设施出现故障，可能会导致教学活动无法正常进行，从而影响到学生的学习效果和满意度。因此，及时有效地处理技术故障，能够最大程度地减少故障对教学的影响，以保证教学质量。技术故障应急管理对于提高校园的信息化水平，保障校园的正常运行也有着重要的作用。在校园内，技术设施既包括教学设施，也包括一些重要的基础设施，如供电系统、供水系统、消防系统等。这些设施的正常运行，对于校园的安全和正常运营至关重要。而技术故障应急管理，就是保障这些设施正常运行的重要手段。因此，技术故障应急管理对于高校来说，是一项必不可少的工作。

六、心理健康管理

（一）心理健康管理的重要性

当今社会，人们对心理健康十分重视，深究其原因，这得益于人们健康观念的不断发展与完善。想要明确心理健康的定义，管理者首先要知道什么是健康。健康是指一个人在身体、精神和社会等方面都处于良好的状态。在健康研究的早期，人们对于健康的概念认知相对简单，认为健康指的就是维持个体基本生存需要的状态。随着社会的发展以及人们在医学、生理学以及相关领域研究的不断深化，人们开始不断拓展健康的内涵。20世纪中期，心理健康作为健康概念的重要内容之一，被纳入健康概念的讨论中。1946年，第三届国际心理卫生大会明确将心理健康归入健康的概念之中。1948年，世界卫生组织在其成立伊始的《宪章》中明确指出，健康不仅包括生理健康，还包括精神上和社会上的一种完满状态。1989年，世界卫生组织再次深入阐释了健康的概念，认为健康包括身体健康、心理健康、道德健康与对于社会的良好适应等几方面。关于心理健康的定义，国际上主要有三种比较权威的界定：其一，是第三届国际心理卫生大会的界定，认为心理健康是：身体、智力、情绪十分协调；适应环境，在人际交往中能彼此谦让，充满幸福感；在工作和职业中能充分发挥自身能力，过着有效率的生活。其二，是《简明不列颠百科全书》给出的定义，即心理健康指的是个体心理在本身及环境条件许可范围内所能达到的最佳状态，但不是十全十美的绝对状态。其三，是世界卫生组织对于心理健康的界定，认为心理健康指的是人们在生活、学习与工作中一种相对平静的稳定状态。

高校学生心理健康管理的重要性不可忽视。学生进入大学，面临着生活环境的改变、学业压力的增大、人际关系的复杂化等多方面的挑战，这些都可能引发各种心理问题。如果没有得到及时有效的管理和疏导，可能会导致学业成绩下滑、人际关系困扰乃至更严重的心理疾病，如抑郁症、焦虑症等。因此，高校需要投入资源，建立完善的学生心理健康管理机制，为学生提供及时、专业的心理咨询和援助服务。

对学生的心理健康进行管理，可以帮助他们更好地应对大学生活中的压力和挑战。高校是学生自我成长和自我实现的重要阶段，同时是一个压力较大的环境。心理健康管理可以帮助学生建立健康的心理素质，学习压力管理和情绪调节的技巧，从而提高他们的生活质量和学习效率。高校学生心理健康管理还能及时发现并干预学生的心理问题，避免问题的恶化。通过定期的心理咨询、心理测试和心理讲座等方式，可以及早发现学生的心理问题，并提供及时的干预和治疗，减少严重心理问题的发生。一个良好的心理健康管理体系还可以为学生提供一个安全、理解和接纳的环境，帮助他们建立积极的自我观念，增强自尊和自信，这对于他们的人格发展和人生观的形成具有重要影响。因此，心理健康管理同样也是安全管理的重要组成部分。[①]

（二）心理健康管理的内容

1.心理健康教育

心理健康教育是高校学生心理健康管理的关键组成部分，它通过开展心理健康教育课程、讲座、工作坊等形式，让学生了解自己的情绪状态，学习应对困难和压力的策略，建立积极的人生观和世界观，从而提高他们的心理素质。

心理健康教育也可以帮助学生树立正确的人生观和世界观，培养他们的自我价值感和自尊心。通过这种教育，学生可以认识到每个人都是独特的，拥有自己的价值，应该尊重自我，尊重他人。这样可以帮助他们建立积极的人际关系，减少心理冲突和困扰。心理健康教育还可以增强学生的心理应对能力。通过学习心理健康知识，他们可以了解到，面对困难和压力，可以通过调整心态，采取积极的应对策略，如时间管理、压力释放、寻求帮助等来解决问题。这些能力对他们的整个大学生涯，甚至是他们的未来生活，都有着积极的影响。

2.心理咨询服务

高校的心理咨询服务是学生心理健康管理的一个重要方面，它设立有专业的心理咨询机构或心理咨询室，为学生提供专业的心理咨询服务，帮助他们理解和解决心理问题，改善他们的心理状态。大学阶段是个人发展的重要时期，是人生观、价值观和世界观形成和稳定的关键阶段，这一时期的学生往往面临来自学业、职业规划、人际关系等多方面的压力，这些压力可能导致他们出现各种心理问题。高校的心理咨询服务就在此时发挥作用，通过专业的心理咨询，帮助学生解决他们面临的心理问题，如压力管理、情绪调整、人际关系处理等，从而提高他们的生活质量和学习效果。

心理咨询服务不仅可以帮助学生解决现有的心理问题，还可以帮助他们预防潜在的心理问题。通过咨询，学生可以学会识别和理解自己的情绪，学

---

① 沈佳，许晓静.基于多视角下的高校学生管理工作探究[M].北京：现代出版社，2022：44-47.

会如何有效应对和解决生活中的困难和压力，这将有助于他们提高心理素质，更好地应对未来的挑战。

3.心理健康宣传

在高校学生心理健康管理中，心理健康的宣传活动同样扮演了至关重要的角色。这种宣传活动通常以各种形式进行，如发布海报、发行宣传册、使用线上媒体等，主要目的是扩大心理健康知识的传播范围，增强学生对心理健康的认识和重视。

心理健康宣传活动可以通过传播心理健康知识，可以帮助学生更全面、更深入地理解心理健康的重要性。他们可以了解到，心理健康不仅影响个体的学习效果和生活质量，而且与个体的长期幸福、人际关系以及未来的职业成功密切相关。这种认识的提高，会使学生更愿意关注和维护自己的心理健康，同时可能在面临心理困扰时寻求专业帮助。心理健康宣传活动也有助于建立一种积极的心理健康文化。这种文化鼓励人们开放、诚实地谈论心理健康问题，以理解和接纳的态度对待遭遇心理困扰的人。在这样的文化氛围中，学生们更可能在遇到心理困扰时及时寻求帮助，从而减少心理问题的发生和恶化。[①]

第二节 高校学生安全管理的可提升空间

一、安全教育体系需要完善

在现代教育理念下，高校学生的安全教育已经逐渐得到广泛的重视。然而，与日益复杂的安全形势相比，高校的安全教育体系依然存在一定的可提升空间。一些高校的安全教育课程仍然过于理论化，把重点放在对知识的传授，而对实践操作和应急处理技能的训练则显得相对不足。这可能导致学生在面对实际安全问题时，缺乏有效的应对技巧和能力。例如，虽然学生可能熟知火灾逃生的理论知识，但在真实的火灾情况下，他们可能因为缺乏实际

---

① 陈艳.大学生心理健康与安全教育[M].天津：天津科学技术出版社，2020：21-26.

演练的经验，而感到恐慌，不知所措。此外，安全教育的内容也需要与时俱进，适应新的安全威胁和挑战。例如，随着互联网和社交媒体的普及，网络安全问题日益突出，但一些高校的安全教育课程还未能覆盖到这一领域。学生可能对网络钓鱼、网络欺凌等问题缺乏足够的认识和防范能力，容易成为网络犯罪的受害者。再比如，随着恶劣天气和自然灾害的频发，应对这些情况的能力也成为安全教育的重要内容，但这方面的教育和训练往往并未得到足够的重视。

对于高校来说，安全教育不仅是传授知识、技能的过程，也是培养学生安全意识和责任感的过程。然而，一些高校的安全教育仍然过于"教师中心"化，较少考虑学生的主体性，导致学生对安全教育的认识和接受程度有限。安全教育不仅是遵守规则，更是一种价值观和生活态度，需要通过教育引导学生内化为自己的行为和习惯。因此，高校安全教育体系的完善，需要在内容、方式、目标等多方面进行深入思考和持续改进。

二、师生参与度有待提升

在高等教育机构中，安全管理已经成为不可或缺的一部分，这不仅是为了满足法规要求，也是为了维护学生和教职工的安全。然而，管理者必须认识到，安全管理并非只是学校行政部门和专业人员的职责，而应该是全校师生共同参与的过程。在实际操作中，尽管大多数高校都已经建立了一套比较完备的安全管理制度和流程，但在师生的参与度方面，却常常不尽如人意。这在一定程度上影响了安全管理工作的效果，也成为高校安全管理中的一大短板。

学生是校园安全的主体，他们的行为决定校园安全能否最终实现。如果学生对校园的安全规定和措施缺乏理解，或者没有充分的遵守，那么即使再完善的安全管理制度也难以发挥应有的作用。然而，当前的状况是，许多学生对校园安全知识的了解仍然十分有限，对安全规程的遵守也不够理想。尽管大部分高校都有相关的安全教育课程和活动，但学生的参与度并不高，这可能是由于他们对安全问题的重视程度不够，也可能是因为他们对安全教育的内容和方式感到不满意。教职工的参与度也是影响安全管理效果的一个重要因素。教职工不仅是校园安全的保障者，也是安全教育的主要执行者。他们的安全意识、技能和态度直接影响到学生的安全。然而，在实际情况中，一些教职工可能并未充分认识到自身在安全管理中的重要角色，对安全工作的投入度和热情有限。

安全文化的建设是提高全校师生参与度的重要途径。一个良好的安全文化能够形成强大的价值导向，引导师生积极参与到安全管理中来，提高他们有关安全的意识和行为。然而，目前一些高校的安全文化建设尚显不足，这不仅表现在安全教育活动的缺乏，也表现在对安全价值的淡化和忽视。因此，管理者应该认识到，高校学生安全管理的完善离不开全体教职工与学生的参与，安全靠大家，一个安全的教学环境需要全体师生共同参与维护。

三、安全管理系统性尚需提升

在高校学生安全管理中，安全管理的系统性非常重要。高校是学生学习和生活的场所，为了保障学生的安全和健康，需要建立一套完善的安全管理体系，以应对各种潜在的安全风险和威胁。

安全管理系统性涉及安全的各个方面。学生的安全不仅包括身体安全，还包括心理安全、网络安全、食品安全、交通安全等多个方面。一个系统性的安全管理体系能够全面了解学生面临的各种潜在风险，并采取相应的预防和保护措施。例如，学校可以建立心理咨询中心，对学生提供心理辅导和支持；加强网络安全意识教育，防范网络诈骗和信息泄露；严格管理食堂和食品供应链，确保食品安全；加强交通管理，确保校园交通秩序等。这些措施的综合运作，才能全面保障学生的安全。

安全管理系统性要求建立规范的安全管理流程和制度。一个完善的安全管理体系需要有明确的管理流程和制度，以便在面对各种安全事件时能够迅速、有序地响应和处理。例如，学校可以建立健全突发事件应急预案，包括预防、应对和恢复措施，确保在紧急情况下能够迅速组织救援和救助工作；制定校园安全管理规章制度，明确学生、教师和管理人员的安全责任和行为准则，提高安全管理的规范性和效果。这些规范的流程和制度能够使学校在管理中更加高效、有序，并能够及时采取措施保障学生的安全。安全管理系统性还需要充分的资源支持和跨部门合作。一个完善的安全管理体系需要资源的投入和跨部门的合作。学校应该充分重视安全管理工作，投入必要的人力、物力和财力。同时，需要建立跨部门的合作机制，形成安全管理的合力。学校各个部门，如教务处、宿舍管理部门、保卫处、卫生部门等，应该共同协作，共享信息，加强合作，形成安全管理的整体效应。只有资源的充分支持和跨部门的合作，才能确保安全管理的系统性和全面性。安全管理的系统性非常重要，但目前部分高校的学生安全管理在一定程度上存在系统性建设不佳的情况，当前我国高校安全管理系统性尚需提升主要体现在以下三个方面：

第一，一些高校在安全管理系统的建设中存在缺乏整体规划和统筹的问题。安全管理涉及多个方面，包括校园环境、设施设备、安全培训等因素。然而，有些学校在安全管理方面往往是零散地进行处理，缺乏整体规划和统筹。这导致不同部门之间的沟通和协作不够紧密，安全管理工作的效果不够理想。

第二，一些高校在安全管理系统的建设中存在资源投入不足的问题。安全管理需要投入人力、物力和财力等资源，但一些学校在这方面的投入不足。例如，缺乏足够的专业人员从事安全管理工作，或者设施设备的更新和维护不及时。这种资源的投入不足会影响到安全管理体系的健全与运行，降低安全管理的效果。

第三，一些高校在安全管理系统的建设中存在缺乏学生参与和反馈机制的问题。学生是安全管理的直接受益者和参与者，他们对校园安全有着直接的感受和需求。然而，有些学校在安全管理中忽视了学生的参与和反馈，没有给予学生充分的发言权和参与权。在这种情况下，学校可能无法全面了解学生的安全问题和需求，也无法及时解决学生的安全隐患。

四、安全管理手段需要创新

高校安全管理手段的创新是非常重要的，然而目前一些高校在这方面存在一些问题。

首先，一些高校的安全管理手段较为传统，缺乏创新性。随着科技的进步和社会的变化，传统的安全管理手段已经无法满足日益复杂的安全需求。然而，一些高校仍然依赖于传统的手段，如安保人员巡逻、视频监控等。这种传统手段的应用有一定的局限性，无法充分利用科技优势和创新手段来提高安全管理的效率和效果。其次，一些高校未充分利用现代科技手段来提升安全管理水平。现代科技手段，如大数据分析、人工智能、物联网等，为安全管理提供了新的机遇和可能性。例如，大数据分析可以通过分析校园内的各种数据，识别出潜在的安全隐患和风险，并及时采取措施预防事故发生；人工智能技术可以应用于视频监控系统中，实现智能识别和预警功能；物联网技术可以实现设备的联网和远程监控，提高安全管理的灵活性和反应速度。然而，一些高校尚未充分利用这些现代科技手段，导致安全管理水平的提升受到限制。再次，一些高校在安全教育和培训方面也需要创新。安全教育和培训是提高学生安全意识和自我保护能力的重要环节。然而，传统的安全教育和培训形式往往枯燥乏味，缺乏吸引力和参与度。为了提高学生的学习效果和兴趣，可以利用在线平台、移动应用等现代科技手段开展安全教育和培训。通过多媒体、互动式教学和虚拟仿真等方式，使学生能够更好地理解和掌握安全知识与技能。最后，高校安全管理手段的创新也需要注重跨部门合作和资源共享。安全管理涉及多个领域和部门，需要跨单位、跨部门、跨学科、跨专业的交流与合作。高校可以积极与相关机构、企业和社会组织合作，共享资源和经验，共同推动安全管理手段的创新和发展。例如，与安全技术公司合作开展研究与开发；与公安部门合作开展安全培训和演练；与社会组织合作开展安全宣传和教育活动。

第三节　高校学生安全管理的优化对策

一、完善安全教育体系

（一）加强实践操作和模拟演习的培训

加强实践操作和模拟演习的培训对提高学生的应对能力和实际安全的自我管理能力具有重要意义。传统的安全教育注重理论知识的传授，但理论知识的掌握并不足以应对复杂的实际安全情境。因此，学校应该增加实践操作和模拟演习的比重，让学生通过亲身参与和模拟场景的演练来提升应对各种安全情况的能力。

实践操作的培训可以让学生在真实的环境中接触和操作各种安全设施和工具。例如，在消防安全方面，学生可以学习如何正确使用逃生绳和灭火器等消防设备，以应对突发火灾。在安全疏散方面，学生可以参与模拟紧急疏散演习，学习如何迅速、有序地撤离危险区域。通过实践操作的培训，学生能够更好地了解和掌握各种安全设施和工具的使用方法，增强他们在实际场景中的操作能力。模拟演习的培训可以让学生在安全情境中进行真实场景的模拟和演练。通过模拟演习，学生在面对各种安全问题和危险情况时，可以模拟应对策略和行动，锻炼他们的应对能力和决策能力。例如，在校园安全方面，可以组织模拟紧急救护情景，让学生在模拟伤病员处置中学习急救知识和技能。在社交安全方面，可以进行模拟安全演练，让学生在模拟的情境中学习如何辨别危险和保护自己的能力。模拟演习的培训可以使学生更加深入地了解实际安全情境的复杂性和挑战性，提升他们的应对能力和决策水平。实践操作和模拟演习的培训还可以通过团队合作的方式进行。安全管理往往需要多人协作和紧密配合，因此学校可以组织学生进行小组或团队的实践操作和模拟演习。通过团队合作，学生可以学习与他人合作、沟通和协调的能力，培养团队意识和合作精神。这不仅有助于提高学生的实际安全管理能力，还能培养他们在实践中的协作和领导能力。

（二）引入虚拟现实技术和仿真训练

为了防止学生在面对安全问题时手足无措，慌乱应对，高校可以在学生安全管理中引入虚拟现实技术和仿真训练，引入虚拟现实技术和仿真训练是提升高校学生安全管理能力的重要举措。虚拟现实技术可以为学生提供更加真实的场景体验，通过虚拟仿真训练模拟各种安全情况，让学生在虚拟环境中进行应对演练。这种技术可以有效弥补实践操作的限制，为其提供更多的实践机会，让学生在安全教育中获得更加全面和深入的训练。

虚拟现实技术可以创建逼真的虚拟场景，让学生身临其境地感受各种安全情况。通过虚拟现实头盔、手柄等设备，学生可以进入一个虚拟的现实世界，与场景中的元素进行互动。例如，在火灾应急方面，学生可以在虚拟环境中模拟火灾现场，学习如何正确使用灭火器、逃生绳等消防设备；在紧急救护方面，学生可以在虚拟环境中模拟急救场景，学习如何进行心肺复苏等急救技术。这样的虚拟现实场景可以为学生提供更加真实和贴近实际的训练体验，增强他们的实际应对能力。虚拟现实技术也可以模拟各种安全情况，让学生在虚拟环境中进行应对演练。通过虚拟现实技术，可以设计各种场景，包括火灾、地震、交通事故等常见的安全情况。学生可以在虚拟环境中扮演不同的角色，面对各种安全挑战，进行实时的决策和应对。虚拟现实技术可以模拟各种复杂的情境，让学生在安全管理中面对多样化的情况，以培养他们的灵活性和适应能力。虚拟现实技术还可以为安全教育体系的构建与优化，即时提供反馈信息和个性化指导。通过虚拟现实系统的监测和分析，可以实时记录学生的行为和决策，提供即时的反馈和评估。学生可以通过虚拟现实技术了解自己的行为效果和决策结果，并及时进行调整和改进。同时，虚拟现实技术还可以根据学生的表现和需求，提供个性化的指导和培训内容，满足不同学生的学习需求。

当然，虚拟现实技术在高校学生安全管理中的应用仍面临一些挑战和不足。首先，虚拟现实技术的成本较高，需要投入大量的设备和系统建设，对学校的经费和资源有一定的要求。其次，虚拟现实技术的使用和操作需要一定的技术支持和培训，对学校和教师提出了新的要求。此外，虚拟现实技术在模拟环境的真实性和复杂性方面仍有提升空间，需要进一步改进和发展。

（三）建立学生安全管理团队和社区

建立学生安全管理团队和社区是提升高校学生安全管理能力的重要举措。学生安全管理团队由学生自己组成，负责学校安全管理工作的宣传、监督和协调。该团队可以与学校管理部门密切合作，定期组织安全培训、演练和宣传活动，通过学生自己的参与，增强学生对安全管理的责任感和参与度。建立学生安全管理团队和社区主要可以从以下几方面进行。

1.充分发挥学生的主体性和积极性

学生作为校园的一部分，对校园安全具有直接的感受和了解。他们更容易与其他同学建立起密切的联系和信任关系，能够更好地传达安全知识和意见。通过组建学生安全管理团队，学生可以参与到安全管理工作中来，负责宣传安全知识，组织安全培训和演练，发现和报告安全隐患，提出改进建议等。这样的参与能让学生更加深入地了解安全管理的重要性，增强他们的责任感和参与度。

2.加强部门间的合作

学生安全管理团队可以与学校管理部门密切合作，形成良好的合力。学校管理部门拥有专业的安全管理知识和资源，可以为学生提供指导和支持。学生安全管理团队可以与学校管理部门进行定期的沟通和协调，共同制订安全管理计划和措施，监督安全管理工作的落实情况，并及时反馈问题和需求。这样的合作机制能够确保学生安全管理工作的顺利进行，提高安全管理的效果和效率。

3.加强交流与分享

建立学生安全管理社区可以为学生提供交流和分享安全经验的平台。学生安全管理社区可以以线上或线下的形式存在，为学生提供讨论、交流和分享的机会。学生可以通过社区与其他同学分享自己的安全经验和知识，学习他人的经验，促进学生之间互相借鉴和学习。这样的交流和分享可以拓展学生的思维，促进学生安全意识的提升和应对安全问题能力的培养。学生安全管理社区还可以定期组织讲座、研讨会等活动，邀请专业人士和学者分享最新的安全知识和经验，为学生提供更全面和深入的学习机会。

（四）鼓励跨学科合作和项目实践

安全管理涉及多个学科领域，包括工程学、心理学、社会学、法学等，因此鼓励跨学科合作和项目实践，可以充分利用不同学科的管理知识和技能，为解决复杂的安全问题提供综合性的解决方案。跨学科合作可以促进知识的交流和融合，不同学科领域的学生在合作过程中，可以分享各自的管理知识和经验，相互学习和借鉴。例如，计算机学科专业的学生可以为安全管理团队提供信息技术方面的支持，如网络安全和数据分析；心理学专业的学生可以帮助分析人员行为和情绪管理方面的问题。通过跨学科合作，学生可以从多个学科的视角来探索和解决安全问题，拓宽思维，培养综合素养。

项目实践是跨学科合作的具体体现。学校可以组织跨学科的安全管理项目，邀请不同专业的学生组成团队，共同参与解决实际的安全问题。例如，可以开展校园安全评估项目，团队成员可以负责调研、数据分析、安全措施设计等任务。项目实践不仅能够培养学生的实践能力和创新能力，还能提高团队的协作能力和沟通能力。通过实践项目，学生可以将所学的理论知识应用于实际情境，培养他们解决问题的能力。跨学科合作和项目实践还可以培养学生的团队合作能力和领导能力。在跨学科合作中，学生需要相互协作、沟通和协调，共同完成任务。这种合作模式能够提高学生的团队意识和合作技巧，培养他们的领导能力和组织能力。在项目实践中，学生可以担任不同的角色和职责，学会分工合作、有效协调资源和时间，提高整体团队的绩效和成果。

二、强化安全文化建设

（一）举办安全主题活动

举办安全主题活动是学校加强安全文化建设的重要举措。通过组织各类安全主题活动，学校可以吸引师生的关注，增强他们对安全的重视，并提高他们的安全意识和应对能力，以下是安全主题活动几种较为常见的类型。

安全知识讲座是一种常见的安全主题活动。学校可以邀请专业人士、行业专家或安全管理机构的代表来进行安全知识的讲解和分享。这些讲座可以涵盖多个方面，如火灾防范、地震应对、交通安全、网络安全等。通过专业人士的讲解，学生可以了解到最新的安全知识和技能，增加对不同安全问题的认识，并学习到相应的应对方法。学校还可以组织火灾逃生演习、紧急疏散演习、自然灾害应对演习等一系列安全演习。这些演习可以模拟真实的紧急情况，让师生亲身参与，学习和实践安全应对技能。通过演习，师生可以了解应急预案的执行流程，学会如何在紧急情况下冷静应对，增强他们的实际操作能力和应急反应能力。安全知识比赛则是一种寓教于乐的安全主题活动形式。学校可以组织安全知识竞赛、安全常识问答、安全主题演讲比赛等。通过比赛的形式，师生可以积极参与，通过竞争和互动的方式加深对安全知识的理解和记忆。这种活动不仅能提高师生的安全意识，还能培养他们的团队合作意识和表达能力。此外，还可以在校园内设置安全展览或者展示活动，展示各类安全设备、安全知识的宣传展板、案例分析等，以视觉形式吸引师生的关注。学校可以邀请相关企业或机构参与活动，提供专业的安全设备和技术展示。通过观摩和参观这些展览，师生可以更直观地了解各类安全设备和技术的应用，增加对安全管理的认知。

（二）发布安全知识宣传资料

发布安全知识宣传资料是学校加强安全文化建设的重要手段。通过制作和发布安全知识宣传资料，学校可以向师生传达安全知识和规程，提高他们的安全意识和遵守安全规定的能力。

学校可以制作校园安全规定手册，资料详细介绍校园内的安全规定和制度，如宿舍管理规定、实验室安全操作规程、食堂用火用电安全规定等。这些资料可以以图文并茂的形式呈现，以便师生更好地理解和记忆。通过广泛宣传这些安全规定，可以帮助师生遵守校园安全规定，提高校园的整体安全水平。突发事件应急指南则可以详细介绍各类突发事件的应急处理步骤和注意事项，如火灾、地震、自然灾害等。这些资料可以包括文字说明、示意图和案例分析，以便师生在紧急情况下迅速做出正确的反应和应对措施。通过广泛宣传和定期更新这些资料，可以提高师生在突发事件中的应急反应能力，保障校园安全。安全隐患及预防措施的宣传资料也是安全知识宣传材料中必不可少的组成部分。学校可以针对校园内常见的安全隐患，制作相关的宣传资料，并详细介绍安全隐患的来源和危害，以及预防措施和应对方法。例如，校园火灾隐患、交通事故防范、网络安全问题等。这些资料可以以图文并茂的形式呈现，让师生能够更加直观地了解安全隐患和应对措施。通过广泛宣传和这些资料的定期更新，可以增加师生对安全隐患的认知和预防意识，促进校园的安全发展。

学校还可以利用校园内的电子屏幕、学校网站、社交媒体等渠道发布安全知识宣传资料。这些平台可以实时更新安全知识、发布安全提示，并向师生提供安全咨询和反馈渠道。通过利用多种渠道发布安全知识宣传资料，可以更好地覆盖师生群体，确保安全知识的传播和接受效果。

（三）加强安全培训和教育

加强安全培训和教育是学校提高学生安全意识和自我保护能力的关键举措。学校应将安全培训和教育纳入课程体系，确保每位学生都受到系统的安全教育。

学校可以设置专门的安全课程，包括学生宿舍安全、校园交通安全、网络安全等方面的内容。这些安全课程可以由专业的安全教育人员授课，采用多种教学方法，如讲座、案例分析、小组讨论等，以提高学生的安全意识和应对能力。通过系统的安全课程，学生可以学习到必要的安全知识和技能，了解安全规程和预防措施，增强自我保护能力。学校可以将安全教育融入现有课程中。通过在各个学科的课程中渗透安全教育的内容，可以增加学生对安全的关注和理解。例如，在科学课程中加入实验室安全操作规范的教育，或者在社会学课程中探讨社会安全问题的解决方案。这种融合式的安全教育可以使学生在学习过程中自然地接触和学习安全知识，形成系统的安全意识。学校还可以通过组织安全培训活动来提高学生的安全意识和自我保护能力。这些培训活动可以包括实践操作、模拟演习、安全讲座等。例如，学校可以定期组织灭火器使用培训、紧急疏散演习，让学生亲身参与并掌握实际应对技能。同时，邀请相关专业人员或安全机构进行安全讲座，向学生介绍最新的安全知识和应对策略。通过这些培训活动，学生可以在实践中学习到安全技能，增强自己的安全意识和应对能力。

（四）建立安全管理团队或机构

建立专门的安全管理团队或机构可以为学校提供专业的安全管理支持。他们可以负责规划和制定安全管理政策，并进行安全检查和隐患排查，组织安全培训和演习，指导师生在紧急情况下的应对和救援。通过他们的专业工作，可以提高学校安全管理的科学性和有效性，确保校园的安全环境。

安全管理团队或机构负责学校安全工作的规划和安全管理政策的制定。

他们可以根据学校的特点和需求，制订全面的安全管理方案，明确各项安全工作的目标和要求。他们可以与学校领导层和其他相关部门进行合作，协调资源，确保安全管理工作的顺利进行。通过制订明确的政策和计划，可以提高学校对安全工作的重视程度，为安全管理提供系统性和持续性的支持。安全管理团队或机构可以进行安全检查和隐患排查，并及时采取措施解决安全问题。他们可以定期对校园各个区域进行安全检查，发现和排查潜在的安全隐患。他们可以与相关部门合作，制订应急预案，确保在紧急情况下能够迅速响应和处置。通过积极的安全检查和隐患排查工作，可以及时发现和解决安全问题，提高学校的安全管理水平。安全管理团队或机构在组织安全培训和演习方面具有较高的专业性，能够指导师生在紧急情况下的应对和救援。他们可以与专业救援机构合作，开展灭火器使用、急救技能、疏散逃生等方面的培训，提高师生的应急能力和自救自护意识。他们还可以组织模拟演习，通过模拟真实的紧急情况，让师生亲身参与，锻炼师生的应对能力。通过安全培训和演习，可以增强师生的安全意识和应急能力，使他们在面对紧急情况时能够迅速、有效地采取行动。

三、建立系统化的安全管理机制

（一）明确职责和责任分工

明确职责和责任分工是建立系统化安全管理机制的关键一步。学校需要明确各部门和个人在安全管理中的具体职责和责任，以确保安全管理工作的高效执行和协同合作。

首先，安全管理机构的职责和权限应该明确规定。该机构可以是专门设立的安全管理部门，也可以是由多个相关部门组成的安全管理委员会或工作组。这个机构应负责制定安全管理政策、规章制度和操作流程，并进行安全评估和隐患排查以及协调各部门之间的安全工作。明确的职责和权限可以确保安全管理工作的统一性和一致性。其次，各部门的安全管理职责也需要明确定义。不同部门在校园安全管理中承担着不同的职责，例如教务部门负责课堂安全，后勤部门负责校园设施安全，学生事务部门负责学生安全等。每个部门应明确自身的安全管理职责，并与其他部门密切合作，形成有机的协同机制。同时，部门之间应建立良好的信息共享和协调机制，及时沟通、协商解决安全问题。另外，师生在安全管理中也有重要的责任。学校应加强对师生的安全教育和培训，使他们了解自己在安全管理中的责任和义务。师生需要积极参与校园安全工作，主动发现和报告安全隐患，遵守安全规章制度，配合安全演习和应急预案。学校可以通过安全教育课程、宣传活动和信息发布等方式，提高师生的安全意识和参与度。

在明确职责和责任分工的基础上，学校可以建立相关的安全管理组织架构，如安全管理委员会或工作组。这些部门可以定期召开会议，进行安全工作的汇报和讨论，协调各部门之间的合作，推动安全管理工作的顺利进行。此外，学校还可以建立信息共享平台或内部通信渠道，方便各部门之间及时沟通和交流，以提高安全管理工作的效率和协同性。通过明确职责和责任分工，学校能够确保安全管理工作的有序进行，减少信息流失和责任模糊的问题。同时，各部门和个人能够更加明确自身在安全管理中的角色和职责，加强协作和配合，为学校营造一个安全有序的校园环境。

（二）建立信息交流和协作机制

建立信息交流和协作机制能够确保各部门之间及时沟通和信息共享，以便快速响应和处理安全事件。

学校应定期召开安全会议是促进信息交流和协作的重要方式。学校可以设立定期的安全会议，邀请各部门的安全负责人参与。会议可以提供一个平台，让各部门能够共享安全管理工作的进展情况、交流经验和面临的问题。通过会议，各部门之间可以及时了解彼此的安全工作，发现和解决问题，并形成共识和行动计划。学校安全管理者还应成立安全管理委员会或工作组，这也是推动协作和合作的有效方式。该委员会或工作组可以由各部门的安全负责人组成，负责协调和推动学校的安全管理工作。他们可以定期召开会议，就安全管理的重要事项进行讨论和决策，确保各部门在安全工作中的协同合作。此外，安全管理委员会或工作组还可以监督和评估安全工作的执行情况，推动持续改进和提升安全管理水平。

此外，学校可以利用现代科技手段来提升信息交流和协作效率。比如，基于互联网与信息技术构建内部通信平台和在线协作工具可以促进各部门之间的实时交流和信息共享。通过建立一个统一的信息平台，各部门可以共享重要的安全信息、隐患排查结果、应急预案等，实现快速传递和共享。此外，在线协作工具可以提供一个共同的工作空间，方便不同部门之间的协作和文件共享。这样，各部门之间的信息交流和协作可以更加高效和准确。

（三）制定安全管理政策和规章制度

制定明确的安全管理政策和规章制度是建立系统化的安全管理机制的重要保障。这些政策和规章制度将为学校提供明确的指导和要求，确保安全管理工作的规范性和有效性。通过制定校园安全管理政策、突发事件应急处置规章制度和设施维护规章制度，学校能够明确各部门的职责和责任，提高安全管理工作的协同性和效率，为学生提供更加安全的学习和生活环境。

学校首先应制定校园安全管理政策，包括明确校园安全的目标、原则和责任分工。政策内容应涵盖校园各个方面的安全管理，如校园环境安全、学生宿舍安全、校园交通安全等。通过明确校园安全管理政策，可以确保各部门在安全管理中的职责和义务，为安全工作提供清晰的方向和指引。学校也应制定突发事件应急处置规章制度，这些规章制度应包括突发事件的分类、应急预案的制定、责任人的分工和应急设备的配置等。学校应在这些制度中明确各级责任人的职责和应急响应的程序，确保在突发事件发生时能够快速、有序地进行应急处置。此外，规章制度还应包括对突发事件的调查和分析，以便总结经验教训，不断完善应急处置能力。此外，学校还应制定设施维护的规章制度。这包括校园设施的定期检查、维护和维修等方面的规定。通过制定设施维护规章制度，可以确保校园设施的安全和正常运行，防止因设施损坏或故障引发的安全风险。规章制度还可以明确各部门在设施维护中的职责和义务，促进各部门之间的协作和配合，确保设施维护工作高效进行。

（四）建立监测和评估机制

系统化的安全管理机制不仅包括直接的管理行为机制，还包括科学、准确、高效的监测和评估机制。学校应该定期进行监测和评估，以确保安全管理工作的有效性并持续改进。

学校应进行安全隐患排查和安全风险评估。通过专业的安全评估团队或者委员会，对校园内各个区域、设施和活动进行全面的安全隐患排查，发现和识别潜在的安全风险。同时，可以根据风险评估结果，制定相应的安全管理措施和应急预案，以降低风险发生的可能性，减轻其对校园师生的影响。这种定期的隐患排查和风险评估可以帮助学校及时发现问题，并采取相应的措施进行处理，从而确保校园的整体安全。学校还可以进行师生满意度调查，以了解他们对安全管理工作的评价并获得反馈信息。通过定期的问卷调查或面对面的交流，学校可以收集师生对安全管理工作的意见和建议，了解他们对安全问题的关注度、感知度和满意度。这些反馈信息可以帮助学校更好地了解师生的需求和期望，针对性地改进和优化安全管理措施，提升整体的安全管理水平。

四、实施全员参与的安全管理模式

在安全管理中，部分学校存在师生参与不积极的现象，实施全员参与的安全管理模式是为了让每个师生都能够积极参与到安全管理中，共同维护校园的安全。

学校应加强安全意识教育，提高师生对安全问题的认识和重视程度。通过开展安全知识的宣传和教育活动，向师生传达安全的重要性和个人责任。学校可以组织安全讲座、专题研讨会等形式的活动，邀请安全专家和相关领域的专业人员向师生讲解安全知识和案例，引发他们对安全问题的思考和关注。同时，学校还可以通过校园广播、公告栏、学生社交平台等渠道，持续推送安全宣传资料和提示，让师生时刻保持对安全的警觉。师生是高校的核心组成人员，学校可以建立安全管理投诉箱、意见征集平台等渠道，让师生能够自由表达对校园安全问题的意见和建议。学校应及时回应和处理师生的反馈，对提出的问题进行调查和解决，并向师生反馈处理结果。这样可以激发师生参与安全管理的积极性，提高他们的责任感和参与度。学校还可以组织安全委员会或者学生安全管理团队，由师生代表组成。这个委员会或团队的职责是监督安全管理工作的执行情况，提出改进建议，并参与制定和完善校园安全规章制度。通过师生的参与，可以增加安全管理的透明度和民主性，促进师生之间的沟通和合作，共同构建安全的学习环境和生活环境。

五、定期进行安全审查和评估

（一）设立安全审查和评估机构

设立专门的安全审查和评估机构是实施全员参与的安全管理模式的关键举措之一。该机构的成立有助于提升安全管理的专业性和有效性，确保安全管理工作的科学性和准确性。

设立专门的安全审查和评估机构可以提供专业的安全管理支持和指导。该机构应由具有丰富安全管理经验和管理知识的人员组成，包括安全管理人员和相关领域的专家。他们能够制定安全审查和评估的标准和流程，确保安全管理工作的科学性和准确性。通过其专业性和管理知识，他们能够准确识别和评估潜在的安全隐患和风险，并提供相应的建议和措施。设立专门的安全审查和评估机构还可以提供专业的安全管理支持和指导。

为了拓宽设立安全审查和评估机构的路径，学校可以采取以下策略。第一，学校需要明确自身安全管理的需求和目标。评估当前的安全管理状况，确定是否有必要设立专门的安全审查和评估机构。这可以通过对校园安全问题的分析和师生反馈的信息来确定。第二，学校可以组建由安全管理人员和相关领域的专家组成的安全审查和评估团队。这个团队应具备丰富的安全管理经验和管理知识，能够独立进行安全审查和评估工作。第三，安全审查和评估团队应制定安全审查和评估的标准和流程。这包括确定安全隐患排查的范围和方法，确定安全风险评估的指标和评估方式。标准和流程的制定应基于国家法律法规、学校特点和最佳实践，确保其科学性和实用性。第四，安全审查和评估团队根据制定的标准和流程，对学校的安全管理工作进行全面评估。这包括安全隐患的排查、风险的评估以及对已发生安全事故的分析等。通过系统化的评估工作，能够识别和整改存在的安全问题，并提供改进的措施和建议。第五，安全审查和评估团队应向学校提供评估报告和建议。评估报告应包括安全管理的整体评估结果、存在的安全隐患和风险、已发生安全事故的分析等。建议应包括改进措施、风险控制策略和安全培训等方面的建议。学校根据评估报告和建议，制订相应的改进计划和措施。

（二）进行定期的安全隐患排查

安全隐患排查是保证学校安全的重要举措，进行定期的安全隐患排查能够发现和识别潜在的安全隐患，及时采取措施加以解决。进行定期的安全隐患排查要能够全面检查校园内的各个区域、设施和活动，发现潜在的安全隐患。学校校园包含众多的建筑、设施和活动场所，如教学楼、实验室、体育场馆、学生宿舍等。通过定期排查，可以检查这些区域的安全状况，发现可能存在的隐患，如设施老化、消防设备故障、交通安全问题等。及时发现和解决这些隐患，可以有效预防事故的发生，保障学生的安全。

为更好地进行定期的安全隐患排查，学校应根据实际情况，制定排查方案和检查清单，明确排查的重点和范围。方案和清单可以包括不同区域和设施的具体检查要点，如建筑结构安全、消防设备运行状况、卫生环境等。通过明确的方案和清单，排查工作才能更加有针对性和系统性，确保每个区域都得以充分的关注和检查。此外，关注与学生安全直接相关的区域也是进行安全隐患排查的重要方面。学生宿舍和校园周边环境是学生生活的重要场所，直接关系到学生的生命安全和身心健康。在排查中应特别关注这些区域的安全状况，如宿舍的消防设备、电器用品安全、周边交通情况等。通过针对性的排查和整改，可以提升学生居住环境的安全性和舒适度。

学校需要制订定期的排查计划和时间表，确保每个区域和设施都得以充分的排查。排查计划可以根据校园的特点和需求确定，如每学期开始前、假期前等时间节点。还应组织专业的排查团队，由具备安全管理经验和管理知识的人员组成。团队成员可以包括校园安全管理人员、消防安全人员、工程技术人员等，能够对不同方面的安全隐患进行全面排查。安全排查离不开具体的标准，学校可以制定具体的排查标准和评估指标，明确每个区域和设施的排查要点和评估标准。标准和指标应基于相关法律法规、安全管理规范以及学校的实际情况。学校在排查过程中发现的安全隐患应及时记录，并制定相应的整改措施。记录包括隐患的具体描述、所在位置、隐患等级等信息，整改措施应具体明确、具有可操作性。同时，通过评估结果，安全管理者要及时调整和完善排查工作的方案和流程，进一步提高排查工作的效率和准确性。

（三）进行定期的安全风险评估

除了隐患排查，学校还应进行安全风险评估。通过评估校园内各类安全风险的可能性和影响程度，确定重点关注的风险区域和活动。可以制定风险评估的指标和方法，采集数据并进行分析，以获取客观的评估结果。根据评估结果，制定相应的风险控制措施和管理方案，降低安全风险的发生概率和影响程度。

安全风险评估能够帮助学校全面了解和识别校园内的安全风险。学校校园内存在各种潜在的安全风险，如火灾、交通事故、意外伤害等。通过对校园内各个区域和活动进行评估，可以确定可能发生的安全风险，并确定其对师生的影响程度。这有助于学校了解哪些方面的安全风险较高，从而有针对性地制定相应的管理策略和预防措施。制定风险评估的指标和方法是进行安全风险评估的重要步骤，学校可以根据实际情况和相关标准制定适用于本校的风险评估指标和方法。指标可以包括风险的可能性、影响程度、暴露频率等方面的考量。方法可以采用定性和定量相结合的方式，通过数据采集、调查研究、现场观察等手段，进行风险评估分析。通过明确的指标和方法，能够获取客观和可比较的评估结果，为制定管理措施提供依据。

高校安全管理者应该根据评估结果，制定风险控制措施和管理方案，降低安全风险发生的概率和影响程度。根据评估结果确定的高风险区域和活动，学校需要制定相应的预防措施和控制措施。这应包括改善校园设施、完善安全管理制度、加强师生的安全教育等方面的措施。同时，制定管理方案，明确风险责任分工和管理流程，确保风险控制的有效实施。

第六章　高校学生就业管理

第一节　高校学生就业管理的内容

一、就业教育

（一）职业规划教育

职业规划教育在高校教育中扮演着重要的角色，它有助于帮助学生明确自己的职业方向和目标，并为未来的就业和职业发展做好准备。

职业规划教育有助于学生明确自己的职业方向和职业目标。通过职业规划教育，学生可以进行自我认知和职业探索，了解自己的职业兴趣、价值观、能力和优势，从而更好地明确自己的职业方向。这有助于学生在大学期间有针对性地选择相关专业和课程，为将来的职业发展奠定基础。职业规划教育还能够帮助学生提升自身的职业规划能力和职业决策能力。通过提供职业规划的工具和方法，学校可以帮助学生制订职业目标，并制订相应的职业规划和行动计划。学生通过职业规划教育可以学习如何做出职业决策、如何进行职业发展规划，并掌握自我营销、求职技巧等必备技能，为顺利就业和职业发展打下坚实的基础。

（二）就业技能培训

就业技能培训是大学生就业管理工作的重要组成部分，它的目标是为学生提供一套能力工具，以帮助他们更好地找到工作，提升他们在职场上的竞争力。这个环节的重要性不言而喻，因为在当前日益激烈的就业市场环境下，除了学习知识和专业技能外，良好的求职技巧和职场软技能同样是关键。

在就业技能培训的内容上，第一部分是求职技能的培训。这包括如何写出一份有吸引力的简历，如何进行有效的自我介绍，以及如何在面试中展现出自己的专业能力和个人魅力。而且，网络面试和电话面试在现代招聘过程中占据了越来越重要的地位。因此，如何在这些非面对面的面试环境中表现出色，也是求职技能培训的重要内容。第二部分是职业礼仪培训。良好的职业礼仪不仅可以提升求职者的形象，更能够在职场上获得他人的尊重和信任。这部分的内容包括着装、言谈举止、商务沟通等方面的礼仪规则。第三部分是针对特定职业的专业技能培训。对于一些特定的行业和职业，如计算机编程、数据分析、设计等，需要具备相关的专业技能。因此，针对性的专业技能培训能够帮助学生更好地应对职场的专业要求。

通过这些就业技能培训，大学生能够在求职过程中更加游刃有余，从而提高他们的就业成功率。而且，这些技能不仅在求职阶段有用，在日后的职场生涯中，也能帮助他们更好地适应职场环境，提升职业素质，达成职业发展的目标。因此，就业技能培训对于大学生来说，具有非常重要的意义。

（三）就业心理辅导

面对就业的压力和挑战，大学生往往会产生各种心理困扰。担心找不到工作、对未来的职业发展感到迷茫、对面试感到恐惧等，都是他们常见的心理问题。因此，就业心理辅导成为大学生就业管理工作中至关重要的一环。通过心理辅导，学校能够帮助学生认识和解决这些心理问题，调整他们的就业心态，建立积极的就业观念。

首先，辅导员需要帮助学生认清自身的情感状态和困扰。许多学生在面对就业压力时，可能会感到迷茫和困惑，不清楚自己的情感来源和处理方式。因此，辅导员的工作之一是帮助他们认识和理解自身的情感状态，找出压力和困扰的根源。其次，辅导员需要为学生提供应对心理压力的策略和技巧。这可能包括放松训练、压力管理、时间管理、目标设定等各种技巧。通过学习并运用这些技巧，学生能够更好地应对求职过程中的压力和挑战。最后，辅导员需要帮助学生建立积极的就业观念。这包括明确就业的目标和价值，理解工作的意义，树立自我效能感，以及对就业市场的正确认识等。这些积极的观念能够帮助学生树立自信，提升他们的求职动力和能力。

就业心理辅导的重要性不言而喻。心理健康状况对人的行为和决策有着直接的影响，而这在求职这样的关键转折点上尤其突出。如果学生在求职过程中困扰于各种心理问题，他们的求职效率和效果可能会大打折扣。反之，如果他们能够拥有健康的心理状态和积极的就业观念，那么他们在求职路上将更加从容和自信。因此，就业心理辅导对提高大学生的就业质量和满意度，具有重要作用。

（四）就业政策和就业法规的教育

在就业管理中，就业政策和就业法规教育是一个重要的组成部分，它主要是为了普及和教育学生就业相关的政策和法规，比如《劳动法》《就业促进法》《社会保险法》等。这一步骤对学生来说极其关键，因为只有了解这些政策和法规，他们才能在就业过程中保护自己的权益，避免遭受不公平的待遇。

就业政策和法规包含大量的信息，比如聘用和解雇的规定、工作时间和休假的权益、工资和福利的保障、安全和健康的保障等。这些法规不仅规定了雇主的义务，也保障了雇员的权益。了解这些政策和法规，学生可以更好地保护自己的权益，避免在就业过程中受到侵犯。政策和法规教育也能帮助学生更好地理解职场规则和职业道德。他们会明白雇主和雇员之间的关系，理解在职场中应该如何维护自己的权益，如何和他人进行有效的沟通。这种理解对他们的职业发展是非常有益的。对于这些政策和法规的了解，也是一个国民应尽的责任。当他们了解了这些法律法规，就能更好地履行自己的责任，成为一个合格的公民。

（五）创业教育

创业不仅是个体实现自我价值的过程，还是一个通过对各种资源进行优化整合，进而创造出更大经济价值或社会价值的过程。创业本身具有创新性与价值性，成功的创业具有较强的价值创造能力，而创新性较强的创业则是在敏锐把握商业机遇前提下的一种新尝试，一般表现为创新型创业或独创型创业，这种类型的企业无论从经营模式上还是经营内容上都是相对新颖的，因此能为市场注入新的活力，同时带动相关产业的发展。

在全球化条件下，我国人力资源市场竞争日益激烈。企业招聘大学生，既要看毕业学校，还要看大学生的实践经验，而实践能力水平的高低成为用人单位选贤任能的重要标准之一。大学生可以通过自主创业这一平台提高他们的实践能力，积累更多实践的经验以及社会经验，提前为毕业后进入好公司打好基础。通过管理知识与创业实践相结合，提升大学生的创业能力，对提高大学生综合素质和高等教育整体水平而言，无疑是最为经济的途径之一。大学毕业生通过自主创业，可以把自己的兴趣与职业紧密结合，做自己最感兴趣和自己认为最值得做的事情。在五彩缤纷的社会舞台中大显身手，最大限度地发挥自己的才能。加强大学生创新创业教育、鼓励大学生创业，可以为大学生的职业生涯提供新的选择。首先，创业的内容一般是符合大学生个人兴趣的，创业是一种主动性较强的行为，选择创业的大学生普遍对创业的内容和创业行为本身具有浓厚的兴趣。因此，在创业的过程中，大学生普遍会以积极的态度开展工作。其次，创业是许多大学生实现自我价值的有效途径，成功的创业实践，不仅能为大学生带来财富，还能给大学生带来巨大的成就感，而即便创业失败，也能帮助大学生积累更多的经验，助力其未来实现更好的发展。

在当前的社会环境中，创业教育已经成为大学生就业管理的重要一环。大学生群体具有活力、创新性和冒险精神，他们的创业活动不仅能够解决个人就业问题，还有可能带动经济发展，推动社会创新。创业教育有助于引导和激发大学生的创业精神。创业精神是一种独立自主、勇于探索、勇于挑战的精神态度，这与大学生年轻、活力的特性非常吻合。通过对创业理念、创业策划、创业管理等方面知识和技能的培训，大学生可以了解创业的全貌，从而更好地做好创业的准备。创业教育还可以提升大学生的就业竞争力。在当前的就业市场中，仅有一技之长已经不能满足雇主的需求，更多的是需要综合素质和创新思维的人才。通过创业教育，大学生可以学习到跨学科的知识和技能，比如市场分析、商业策划、团队管理等，这些都将使他们在就业市场中具有更大的优势。

二、就业信息服务

（一）提供企业招聘信息

提供企业招聘信息是就业信息服务的基本内容，有效地将即将步入社会的大学生与充满机遇的就业市场联结起来。它涉及就业与招聘的众多细节，从最基础的企业招聘信息的提供，到更深层次的职业发展引导，每一个环节都在为大学生的就业铺平道路。提供企业招聘信息对大学生的就业决策具有直接和深远的影响。每年大量的企业都会在高校发布各类招聘信息，这些信息涵盖了职位描述、岗位需求、工作地点、薪酬待遇等众多重要内容。这些信息构成了大学生理解就业市场，制订就业策略的基础。通过阅读和分析这些信息，大学生可以了解不同行业、不同企业的工作需求和待遇，从而选择与自己兴趣、专业和能力相匹配的职位。

然而，信息的海量和分散可能会给大学生的就业决策带来困扰。大量信息的涌入往往会使学生感到困惑，不知从何入手。此外，信息的真实性、有效性也是学生关注的重要问题。因此，就业信息服务不仅需要提供信息，更需要提供高效、便捷的信息筛选和验证机制。这就需要建立一个系统的信息管理和服务平台，既能提供丰富多元的就业信息，又能让学生便捷地获取和筛选出自己需要的信息。就业信息服务还要承担起信息的解读和引导功能。由于就业信息通常包含很多专业术语和行业规定，没有管理知识的学生可能难以准确理解这些信息的含义和重要性。因此，就业信息服务还需要通过提供咨询、讲解等形式，帮助学生理解和应用就业信息，提升他们的就业决策能力。

（二）解读就业政策

在高校的就业信息服务中，解读就业政策是一项至关重要的任务。因为学生尚未步入社会，阅历尚浅，所以对许多就业政策理解不足，这就需要高校就业管理者来帮助学生解读就业政策，分析就业市场。正如教育课程中的法规教育，就业政策的解读旨在使学生理解和运用政策，做出明智的就业决策。这一点尤其重要，因为政策的变化直接影响到学生的就业选择，理解这些政策，对他们来说，就意味着可以更好地把握就业的机会和方向。例如，当政策扶持某个行业的时候，这就意味着该行业可能有更多的发展潜力和就业机会。而如果政策对外出就业有所限制，那么学生在选择就业地域时就需要考虑这些因素。这些政策的变化，无论是微小的调整，还是大的方向的改变，都可能对学生的就业产生重大影响。因此，对政策的理解和把握，实际上就是对未来机遇的理解和把握。当然，政策的理解并不是一件简单的事情，它需要专业的知识和深度的理解。这就需要就业信息服务能够提供专业的解读，帮助学生理解政策的含义、目的和可能产生的影响，使他们能够在就业决策中充分考虑到这些因素。而这种解读不仅需要对政策本身的理解，还需要对就业市场、行业趋势、企业需求等方面有深度的了解，这样，才能够把政策的影响具体化，使其与学生的就业决策结合起来。

解读政策的过程也是一个信息传递的过程。就业信息服务需要建立有效的传播机制，确保政策的解读能够及时、准确地传达给每一个学生。这可以通过线上平台、讲座、咨询等多种方式来实现。此外，信息服务还可以通过提供咨询服务，解答学生对政策解读的疑问，帮助他们更好地理解和运用政策。

（三）提供行业前景分析

在大学生即将走出校园，步入社会，开始自己职业生涯的关键时刻，他们面临的一个主要问题是如何选择一个合适的行业以及在这个行业中的工作岗位。这个问题对于他们未来的职业发展至关重要。而提供行业前景分析，就是就业信息服务在这个问题中所扮演的角色。通过这样的服务，大学生可以了解到各个行业的发展趋势、市场前景以及可能的就业机会，从而做出正确的就业选择。对于就业信息服务来说，这是一个需要长期投入和持续努力的任务。但是，鉴于其对于大学生就业选择的重要影响，这项任务的价值是无法估量的。行业前景分析包含很多内容，例如行业的发展趋势、市场规模、竞争状况、政策环境以及技术变革等。这些信息是大学生进行职业规划、选择就业行业和工作岗位的重要参考。对于一个具有良好发展前景的行业来说，它可能会提供更多的职业机会，更高的薪酬待遇，以及更好的职业发展空间；而对于一个发展前景不明朗的行业来说，就业者可能需要考虑到行业的不稳定性，以及可能面临的就业风险。因此，行业前景分析对大学生的就业选择有重大影响。

行业前景分析需要大量的数据、丰富的行业知识以及深入分析的技能。为了提供这样的服务，在进行就业信息服务的过程中，需要通过各种渠道，例如行业报告、专家讲座、行业调研等，获取并整理行业信息，进行深入的分析和解读，最后以易于理解的方式呈现给大学生。而在这个过程中，就业信息服务还需要不断更新和调整分析结果，以适应行业和市场的变化。

三、实习实训服务

（一）提供实习机会

在大学生的学习生涯中，实习经历是一笔宝贵的财富。它不仅能让学生在实践中获得职业技能，提升个人素质，而且可以帮助他们提前了解行业现状，明确职业定位。因此，高校就业管理部门应与各类企业、机构建立良好的合作关系，积极寻求和推广实习机会，让学生能有更多的机会去实践、去探索、去发现自我。

为学生提供实习机会能够让学生在实践中获得职业技能，提升个人素质。通过实习，学生能够将所学知识应用到实际工作中，锻炼自己实际操作的能力和解决问题的能力。实习还能让学生接触到真实的工作环境和职业要求，培养学生的团队合作能力、沟通能力和解决问题的能力，为将来的职业发展打下坚实的基础。为学生提供实习机会也可以帮助学生提前了解行业现状，明确职业定位。通过实习，学生可以深入了解自己所选择的行业，了解行业的发展趋势、工作内容和要求等。实习还可以让学生与行业内的专业人士进行交流和互动，从他们身上获取宝贵的经验和建议。这有助于学生在职业规划中更加明确自己的兴趣和优势，并确定自己的职业方向。

高校就业管理部门应与各类企业、机构建立良好的合作关系，积极寻求和推广实习机会。学校可以与企业、行业协会、研究机构等建立合作伙伴关系，开展实习基地的合作与交流。通过与企业的合作，学校可以获取更多的实习机会，并与企业共同设计和实施实习计划，确保实习的质量和实效。此外，学校还可以组织实习招聘会、校企合作洽谈会等活动，为学生与企业搭建交流和合作的平台。

通过提供实习机会，学校能够更好地促进学生的职业规划和职业发展。实习不仅能够提升大学生的职业素养和实践能力，还能让他们在实际工作中认识到自己的兴趣和潜力，为将来的职业发展做出正确的选择。因此，学校应积极寻求实习机会，与相关企业建立良好的合作关系，为学生提供更多的实践机会和职业发展的支持。

（二）实训平台建设

实训平台的建设对于强调实践操作的专业来说至关重要，它为学生提供了一个模拟或真实的工作环境，让他们能够在实践中掌握和熟练运用管理知识，并培养解决实际问题的能力。

实训平台的建设可以是校内的实验室、实训中心或者校外的实习基地。校内实训平台可以提供专业设备和实验工具，以满足学生进行实践操作和技能训练的需求。校外实训基地可以与企业、行业协会等建立合作，让学生在真实的工作环境中进行实训，与实际工作流程和项目接轨。实训平台的建设需要关注设施设备的完善和技术支持的提升。学校可以投入资金和资源，购置先进的实训设备和工具，保证实训平台的质量和效果。同时，需要培养和引进专业技术人员，提供技术支持和指导，确保实训平台的正常运行和学生实践操作能力的提升。实训平台的建设还需要与专业课程结合，形成有机的教学体系。实训应与理论课程相结合，通过课堂教学和实践操作的相互配合，使学生能够将理论知识应用到实际操作中。学校可以制订教学实践计划和课程安排，确保学生在不同阶段都能够参与相关的实训活动，并逐步提高实践操作的难度和要求。

四、就业指导和咨询

（一）面试技巧指导

面试是求职过程中的关键环节，面试表现的好坏往往决定求职者是否能进入下一轮甄选或直接获得工作机会。对大学生进行面试技巧指导，包括如何自我介绍，如何回答常见面试问题，如何展示个人能力和特长，甚至包括面试礼仪和着装指导等，旨在提升学生的面试技巧，提高面试成功率。

自我介绍是面试的重要环节之一。在自我介绍中，学生应简明扼要地介绍自己的基本信息、教育背景、实习经历、项目经验以及个人特长和职业目标。重要的是，要注意突出与应聘岗位相关的经历和能力，以引起面试官的兴趣和关注。自我介绍时要注意言辞流畅、表达自信，同时注重语速和音调的控制，以展现自己的个性和自信。学生在求职时需要回答常见的面试问题，这些问题可能涉及对个人的了解、对应聘岗位的兴趣、个人的优势和劣势、对团队合作的看法等。在回答问题时，学生应准备具体的例子，以说明自己的能力和经验。同时，要注意回答问题时的逻辑性和条理性，结合问题的要求，给出清晰、简洁的回答。此外，要注重语气和语调的控制，保持自然而真实的表达效果。展示个人能力和特长也是面试中的关键。学生可以通过提供项目经验、实习经历、志愿服务等方式，展示自己在特定领域的管理知识和技能。在阐述个人能力和特长时，要注重具体而有力的表述，强调自己在团队合作、问题解决、沟通协调等方面的能力。此外，学生还可以通过提供证书、获奖经历和成就等来进一步证明自己的能力和特长。面试礼仪和着装也是面试中需要注意的环节。学生应穿着得体、整洁，注意个人形象的细节。面试过程中要保持良好的姿态、自信的微笑和积极的言行举止。与面试官的交流要保持适当的眼神接触，表达时要注重语言的礼貌和尊重，展现出良好的职业素养和社交技巧。通过面试技巧的指导，学生可以提前准备，更好地展现自己的能力和优势，增加在面试中的竞争力。

（二）简历写作指导

简历写作指导对大学生来说非常重要，它可以帮助他们有效地展示个人信息和能力，提高简历的质量和竞争力。

学生需要明确简历的结构和内容。简历一般包括个人信息、教育背景、实习经历、项目经验、技能和证书等几个主要部分。在每个部分中，应提供关键信息，如学校名称、专业、就读时间、实习公司、项目名称、所担任的职务等。要注意简洁明了，用简洁的语言准确描述自己的经历和成就。学生需要在简历中强调个人的优势和特长。可以通过突出自己在某个领域的管理知识、技能和经验，或者突出在团队合作、领导能力、问题解决能力等方面的优势。同时，要提供具体的例子和证据，以支持自己的陈述。强调个人优势和特长可以让简历更加吸引人，并增加招聘者对求职者的关注度。学生还需要避免常见的简历错误。例如，拼写错误、语法错误、格式混乱等都会给招聘者留下不好的印象。因此，学生应该仔细检查、校对自己的简历，确保没有任何错误。同时，要注意简历的格式一致性，使用清晰的标题和分段，使简历易于阅读。最后，学生还应根据不同的工作岗位或行业定制简历。不同的招聘需求可能对求职者的要求不同，因此简历需要根据具体的工作岗位或行业进行调整和优化。可以根据招聘广告中提供的岗位要求，突出与之相关的经历、技能和特长。定制简历可以使求职者更加符合招聘者的需求，增加被选中的机会。

通过简历写作指导，可以提高学生简历的质量和吸引力，增加在求职过程中的竞争力。因此，学校应该为学生提供相关的简历写作指导，帮助他们撰写出优秀的简历。

（三）求职技巧指导

求职是一个复杂的过程，需要一定的技巧和策略。求职技巧指导包括如何寻找和选择适合自己的职位，如何了解和研究目标企业，如何准备和进行求职，如何处理求职过程中可能遇到的困难和挑战等。通过求职技巧指导，学生可以更好地规划和执行自己的求职活动，从而提高求职效率和成功率。

五、就业情况追踪

（一）对毕业生初次就业的追踪

对毕业生初次就业的追踪是高校就业服务的重要环节之一。通过对毕业生初次就业的情况进行追踪调查，学校可以了解毕业生就业的实际情况，评估就业服务和教育质量的效果，进一步改进就业服务和教育教学。对毕业生初次就业的追踪主要具有以下几点意义。

1.提供有关毕业生就业状态的详细信息

提供有关毕业生就业状态的详细信息包括毕业生是否已经就业、就业单位的类型（如国有企业、私营企业、政府机关等）、具体岗位以及薪资水平等。通过这些信息，学校可以了解毕业生的就业情况和行业就业趋势，为学校提供有关就业市场的参考和分析，进而调整和改进相关的就业指导和培训计划。

2.获取毕业生对学校就业服务和教育质量的反馈

学校可以向毕业生征求他们对学校提供的就业服务的评价，了解他们对就业辅导、职业规划和招聘活动等方面的满意度。此外，学校还可以借此机会收集毕业生对所学专业和教育质量的反馈意见，了解毕业生对学校教学环境、实践机会和学习支持等方面的评价，为提高教育质量和培养目标调整教学策略提供参考。

3.学校建立和维护与校外用人单位的合作关系

通过追踪调查，学校可以了解毕业生在各行业的就业情况，并与用人单位建立起联系和合作渠道。这为学校提供了了解用人单位需求和就业市场动态的机会，进而开展针对性的培训和合作项目，提高毕业生就业竞争力和就业机会。

（二）对毕业生职业发展的追踪

就业情况追踪还包括对毕业生职业发展的追踪，通过追踪毕业生的职业发展路径、职业满意度、职业能力提升和薪酬增长等信息，学校可以全面了解毕业生的职业发展情况，并评估学校教育对毕业生长期发展的影响，从而为教育教学改革和课程设置提供依据。

通过对毕业生的职业发展路径进行追踪，学校可以了解毕业生在就业后的职业选择、职位晋升、跨行业转换等方面的情况。这有助于学校了解不同专业的毕业生在不同行业中的就业情况和职业发展趋势，进一步优化和调整相关专业的课程设置，提高毕业生的职业竞争力和适应性。追踪毕业生的职业满意度可以评估学校教育对毕业生职业发展的质量。通过了解毕业生对工作环境、职业发展机会、工作内容等方面的满意度，学校可以评估自身培养目标的实际效果，了解毕业生对教育教学质量的评价，为教学改革和质量提升提供反馈信息。此外，追踪毕业生的职业能力提升和薪酬增长也是重要的方面。通过了解毕业生在职业发展过程中的能力提升和薪酬增长情况，学校可以评估自身人才培养的实际效果，了解毕业生在工作中所需的能力和技能，为教育教学内容的优化和升级提供参考。

（三）对毕业生满意度的追踪

对毕业生满意度的追踪是高校教育服务质量评估的重要内容。通过对毕业生的满意度进行追踪调查，学校可以了解毕业生对学校教育教学、就业服务和校园生活等方面的满意度评价，获取他们的建议和意见，以便评估学校的服务质量并提供更好的教育服务。

追踪毕业生的满意度可以帮助学校了解毕业生对教育教学的评价。通过了解毕业生对教学质量、教师教学水平、教学资源等方面的满意度评价，学校可以评估教育教学的实际效果和质量，并对教学内容、教学方法等方面进行改进和优化，以提升学生的学习体验和学习成果。追踪毕业生的满意度还可以评估学校就业服务的效果。了解毕业生对就业指导、招聘资源、实习机会等方面的满意度评价，可以帮助学校了解毕业生在就业过程中对学校就业服务的认可度，从而针对不足之处进行改进和提升，更好地满足毕业生的就业需求。追踪毕业生对校园生活的满意度也是重要的方面。了解毕业生对校园环境、学生活动、学生支持服务等方面的满意度评价，可以帮助学校改进和优化校园生活体验，提供更加舒适和有益的学习生活环境，增强毕业生对学校的归属感和满意度。

六、就业援助

（一）提供针对性的就业信息

就业援助的一项重要工作是为就业困难的大学生提供针对性的就业信息。与普通的就业信息服务不同，这里的就业信息需要根据学生的具体情况进行个性化筛选，包括适合他们的岗位类型、地区、行业等。此外，还需要提供相关的就业策略建议，帮助他们制订合理的就业计划，提高就业成功率。

（二）开展专项就业培训

对于就业困难的大学生，可能需要更多的就业技能和知识的培训。这种培训可能包括基本的就业技能培训，如简历写作、面试技巧等，也可能包括针对特定岗位或行业的专业技能培训。通过这种培训，可以帮助学生提升就业能力，增强就业竞争力。

（三）提供个性化的就业指导

对于就业困难的大学生，个性化的就业指导尤其重要。这种指导不仅包括就业信息的提供，还包括对学生就业疑问的解答，就业态度和观念的引导，职业规划的建议等。通过这种指导，可以帮助学生调整就业心态，明确就业目标，增强就业信心。[1]

---

[1] 沈佳，许晓静.基于多视角下的高校学生管理工作探究[M].北京：现代出版社，2022：80-83.

第二节　高校学生就业管理的必要性与原则

一、高校学生就业管理的必要性

（一）提升大学生就业能力的需要

在全球化和信息化日益发展的今天，就业环境变得越来越复杂，竞争也越来越激烈。大学生步入社会，往往面临着巨大的挑战和压力。他们需要有足够的就业技能和知识，才能在这个环境中找到自己的位置，实现有效的就业。高校学生就业管理，就是在这样的背景下产生和发展的。通过就业教育、就业技能培训、就业信息服务等方式，帮助大学生系统地理解就业市场，提升他们的就业能力和就业竞争力。

高校学生就业管理能够帮助大学生建立正确的职业观念，形成有效的职业规划。在信息爆炸的今天，大学生面对各种各样的就业信息，往往感到迷茫，不知如何做出选择。高校学生就业管理，通过职业规划教育，帮助大学生理解各种职业的特点和要求，了解自己的兴趣和特长，从而做出符合自身情况的职业选择，形成明确的职业目标。高校学生就业管理通过就业技能培训还能够帮助大学生提升就业技能，增强就业竞争力。就业技能不仅是专业技能，还包括面试技巧、简历写作、职业礼仪等一系列与求职息息相关的技能。这些技能对于大学生成功获得工作机会有着至关重要的作用。高校学生就业管理，通过开设就业技能培训课程，引入行业专家举办讲座，帮助大学生掌握这些技能，从而在求职过程中占得先机。高校学生就业管理还能够通过就业信息服务，帮助大学生及时获取并正确解读就业信息，提高就业成功率。在复杂的就业环境中，获取并理解正确的就业信息，对于大学生找到合适的工作机会至关重要。高校学生就业管理，通过建立就业信息服务平台，定期发布就业政策解读、行业前景分析等信息，使大学生可以更快、更准确地了解就业市场的动态，正确地选择自己的就业方向。

（二）优化大学生就业环境的要求

面对复杂多变的就业市场，构建和优化良好的就业环境对大学生的职业发展具有重要影响。在高校学生就业管理的过程中，能通过与企业合作，举办招聘会等方式，营造出一个积极、充满机遇的就业环境。在这样的环境中，大学生可以接触到各类就业信息，提前了解和适应职业生活，为未来的职业生涯做好充分准备。

在走出校门后，大学生即将面对的就业环境包括各种各样的企业和机构，包括私营企业、国有企业、外资企业、政府机关、非营利组织等。这些企业和机构提供了丰富多样的就业岗位，为大学生提供了广阔的职业选择空间。然而，如何在这样复杂多变的就业环境中找到适合自己的职业，是大学生面临的一个重大挑战。因此，高校学生就业管理需要与各类企业和机构进行深入合作，为学生提供丰富多样的实习机会和就业机会，让他们能够在实际工作环境中提前适应职业生活，提高自己的就业竞争力。举办招聘会是高校学生就业管理的重要工作之一。招聘会是大学生与企业直接接触的重要平台，可以让学生直接了解企业的工作环境、职业要求和发展前景。此外，通过招聘会，大学生还可以接触到不同行业和不同领域的企业，扩大自己的就业视野，提高就业选择的灵活性。除了提供实习机会和就业机会，高校学生就业管理还需要提供各种就业信息和资源，帮助学生了解就业市场的最新动态，增强他们的就业信心。这包括就业政策的解读、行业发展的分析、职业规划的指导以及求职技巧的培训等。通过这些信息和资源，大学生可以更好地了解和掌握就业市场的情况，提高他们的就业竞争力。

（三）提升高校办学能力的重要途径

高校的办学水平与学生的就业情况有着密切的联系。毕业生的就业率、就业质量以及就业领域的广泛性等因素，都是衡量高校教学质量和培养效果的重要指标。因此，有效的就业管理不仅可以提升大学生的就业能力和就业成功率，也能进一步提高高校的办学水平和整体形象。

大学生的就业情况是对高校教育质量的直接反映。如果一个高校的毕业生就业率高，就业质量好，那么这个学校的教学质量和培养效果就会得到肯定。反之，如果毕业生的就业情况不理想，就可能意味着学校在教学方法、课程设置、实践教学等方面存在问题，需要进行改进。因此，通过有效的就业管理，高校可以及时了解毕业生的就业情况，同时反馈到教学过程中，不断优化教学内容和教学方式，提高教学质量。大学生的就业情况也直接影响到学校的声誉和形象。一个高校如果能够为社会输送大量的高质量毕业生，那么这个学校的声誉和影响力就会得到提升。而一个学校的声誉和形象，对吸引优秀学生和教师、获得社会资源以及提升学校的综合实力都有着重要的作用。因此，通过有效的就业管理，提升毕业生的就业率和就业质量，高校可以提高自己的声誉和形象，增强自身的竞争力。大学生的就业情况还是学校与社会、企业建立联系的重要桥梁。通过与企业合作，高校可以了解企业的需求，及时调整教学内容和教学方式，更好地培养适应社会需求的人才。同时，通过毕业生的就业情况，高校也可以与企业建立长期的合作关系，推动校企合作，实现学校和社会的双赢。

（四）优化教育教学的重要支撑

高校学生的就业情况是评价高校教育教学质量和效果的重要依据，是衡量高校教学活动是否与社会需求、行业发展趋势相匹配的直接反映。因此，就业管理中的毕业生就业情况追踪，对于优化教育教学具有重要的指导价值。通过深入分析和研究毕业生的就业数据，高校可以了解到教育教学过程中存在的问题，同时可以从中寻找改进教育教学的策略和方法。

1.帮助高校了解教育教学的实效性

大学的教育教学活动旨在培养学生的专业技能和职业素养，以适应社会和行业的需求。而学生在毕业后的就业状态和职业发展轨迹，是检验教育教学实效性的直接方式和重要的方式。如果毕业生的就业率高，就业质量好，说明学校的教育教学活动是成功的，能够有效地提升学生的就业能力和竞争力。反之，如果毕业生的就业情况不理想，就需要学校反思教育教学活动的实效性，探索问题的原因。

2.发现和识别教育教学中存在的问题

高校学生就业管理能够发现和识别教育教学中存在的问题。例如，如果发现某一专业的毕业生就业率较低，或者就业领域与专业设置不匹配，那么这可能意味着这个专业的课程设置或者教学方法存在问题，需要进行调整和改进。又如，如果毕业生在职场中缺乏某些必要的技能或素养，那么这就需要学校在教育教学中增加相关的培养环节。这样，就业情况追踪就成为一种反馈机制，帮助高校调整和优化教育教学工作。

3.预测行业的发展趋势

高校学生就业管理能够预测行业的发展趋势，并以此调整专业设置和课程内容，使其更加符合社会和行业的需求。例如，如果数据显示 IT 行业的就业前景良好，那么学校就可以考虑增加相关专业或课程，以满足市场的需求。这样可以帮助学生更好地抓住就业机会，提高就业竞争力。

（五）解决社会就业问题的关键举措

高校学生就业管理在解决社会就业问题上的作用，主要体现在通过创业教育和创业援助，鼓励和帮助大学生创业，进而促进社会就业，缓解社会就业压力。在现代社会，面对日益激烈的就业竞争和不断变化的职业市场，创业已经成为一条重要的就业道路。因此，高校在学生就业管理中，应注重创业教育和创业援助的实施，以满足社会的就业需求。

高校通过创业教育，可以提升学生的创业意识和创业能力。创业不仅需要专业技能和知识，更需要一种创新和挑战的精神，以及对商业运作、市场营销、团队管理等方面的理解和把握。通过开设创业相关的课程，或者组织创业讲座、创业大赛等活动，高校可以激发学生的创业热情，培养他们的创业思维和创业技能，使他们能够在毕业后选择创业，从而增加社会的就业机会。高校通过创业援助，可以为学生创业提供必要的支持和服务。创业是一项复杂的任务，需要的不仅是创业想法和创业技能，还需要创业资金、资源、网络等多种要素。因此，高校应该提供创业基金、创业孵化器、创业导师等创业援助，帮助学生解决创业过程中的实际问题，促进他们的创业实践。这样，不仅可以提高学生创业的成功率，也可以在一定程度上带动社会就业，减轻社会就业压力。高校学生就业管理在促进社会就业、缓解就业压力的作用上，不仅限于创业教育和创业援助。实际上，就业指导、就业培训、就业服务等其他就业管理活动，都可以提高学生的就业能力和就业质量，帮助他们顺利地从学生身份转变为工作者，进入职业市场。这样，高校就业管理就成为联结高校和社会、联结教育和就业的重要桥梁，对解决社会就业问题具有重要的意义。

二、高校学生就业管理的原则

高校学生就业管理是一个庞大且复杂的系统，其运行与优化需要遵循以下原则，具体内容如图 6-1 所示。

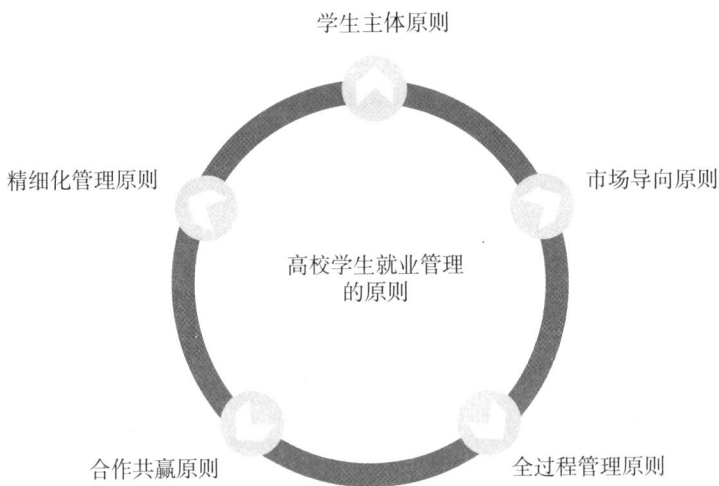

图 6-1 高校学生就业管理的原则

（一）学生主体原则

学生主体原则是所有教育活动的核心和出发点。特别是在大学生的就业管理过程中，这个原则强调所有的就业服务和资源都应围绕满足学生的需求和利益而设计，而且在就业指导的过程中，应尊重学生的就业选择和个性差异。

学生是未来社会的主人，他们的需求和利益应当被看作就业管理工作首要考虑的因素。在这个过程中，学生的职业兴趣、特长和职业规划是关键的参考因素。学生就业管理的目标应当是引导并帮助他们找到最符合自身特质和愿望的职业道路，而不是单纯地追求高就业率。在这个过程中，学生应该被鼓励积极参与，并充分利用提供的就业服务和资源。尊重学生的就业选择和个性差异是学生主体原则的另一重要方面。每个学生都有独特的性格、兴趣和能力，这些因素在他们的职业选择中起着重要的作用。就业管理工作应该明确这一点，并同时提供个性化的就业指导服务。比如说，对于有创业意愿的学生，应该提供创业指导和资源支持；对于对公共服务有兴趣的学生，应该提供相关的实习和就业机会。学生主体原则也强调学生自身在就业准备中的主体地位。就业管理工作不仅是为学生提供服务，更重要的是帮助学生提升自身的就业能力。这需要学生主动参与，积极争取实习机会，主动提高职业技能，树立正确的职业观念，明确个人的职业目标。

（二）市场导向原则

市场导向原则是高校学生就业管理工作的另一个核心准则，它强调就业服务和教育活动应紧密结合当前就业市场的现状和趋势，以更好地满足市场需求和提升学生的就业竞争力。

就业市场的动态和变化直接影响着学生的就业机会和选择。由于科技的进步和社会的变迁，就业市场的需求和结构也在不断发生变化。因此，就业管理工作需要密切关注市场的动态，及时了解各行业的发展趋势，以及市场对人才的需求变化。这可以通过定期收集和分析就业市场的信息——如招聘信息、行业报告、劳动力市场统计数据等来实现。根据市场的变化及时调整和优化就业服务是市场导向原则的重要体现。例如，如果市场对某种技能的需求增加，就业服务就应该提供相应的技能培训；如果某个行业的发展前景良好，就业指导应该及时将这个信息传递给学生，帮助他们做出明智的职业选择。这样的市场导向服务可以帮助学生更好地了解市场需求，提升自身的就业竞争力。市场导向原则也强调学生就业能力的培养。学生的就业能力不仅包括专业技能，还包括市场感知能力、就业策略的制订能力、职业发展的规划能力等。通过提供实习机会、举办就业讲座、开展职业规划指导等活动，可以帮助学生提升就业能力，使他们在就业市场中更具竞争力。

（三）全过程管理原则

全过程管理原则是指在就业管理中，从学生入学开始到毕业之后的整个过程，学校应持续关注和支持学生的就业发展。这一原则强调了学校在就业管理中的连续性和综合性，确保学生在整个大学生涯中都能得到相应的就业指导和支持。

学校应该在学生入学阶段就启动就业教育。这包括向学生传达就业观念和意识，帮助他们认识到就业的重要性和挑战，引导他们制订个人的职业规划和发展目标。学校可以组织就业教育活动，如就业讲座、职业规划指导等，帮助学生了解就业市场和职业发展趋势，提供实用的就业技能培训，帮助学生树立正确的就业观念和增强就业能力。学校还应在学生大学期间提供全方位的就业支持和服务。这包括提供就业信息资源，为学生提供实习和培训机会，组织职业技能培训和招聘活动，帮助学生建立职业人际网络。学校可以设立就业服务中心或就业指导团队，为学生提供个性化的就业咨询和辅导，帮助他们撰写简历、指导面试技巧等。此外，学校还应与企业和行业建立合作关系，促进学生的实习和就业机会，为学生提供更广阔的发展平台。

当然，学生的就业并不意味着学校管理任务的终结，学校应在毕业后对学生的就业情况进行追踪和支持。通过定期的毕业生就业调查和跟踪，学校可以了解毕业生的就业情况和职业发展轨迹，评估自身的就业服务质量和教育教学效果。在毕业后的跟进过程中，学校可以为毕业生提供就业咨询和指导，帮助他们适应职场环境，解决工作中遇到的问题，并根据毕业生的反馈不断改进就业服务和教育教学。

（四）合作共赢原则

合作共赢原则在高校就业管理中具有重要意义。这一原则强调高校与企事业单位、社会机构等各方的合作与协作，通过建立良好的合作关系，共享资源、信息和经验，实现优势互补，为学生提供更多高质量的就业机会，同时推动高校就业服务的发展和提升。

在高校学生就业管理中，若想提升就业管理的质量，高校需要与企事业单位建立紧密的合作关系。通过与企业建立合作关系，高校可以了解企业对人才的需求和岗位要求，及时调整和优化课程设置，培养符合企业需求的人才。双方可以合作开展实习项目、校企合作研究项目等，让学生在实践中学习并获得更多的职业技能。此外，高校还可以邀请企业代表参与就业指导和职业规划活动，为学生提供实用的职业建议和经验分享。高校可以与社会机构合作，拓宽学生的就业渠道。社会机构包括行业协会、专业组织、非营利机构等，它们在各个领域具有丰富的资源和网络。通过与社会机构的合作，高校可以获取最新的就业市场信息、行业动态和招聘需求，为学生提供更多适应性强的就业机会。同时，高校可以与社会机构开展共同的就业项目、职业培训活动等，提高学生的职业素养和竞争力。高校还可以与其他高校建立合作联盟，共享就业资源和经验。高校间的合作可以包括招聘会的联合举办、就业信息的共享、学校与学校之间的职业指导与交流等。通过合作联盟，高校可以扩大学生的就业机会，吸引更多企业参与校园招聘活动，提高就业率和就业质量。同时，高校还可以通过合作联盟，分享就业管理经验和最佳实践，共同提高就业服务水平，为学生提供更加全面和专业的就业指导。

（五）精细化管理原则

精细化管理原则强调对不同专业、不同个性和不同需求的学生提供个性化的就业指导和服务。通过精细化管理，高校能够更好地满足学生的需求，提供更加有效和贴近实际的就业支持，帮助学生实现个人职业目标。

精细化管理原则要求高校根据学生的专业特点和就业市场需求，制订针对性的就业指导方案。不同专业的学生在就业方向和就业策略上可能存在差异。通过深入了解各专业的就业趋势和行业发展，高校可以为不同专业的学生量身定制就业规划，提供针对性的职业咨询和就业指导。例如，对于技术类专业的学生，可以强调技能培养和实践经验的重要性；而对于文科类专业的学生，可以注重提升沟通能力和人际关系建设。通过精细化的就业指导，学生能够更好地了解就业市场，明确职业目标，增强自信心和竞争力。精细化管理原则还要求高校提供个性化的职业咨询和辅导服务。每位学生的个性、兴趣、能力和就业需求都是不同的，高校应建立健全个性化咨询机制，为学生提供个体化的职业规划咨询和就业辅导。这包括一对一的面谈、职业测试和评估、简历和求职信的个性化指导等。通过深入了解学生的能力和需求，高校可以提供具体的建议和指导，帮助学生解决就业中遇到的问题，提升求职竞争力。个性化的职业咨询和辅导服务能够更好地满足学生的需求，帮助他们制订个性化的就业计划，实现职业发展目标。精细化管理原则还需要高校建立有效的学生档案和追踪系统。通过建立完善的学生档案和追踪系统，高校可以记录学生的个人信息、学习情况、实习经历等，及时了解学生的就业需求和发展动态。通过对学生的持续跟踪和关注，高校可以为学生提供更精准和更贴心的就业服务。同时，高校还可以借助数据分析和挖掘技术，对学生的就业情况和发展轨迹进行定期分析和评估，为教育教学改革和就业服务提供依据。

第三节　高校学生就业管理的创新思路

一、利用数字化和互联网技术优化就业管理服务

（一）建立在线就业服务平台

在数字化时代，互联网技术给高校就业服务带来了新的机遇。建立在线就业服务平台不仅可以提供"一站式"的就业服务，如职业规划咨询、在线就业技能培训、在线招聘信息发布等，更能实现信息的实时更新和快速传播。学生可以随时随地获取最新的招聘信息，掌握就业市场的最新动态，从而及时调整自己的求职策略。

通过平台整合，高校还可以将学生的个人信息、学业信息、就业需求等进行有效的整合和分析。平台可以通过数据分析，为每一个学生提供个性化的就业服务。例如，根据学生的专业、成绩、兴趣爱好等信息，推荐最适合的就业岗位，提供最符合个人发展需求的职业规划建议。这种个性化的就业服务，可以提升学生的就业满意度，提高学生的就业成功率。另外，这种在线就业服务平台可以提供更多的交互机会，学生可以通过平台与企业、就业

指导老师、同学等进行交流。例如，学生可以通过平台向企业提问，了解更多的招聘信息，也可以通过平台参加在线讨论，与其他同学分享就业经验，提高自己的求职技巧。这种交互式的就业服务，可以更好地满足学生的就业需求，提升学生的就业能力。

（二）进行大数据分析

在当今这个信息化时代，进行大数据分析已成为高校就业管理工作的重要工具。它可以提供宝贵的信息，为就业服务决策提供数据支持，使之更科学、更精准。

高校可以收集并分析就业市场的动态数据，了解当前社会和经济环境下各行业、各职业的就业形势，包括就业率、平均薪资、发展前景等。例如，如果大数据分析显示某一行业的发展趋势良好，且对毕业生需求量大，高校可以在职业规划课程和讲座中重点推荐这一行业，帮助学生做出明智的职业选择。通过收集并分析学生的就业需求数据，高校可以了解学生的就业意向，了解他们在求职过程中遇到的困难和挑战。例如，如果数据显示很多学生在面试技巧上存在问题，学校就可以针对性地开设面试技巧培训课程，提升学生的求职技能。企业的招聘需求数据也是大数据分析的重要组成部分。通过分析企业的招聘信息，学校可以了解哪些专业、哪些技能在企业中需求量较大，然后将这些信息反馈给学生，帮助他们做出正确的职业规划。大数据分析还可以用于就业情况预测。通过对过往数据的分析，可以预测未来一段时间的就业形势，为学生的职业规划和求职提供参考。

（三）利用人工智能技术提升服务质量

在数字化时代，人工智能技术为高校就业服务带来了新的可能性，其中包括机器学习、自然语言处理等技术，它们可以极大地提升就业服务的质量和效率。

机器学习的应用可以极大地优化就业服务的个性化程度。机器学习算法能够根据学生的专业、兴趣、能力等信息，智能推荐适合的就业岗位。例如，对于计算机专业的学生，系统可以推荐相关的软件工程师、数据分析师等岗位；对于喜欢与人沟通、有强烈社会责任感的学生，系统可以推荐公共服务、社会工作等岗位。这种精准匹配的方式，不仅能提高学生的求职效率，还有助于他们找到真正符合自身期望和发展需要的工作。自然语言处理技术的应用，可以使就业服务变得更加智能和高效。构建职业规划咨询机器人，它可以为学生提供 24 小时不间断的在线咨询服务。无论是职业规划问题，还是简历写作、面试技巧等就业相关问题，机器人都能提供及时、准确的回答，大大提高就业服务的质量和效率。利用人工智能技术，可以实现对大量招聘信息的智能分析和处理，帮助学生更快地找到适合自己的工作机会。例如，通过对招聘信息关键词的提取和分类，可以帮助学生更有效地筛选和岗位查找。

（四）利用移动互联网技术提升服务便捷性

在全球化和信息化的背景下，移动互联网技术已经深入影响到管理者生活的方方面面，包括高校的就业服务。该技术以其独特的优势，如随时随地的访问、强大的信息处理能力和广泛的用户基础，正在为高校就业服务的便捷性注入新的活力。

移动互联网技术的本质特点是随时随地的信息获取和交互。高校可以借助此项技术，为学生提供 24 小时全天候的就业服务。无论是招聘信息的查阅、职业指导的获取，还是线上招聘活动的参与，学生都无须受限于时间和空间。这种便捷性极大地满足了学生个性化和多样化的就业需求。移动互联网技术具有强大的信息处理能力和信息推送能力。高校可以借助大数据、云计算等技术，实现对就业市场动态、企业需求、学生就业意向等数据的高效收集、整理和分析。基于这些数据，就业服务能够做到精准推送，即将最合适的就业信息和服务推送给最需要的学生。此外，人工智能等先进技术也可以应用于此，如通过机器学习的方法，实现更精细化的个性化服务。移动互联网技术由于其普及性和便捷性，为高校就业服务的用户体验提供了新的可能。高校可以通过设计友好的用户界面和交互体验，使学生在使用就业服务的过程中感到舒适和满意。此外，也可以通过在线调查和反馈机制，及时了解学生的需求和意见，不断改进和优化服务。

以就业服务 App 为例，它可以作为一个全方位的就业信息聚合平台，它的主要功能包括查看招聘信息、参加在线就业技能培训、预约职业规划咨询等。首先，App 可以实时更新各种招聘信息，包括企业招聘会、线上招聘活动、校园宣讲会等。学生可以通过搜索和筛选功能，快速找到自己感兴趣的企业和岗位，大大提升求职的效率。同时，招聘信息的推送也可以根据学生的专业和兴趣进行个性化推荐，使得就业信息的获取更加精准。就业服务 APP 还可以提供各类在线就业技能的培训课程，例如面试技巧、简历写作、职业素养等。这些课程可以通过视频、音频、图文等多种形式呈现，满足学生不同的学习需求。学生可以根据自己的时间安排，随时随地进行学习，大大提升学习的便利性和效率。[①]

二、加强校企合作，推进产学研结合

学校与企业的紧密合作对于提高学生的就业竞争力至关重要。这种合作模式能够让学生在学习过程中理解并适应市场需求，从而使他们的技能和知识更加符合就业市场的要求。学校可以与企业联合举办实训基地或工作坊，让学生有机会在实际的工作环境中学习和实践，增强他们的职业技能和实践能力。此外，校企合作还可以促进企业直接参与到人才培养过程中，例如企业可以提供有针对性的课程，或者向学校捐赠设备和资源，帮助学生更好地理解行业现状和未来发展趋势。

产学研结合是指学校、科研和产业的融合，这对于提升教育教学质量、增强学生的就业能力具有重要作用。产、学、研对应的三个主体，分别是企业、高校与科研机构，产学研相结合指的就是生产、教育与科研三种不同类型的社会活动的协同化发展，企业、高校与科研机构充分利用自身的资源优势，发挥自身的功能，形成合力，使生产、教育与科研相辅相成，互相促进，通过教育为社会与行业培养高素质人才，通过科研实现企业的技术创新，提升企业竞争力和行业发展水平。同时，企业为教育和科研提供实践场所与资金支持，促进教育和科研的发展，学校、企业与科研机构共同努力，

---

① 沈佳，许晓静．基于多视角下的高校学生管理工作探究 [M]．北京：现代出版社，2022：89-91．

最终实现产学研共同发展。

首先，产学研结合的模式能够让学生在实际的生产环境中进行学习和研究，使他们的理论知识和实践技能得到更好的结合，提高他们的创新能力和解决实际问题的能力。其次，产学研结合可以促进科研成果的转化和应用，使科研工作更加接近市场，更好地服务于社会和经济发展。最后，产学研结合也可以促进教育资源的优化配置，提高教育教学的效率和质量。

在产学研相结合的发展模式中，企业是生产活动的主体，同时是技术和人才的需求方，教育与科研的直接目的是为企业提供人才和智力支持。国家十分重视应用型人才的培养，产学研相结合的理论帮助国家探索出了一套应用型人才培养的新模式。2010年，国务院常务会议审议并通过的《国家中长期教育改革和发展规划纲要（2010—2020年）》明确提出：要创立高校与科研院所、企业、行业联合培养人才的新机制。从个人发展的角度来看，产学研合作能够将理论知识学习与实践技能训练充分结合，使人才能够更好地将所学知识运用于实践之中，并通过实践深化学生对于知识的理解，帮助人才更加平稳地实现从校园到企业的过渡，完善人才的知识与技能体系，同时提升就业率。从行业和企业发展的角度来看，产学研合作能为企业源源不断地提供人才和技术支持，为企业提供高素质应用型人才，提升企业的市场竞争力，帮助企业产生更多的经济效益。服务与技术升级对于企业来说是十分必要的。企业的生存与发展也如同逆水行舟，不进则退。企业要想在激烈的市场竞争中站稳脚跟，就必须不断地升级自己的服务与技术，提升自己的市场竞争力，只有这样，企业才能在行业竞争中占据优势。

产学研合作对于科研机构同样具有良好的促进作用，科研机构具有强大的科研能力，但是缺乏实践支撑，其实践案例大多体现的也是其他企业发展的间接经验，经典案例的间接经验当然具有参考价值，但是还有一部分间接经验存在一定的时效性，随着技术的进步与全球化的不断深入发展，各行业风云变幻，新的经营理念、新的经营模式以及新的业态不断涌现，许多相对陈旧的案例与实践经验，不足以支持当前的科研活动，运用这些案例开展科研，难以得到理想的研究成果。企业拥有充足的经营经验，可以为科研机构提供大量的研究样本和实践案例，也可以为科研机构提供实验场所，产学研充分合作可以帮助科研机构获取大量当前行业的直接经验，保证科研成果能够对行业当前的发展具有较强的指导意义。另外，高校不仅能够为科研机构提供强有力的智力支持，而且能够为科研机构源源不断地输送人才，以确保科研活动高质量地开展。

通过产学研一体化，可以打破传统的教学壁垒，实现教学、科研与实践的深度融合，从而提升学生的就业能力。例如，可以开设产学研一体化的专业课程，让学生在学习理论知识的同时参与到实际的科研项目和企业实践中，从而提升他们的实践能力和创新能力。也可以推行产学研一体化的毕业设计，让学生的毕业设计紧密结合实际产业需求，提升其解决实际问题的能力。学校与企业之间的合作应该深入到课程设计、实训实习、项目研究等方面。例如，可以邀请企业专家作为特聘讲师参与课程设计和教学，以便将最新的行业知识和技能引入课堂；可以与企业合作设立实训基地，让学生在实际的工作环境中提升职业技能；还可以共同开展项目研究，让学生参与到解决实际问题的过程中来，提升其问题解决能力。学校与企业之间还可以搭建校企信息共享平台。通过信息平台，可以实现学校与企业之间的信息互通，提升就业服务的效率。例如，可以将企业的需求信息、就业信息等及时反馈给学校，帮助学校了解市场动态，及时调整教学计划，同时学校也可以通过信息平台将学生的专业能力、就业需求等信息反馈给企业，帮助企业更精准地定位人才需求。

三、鼓励创新创业，培养创新创业人才

（一）开设创新创业课程

当今社会，特别是科技和经济的高速发展，为创新创业提供了巨大的机会和广阔的舞台。因此，高校作为人才的摇篮，更应该致力于创新创业教育的开展，提供全面、深入的创新创业课程体系，使大学生能够在完成学业的同时，积累创新创业的知识和技能，更好地面对未来的职业生涯。一门全面的创新创业课程，旨在提供从创新思维的培养到创业基础知识的学习，再到创业实践技能的培养，到最后一应俱全的创业教育体验。这些课程会通过理论学习、案例分析、项目实践等多种形式，全面提升学生的创业知识储备和创业能力。

创新思维是创新创业的源泉，一门好的创新创业课程，首先要引导学生打破思维定式，敢于挑战传统，发散思维，把握机遇，发现并创造价值。课程应该鼓励学生大胆想象，积极探索，勇于实践，培养学生敢于面对困难，善于解决问题，能够在日常生活和学习中积累创新素材，培养创新能力。在创业基础知识的学习中，学生需要系统地了解创业的各个方面，包括创业理念、创业模式、创业团队、创业策划、创业融资、创业营销等，全面掌握创业的流程和要点。这不仅可以使学生在理论上对创业有深入的理解，也可以为学生提供一个完整的创业参考框架，让他们在创业实践中能有的放矢。在创业实践技能的培养中，课程应设立真实的商业案例分析和创新创业项目实践，使得学生能从实际操作中掌握创新创业的方法和技巧。学生不仅可以在这些实践中学习到创业知识，还可以在实践中提升自己的创业能力和创新精神，增强解决实际问题的能力。

（二）提供创新创业训练

提供创新创业训练对于高校来说，是激发学生创新思维、提升创业能力、引导就业方向的重要手段。高校的创新创业训练活动，不仅是单纯的技能提升和能力训练，更是一种积极的人才培养模式和教育理念的实践。创新创业训练的重要性主要体现在以下几点。

1. 帮助学生将学到的理论知识应用到实践中

通过创新创业比赛、工作坊、研讨会等活动，学生可以在真实或者模拟的商业环境中实践他们的创业理念，运用他们在课堂上学到的知识。这种从理论到实践的过程，既能锻炼他们的实践能力，也能增强他们的创新思维和创业意识。它让学生明白，创新创业不仅是一个理论，更是一个实践的过程。正是通过这种实践，学生才能真正理解和掌握创新创业的本质和技巧。

2. 培养学生的团队合作能力和领导力

在创新创业的过程中，团队合作能力和领导力是极其重要的。通过参加这些活动，学生可以在团队合作和领导的过程中，学习如何与人沟通、如何调动团队的积极性、如何解决团队内的矛盾和冲突。这不仅能提升他们的社交能力，也能锻炼他们的领导力。同时，这种团队合作的经验，对于他们未来在社会中的发展，无论是创业还是就业，都有着极其重要的影响。

3.引导学生的就业方向

在创新创业的过程中，学生可以更清楚地了解自己的兴趣和优势，更清楚地认识到自己的目标和追求。这对于他们选择就业方向，寻找适合自己的职业道路，具有非常重要的指导意义。

（三）建立创新创业实践平台

建立创新创业实践平台对于高校学生管理者来说，既是落实创新教育理念的重要举措，也是提升学生创新创业实践能力的重要工具。在这样的实践平台上，学生可以尝试自己创新创业的想法，进行产品设计和商业模式的实验，并在不断的试错和调整中提升自己的创新能力和创业能力。同时，这样的平台也可以作为学校和社会、企业之间交流合作的桥梁，为学生提供更丰富的创新创业资源和更宽广的发展视野。创新创业实践平台为学生提供了一个安全、自由的实验环境。在这个环境里，学生可以大胆地尝试，自由地创新，他们可以通过实验、试错来验证自己的创新创业想法，而不必担心失败的后果。这对于激发学生的创新精神，培养他们的实践能力，具有非常重要的作用。同时，通过实践，学生可以把课堂上学到的理论知识和技能应用到具体的项目中，从而提升他们的综合素质和实践能力。创新创业实践平台还可以作为学校和社会、企业之间交流合作的桥梁。高校可以通过与企业合作，将企业的实际需求引入到平台中，让学生在解决实际问题的过程中提升自己的能力。同时，企业也可以通过平台，发现和培养有潜力的创新创业人才。此外，平台还可以聚集社会上的创新创业资源，例如创新创业比赛、创新创业基金等，为学生提供更多的发展机会。

通过建立创新创业实践平台，高校可以形成一个完整的创新创业教育生态系统。在这个系统中，教学、实践、竞赛、融资等各个环节相互促进，共同为学生的创新创业提供支持。在这个过程中，学生不仅能够提升自己的能力，也能够增强自己的信心，为自己的未来打下坚实的基础。

（四）提供创新创业项目支持

为学生的创新创业提供项目支持，是高校在培育创新创业人才过程中的重要举措。如何通过具体的行动，有效地鼓励和支持学生的创新创业项目，既是对高校教育功能的延伸，也是对其服务社会需求的深化。高校提供创新创业项目支持主要包括提供资金支持和专业指导，来协助学生将创新创业的理想转化为现实。

创新创业基金的设立是对学生创新创业活动的重要资金支持。对于许多有创新思维、有创业热情的学生来说，资金往往是他们实现创新创业梦想最大的阻碍。学校通过设立创新创业基金，可以为学生的创业项目提供启动资金，解决他们在早期发展中的资金问题，让他们能够专注于项目的研发和运营。同时，通过设立一系列的申请和评审机制，学校可以引导学生从项目的策划、实施到结果的反馈，全过程进行学习和实践。高校还可以提供创新创业导师，为学生的创新创业活动提供专业指导和帮助。这些导师可以是具有丰富创新创业经验的教师，也可以是来自企业界具有丰富实践经验的专业人士。他们可以根据学生的项目特点和需要，提供一对一的指导服务，包括提供项目策划、管理、市场营销、风险控制等方面的专业建议，帮助学生规避创业过程中的风险，提高创业成功的可能性。此外，导师还可以利用自己的人脉资源，帮助学生扩大社会联系，寻找更多的合作机会和资源。

高校提供的创新创业项目支持，不仅是对学生创新创业活动的鼓励和支持，也是对社会的积极贡献。通过创新创业项目，学生可以将自己的知识和技能转化为实际的产品和服务，带动社会的创新发展。同时，成功的创新创业项目，也可以为学校带来良好的社会声誉和经济收益，并进一步推动学校创新创业教育的发展。

四、建立个性化的就业服务，满足不同学生的就业需求

（一）完善职业咨询和指导

大学生之间的个性、特点差距非常大，高校若想通过建立个性化的就业服务，满足不同学生的就业需求，不仅需要培养学生的职业素养与就业技

能，还需要提供一对一的职业咨询和指导，针对学生的个人情况和兴趣，帮助他们明确职业目标，探索适合自己的职业道路。通过深入了解学生的兴趣、价值观、技能和专业背景，就业顾问可以为他们制订个性化的就业计划和行动方案，同时提供针对性的职业咨询和指导。

个性化的职业咨询和指导需要深入了解学生的个人情况和兴趣。就业顾问可以与学生进行面对面的沟通，了解他们的职业兴趣、价值观、技能和专业背景等方面的信息。通过这种深入了解，就业顾问可以为每位学生量身定制个性化的就业计划和行动方案。例如，对于一位对社会公益事业有浓厚兴趣的学生，就业顾问可以推荐相关的职业领域和组织，帮助他们在这个领域找到合适的就业机会。个性化的职业咨询和指导也需要学生就业管理者能够为学生提供针对性的职业建议和支持。就业顾问可以根据学生的个人情况和目标，提供具体的职业建议和行动指导。这包括如何制订职业发展计划，如何提升个人竞争力，如何寻找合适的实习和工作机会等方面的指导。通过个性化的建议和支持，学生可以更好地规划自己的职业发展路径，增加就业成功的机会。完善职业咨询和指导，还需要与学生建立良好的互动和沟通。就业顾问应积极倾听学生的意见和需求，关注他们的职业发展进展，并提供持续的支持和指导。这种互动和沟通可以建立学生与就业顾问之间的信任和合作关系，使就业服务更加个性化和有效。

（二）推进就业资源定制化服务

在传统的高校学生就业管理中，就业资源一般不会因人而异，而是以专业院系为单位统一进行提供，新时代创新学生就业管理，就是要将服务深入学生群体之中，建立个性化的就业服务，满足不同学生的就业需求，为不同类型的学生提供符合其就业意向的就业资源。

推进就业资源定制化服务，就要深度了解学生的就业需求。这需要高校通过问卷调查、面对面咨询等方式，了解每一位学生的专业技能、兴趣爱好、职业规划等信息。有了这些信息，学校就能更好地理解学生的就业需求，从而提供更加定制化的就业资源。例如，对国际事务感兴趣的学生，可以提供更多相关的实习和工作机会；对于那些希望在本地就业的学生，可以提供更多本地的就业信息。高校还需要根据学生的需求定制就业服务。包括提供针对性的就业指导、组织相关的就业讲座和招聘会、建立与学生就业意向匹配的企业合作关系等。例如，对于有意愿从事金融行业的学生，可以定期组织金融行业的职业讲座和招聘会；对于希望创业的学生，可以提供创业指导和投资对接服务。

技术的发展为教育活动与学生管理带来了巨大的便利，因此高校还可以使用大数据和人工智能技术优化就业资源的分配。学生就业管理者可以通过大数据技术分析学生的就业需求和市场的就业趋势，从而提供更加精准的就业服务。同时，通过人工智能技术，可以实现就业信息的智能推送，为每一位学生推送最符合他们需求的就业信息。比如，通过机器学习算法，可以分析学生的专业技能、兴趣爱好、历史就业情况等数据，为他们推送最适合的就业信息。

第七章　高校学生管理队伍的建设

第一节　高校学生管理队伍概述

一、高校学生管理队伍的构成

（一）学校管理层

学校管理层是高校学生管理的重要主体，他们对学生管理有最高决策权和主导权。他们制定学生管理的大方向、政策、规章制度，对学生管理工作进行统筹协调和监督。学校管理层在高校学生管理中的角色和责任主要体现在以下几个方面。

1. 策略决策

学校管理层需要设定明确的教育方针和学生管理政策，明确学校的教育目标，为学生的成长和发展提供方向。其中包括学习政策、学生行为规范，以及在面对重大问题时制定的决策等。

2. 规章制度的制定

学校管理层负责制定和修订学生管理的相关规章制度，这些规章制度是学生管理的基础，为学生的日常学习、生活、行为等设定了明确的规范。

3. 资源调配

学校管理层决定如何分配学校的资源，包括人力资源、物质资源、财力资源等，以满足学生管理工作的需求。例如，他们需要决定如何分配预算，为学生提供最好的设施，以及如何分配教职工，以确保教育质量。

4. 教育质量控制

学校管理层需要监督并保证学生的教育质量。他们可以定期对教学情况进行评估和反馈，从而确保教育质量的提升。

5. 组织协调

学校管理层需要协调各个部门，确保学生管理工作的顺利进行。他们需要有效沟通，促进各部门之间的协同工作，以提高工作效率和效果。

6. 应对突发情况

在面对突发情况时，学校管理层需要迅速做出决策，如疫情防控、校园安全事件等，他们需要制定紧急应对措施，以保障学生的安全和学校的正常运行。

7. 社会交往

学校管理层需要与社会各方面保持良好的交往，包括与政府、家长、社区、企业等的沟通，协调各方利益，获取必要的支持。

8. 反馈与改进

学校管理层需要定期收集反馈信息，评估学生管理工作的效果，然后根据反馈信息调整策略，进行必要的改进。

（二）教务管理者

在高校环境中，教务管理者包括教务长、辅导员、班主任等，是学生管理工作的主力。他们是将学校管理层的决策转化为实际行动的关键角色，同时是学生日常生活中最直接的联系人和帮助者。

作为教务管理者，首先要对学校管理层制定的各项政策和规章制度有深入理解和全面把握，这样才能正确有效地将这些政策和制度落实到具体的学生管理工作中去。在执行这些政策和规章制度的过程中，教务管理者需要注意公正、公平和人性化，尊重每一个学生的个性和差异，确保每一个学生都能在平等、公正、尊重的环境中学习和成长。除了对学校政策和规章制度的执行，教务管理者还需要对学生进行日常的教育和管理。他们需要了解每一个学生的学习情况、生活情况，对学生的学习和行为进行监督和指导，并提供必要的帮助和支持。其中，教务管理者不仅需要关注学生的学习表现，更需要关注学生的心理健康、生活习惯、人际关系等方面，全面关注学生的成长和发展。

教务管理者在学生管理工作中的角色不仅是管理者，更是学生的引导者、帮助者和朋友。他们需要倾听学生的声音，理解学生的需求，关心学生的困扰，帮助学生解决问题。他们需要引导学生形成良好的学习习惯和行为习惯，帮助学生养成健康的生活态度和价值观，引导学生正确处理学习、生活中的各种问题和挑战。同时，教务管理者还需要与家长、教师、其他学生管理工作人员等保持良好的沟通和协作，共同为学生的成长和发展提供有力的支持。他们需要定期与家长沟通，了解家长的意见和建议，将家庭教育与学校教育有效地结合起来。他们需要与教师协作，共同关注学生的学习进度和学习困扰，共同推动学生的学业进步。

（三）教师

在高校的学生管理体系中，教师是一种非常独特的角色。他们既是教学的推动者，也是学生管理的重要参与者。他们的职责超出了传统的教学范畴，深入到学生的个人成长和发展的各个方面。

教师的教学工作是他们在学生管理中的首要职责。他们通过课堂教学，传授管理知识，培养学生的学习技能和独立思考的能力。在这个过程中，教师需要设计有吸引力和挑战性的课程，以激发学生的学习热情和兴趣。同时，他们还要引导学生如何有效地学习，帮助学生建立良好的学习习惯和策略。教师在课堂上的另一项职责是对学生进行教育和引导。他们通过教学内容，引导学生形成正确的世界观、人生观和价值观。他们通过课堂讨论和实践活动，培养学生的团队协作能力和社会责任感。他们通过个人榜样和人格魅力，影响和启发学生，帮助学生形成健全的人格和高尚的品格。教师在课堂上对学生的学习和行为进行观察和评价，这是他们在学生管理中的一项重要职责。他们通过对学生的学习表现和行为态度的观察，了解学生的学习状态、学习难题和个人特性。他们通过对学生的学习成果和行为表现的评价，提供反馈信息，帮助学生认识自我、提升自我。此外，教师还要在学生遇到问题和困扰时，为其提供必要的帮助和指导。他们要关心学生的个人发展和生活情况，及时发现学生的问题，为学生提供咨询和支持。他们要在学生遇到学习困难时，为学生提供学习指导和帮助。他们要在学生遇到生活困扰时，提供生活指导和心理支持。[①]

（四）学生

在高校的学生管理体系中，学生既是被管理的对象，也是管理活动的积极参与者。他们在遵守规章制度的同时，也在自我管理并参与到学生管理活动中，塑造自己，让自己获得成长和发展。

作为被管理的对象，学生首先需要遵守学校的各项规章制度。这些规章制度规定了学生在学习、行为、生活等方面的基本要求，为学生的学习和成长提供了必要的指引和支持。遵守规章制度是学生的基本责任，也是他们实现自我价值和社会价值的基础。然而，学生的角色不仅是被管理的对象。他们也需要对自己进行自我管理。在学习上，学生需要自我管理，明确学习目标，计划学习进度，调整学习方法，提高学习效果。在生活上，学生需要自我管理，养成良好的生活习惯，保持健康的生活状态，形成积极的生活态度。在情感上，学生需要自我管理，调控自我情绪，处理好人际关系，积极面对生活中的挫折和困扰。

作为管理活动的参与者，学生不仅要积极参与学生管理活动，也要对学生管理提出自己的需求和建议。他们可以通过参与学生会、学生自治组织等，共同参与学校的学生管理工作，帮助改进学生管理制度，提高学生管理效果。他们可以通过与教务管理者、教师等交流，表达自己的需求和建议，促进学生管理更好地满足学生的需求，推动学生的全面发展。

（五）家长

在高校学生管理体系中，家长是一个经常被忽视但却十分关键的角色。他们是学生的重要教育者，对于学生的价值观和行为习惯的形成有着深远的影响。在学生的高等教育过程中，家长仍然起着重要的辅助作用。

---

① 祁素萍.高校学生管理工作创新与研究[M].长春：吉林人民出版社，2021：106-113.

家长作为学生的首要教育者，在学生性格塑造、价值取向和生活态度的形成上，具有不可替代的作用。他们的教育理念和教育方式，会深深影响学生的心态和行为，从而影响学生在高校的学习和生活。因此，家长对学生的教育和引导，是高校学生管理中不可或缺的一环。家长对学生的学习情况和生活情况的关注，也是学生管理的重要组成部分。尽管学生已经进入高校，实现了生活和学习的独立，但他们的情绪、压力和困惑，仍然需要家长的理解和支持。家长可以通过定期的沟通，了解学生的学习进度、生活状态和心理情况，并提供适时的关心和帮助，有利于学生保持良好的学习状态和生活状态。家长还需要配合学校的教育和管理工作，共同参与到学生的教育和培养中来。他们需要理解和接受学校的教育理念和管理方式，支持学校的教育和管理工作。他们还需要根据学校的教育要求，对学生进行合理的期待和要求，避免给学生带来过大的压力。他们还可以通过家长会、家访等方式，与学校教师和管理者进行交流和沟通，了解学生在学校的情况，并提出自己的意见和建议。家长还应对学生进行家庭教育，这是他们在学生管理中的另一项重要职责。家庭教育不仅包括学习方面的指导，也包括生活态度、人格培养、社会责任感等方面的教育。这种全方位的家庭教育，能够更好地促进学生的全面发展，为他们在高校的学习和生活提供坚实的基础。高校学生管理队伍的构成者还有很多，而本书主要立足于高校，因此，在研究高校学生管理队伍时，一般从狭义的角度出发，主要研究的是高校学生管理相关的人员。

二、高校学生管理队伍的特征

（一）多元化

多元化是高校学生管理队伍的一大特征。它包括各种来自不同学科背景的专业人士，如教育学、心理学、社会工作、行政管理等。这种多元化的组成赋予了高校学生管理队伍全方位、多角度地理解和指导学生的能力。

这种多元化的组成使学生管理队伍能够根据学生的具体需求和状况提供个性化的服务。不同的学生可能会有不同的需求和问题，需要从不同的角度进行分析和处理。例如，有的学生可能在学业上有困难，需要教育专家的指导；有的学生可能面临心理压力，需要心理咨询师的帮助；有的学生可能在社交关系上有问题，需要社会工作者的协调；有的学生可能在日常生活管理上需要帮助，需要行政管理者的服务。这种多元化的组成也有助于提升学生管理队伍的整体效能。不同的管理者可以通过合作，将自己的专业知识和技能相互补充，形成一个整体的服务体系，以更好地满足学生的需求。例如，教育专家可以和心理咨询师一起帮助学生解决学业压力，社会工作者可以和行政管理者一起协调学生的社交活动等。

（二）专业化

学生管理队伍中的每一个成员都有其专业背景和技能，他们能够从自己的专业视角提供独特的洞察力和解决策略。例如，来自教育背景的管理者可以依据教育理论对学生的学习过程进行专业的指导和评估，同时提出有效的教学策略和方法。心理学背景的管理者可以理解学生的心理状况，为学生提供心理咨询，帮助他们处理情绪和压力。社会工作背景的管理者则可以帮助学生处理社会交往中的问题，协调学生与其他社会群体的关系。行政管理背景的管理者则可以处理学生的日常管理事务，确保学生的正常生活和学习。

学生管理队伍的专业化也体现在他们的工作实践中。他们不仅需要熟知和遵循相关的法规和政策，也需要掌握各种专业的工作方法和技巧，如心理咨询技巧、教育指导方法、冲突解决策略等。这些专业的工作方法使他们能够应对各种复杂的工作场景和问题，提高工作的效率和质量。当然，学生管理队伍还需要持续更新和提升自己的专业知识和技能，以适应学生发展的新需求和新挑战。他们可能会参加各种专业的研讨会和培训，阅读最新的学术研究和报告，甚至进行自己的研究和实践项目。这种持续的学习和发展，使他们能够保持专业的领先性，提供最前沿的服务。

（三）教育与服务并重

教育与服务并重是高校学生管理队伍的又一重要特征。作为学生的教育者，他们不仅关注学生知识技能的学习，也关注学生的生活需求和心理健康。作为学生的服务者，他们为学生提供各种必要的支持和帮助，以促进他们的全面发展。他们通过综合性的教育和服务，为学生的学习生活营造出更好的环境。

教育是学生管理队伍的重要职责之一。他们通过多种方式为学生传授知识和技能，包括但不限于讲座、研讨会、工作坊、个别辅导等。他们着重教授学生如何成为成功的学习者，如何培养独立思考、批判性思维、创新性思维等重要的思维技能。同时，他们也会提供各种生活技能教育，如时间管理、压力管理、人际交往等，帮助学生应对生活的挑战和困难。服务是学生管理队伍的另一重要职责。他们为学生提供各种生活支持服务，如住宿服务、餐饮服务、健康服务等。他们也为学生提供各种学习支持服务，如学习资源、学习辅导、学习咨询等。更重要的是，他们为学生提供各种心理支持服务，如心理咨询、心理辅导、心理疏导等，帮助他们保持良好的心理健康。

在教育与服务的双重职责下，学生管理队伍为学生的全面发展提供有力的支持。他们通过教育促进学生知识技能的学习，通过服务满足学生的生活需求，保障他们的心理健康。这种综合性的教育和服务，使学生能够在一个安全、舒适、有益的环境中成长发展，实现自身的最大潜力。

（四）发挥桥梁作用

学生管理队伍在学生、学校、家庭、社会之间起着桥梁作用，这是他们的职业特征之一。作为桥梁，学生管理队伍需要深入了解学生的需求和困扰；代表学生的利益；同时协调学校、家庭、社会等各方的资源，帮助学生解决问题，达成育人目标。

首先，学生管理队伍深入了解学生的需求和困扰。学生管理队伍与学生保持密切的联系，通过日常的互动和沟通，了解学生管理队伍在学习、生活、心理等方面的需求和困扰。学生管理队伍关注每一个学生的独特性，尊重学生管理队伍的个性和差异，提供个性化的关注和帮助。这种深入的了解使学生管理队伍能够更准确地评估学生的需求，更有效地帮助学生解决问题。其次，学生管理队伍代表学生的利益。学生管理队伍是学生的朋友、倾听者、支持者，学生管理队伍关注学生的权益，维护学生管理队伍的利益。学生管理队伍为学生提供咨询、指导、辅导、支持等服务，帮助学生管理队伍应对学习和生活的挑战，提升学生管理队伍的生活品质。学生管理队伍也为学生提供信息、资源、机会等，帮助学生管理队伍开阔视野，提升能力，实现目标。学生管理队伍还通过各种方式反馈学生的需求和建议，促进学校进行决策和改进。最后，学生管理队伍协调学校、家庭、社会等各方的资源。学生管理队伍通过与学校的其他部门、教师、家长、社区等各方的合作，整合各种资源，为学生提供更全面、更高效的服务。学生管理队伍引导各方关注和支持学生的全面发展，形成一个共同育人的大环境。学生管理队伍通过与各方的交流和合作，促进了学生的成长和发展。

第二节　高校学生管理队伍建设可提升的空间

一、专业能力有待提升

学生管理工作涵盖的领域多样，包括心理咨询、社区建设、纪律处分、学生权益保护、学生活动组织等。这些领域都需要专业的知识和技能，例如，心理咨询需要心理学知识，社区建设需要社会工作知识，纪律处分需要法律知识等。然而，由于知识更新速度快，学生管理者可能难以跟上知识的更新，导致他们的知识和技能出现不足的情况。例如，他们可能不熟悉最新的心理咨询理论，不了解最新的社区工作方法，不清楚最新的法律规定等。这不仅可能影响他们的工作效率，也可能影响他们的工作质量。因此，对于学生管理者的专业能力，需要定期进行评估和培训。评估可以帮助了解学生管理者的知识和技能状况，发现他们的不足，为培训提供依据。培训可以帮助学生管理者更新知识，提升技能，提高他们的工作能力。这些培训包括内部培训和外部培训。内部培训可以由学校或学生事务部门组织，例如定期的知识讲座、技能工作坊等。外部培训可以由专业机构或者专家提供，例如心理咨询的专业培训、法律知识的专业培训等。此外，学生管理者还可以通过自学来提升自己的知识和技能，例如阅读专业书籍、参加在线课程等。

专业能力的提升不仅能提高学生管理者的工作效率和工作质量，也能提高他们的职业满意度。当他们能够熟练地运用专业知识和技能解决工作中的问题时，他们会感到成就感和自豪感，这将激励他们更加投入工作，更好地服务学生。同时，专业能力的提升也有助于学生管理者的职业发展。他们可以通过提升专业能力，获取更多的工作机会，获得更好的职业发展前景。

二、团队建设尚需加强

学生管理工作由于其复杂性和多元性，往往需要多个职能部门和不同角色的成员共同协作，如心理咨询师、学生活动协调员、学生权益保护员等。他们各自拥有不同的专业技能和知识，只有通过有效的合作，才能达到学生服务的最大效益。但在实际工作中，由于各种原因，可能会出现团队协作的问题，主要体现在以下几个方面。

（一）沟通问题

在高校学生管理的工作环境中，无论是教务人员、心理咨询师、宿舍管理员，还是学生活动协调员，每个角色都需要处理大量且多样化的信息。而信息准确、及时的传递，是保证工作效率和效果的重要环节。然而，由于各种原因，团队成员之间的沟通可能会出现问题，从而影响到学生管理工作的整体效果。沟通不畅的问题一般体现在信息传递的准确性和及时性上，如果没有建立有效的沟通机制，就可能出现信息的遗漏、误解或延迟，从而影响工作的进程。例如，如果心理咨询师发现某个学生有心理健康问题，但没有及时将相关信息反馈给其他成员，那么这个学生可能就无法得到及时的帮助和支持。或者，如果教务人员和学生活动协调员之间的沟通不畅，就可能导致活动时间和课程时间的冲突，影响学生的学习和活动参与。

团队成员之间的沟通不仅包括信息的传递，还包括对信息的理解和处理。如果团队成员之间对某些信息或问题的理解存在差异，那么就可能出现决策的分歧和纷争，从而影响团队的协作氛围和工作效率。例如，对于如何处理学生的纪律问题，不同成员可能会有不同的观点，如果没有有效的沟通和协商，就可能产生冲突，影响问题的解决。

（二）角色定位问题

在高校学生管理工作中，由于职能部门岗位众多，角色定位不明确就可能成为一个问题。具体表现在，团队成员对自己的角色职责和期望可能没有明确的认识，不清楚自己需要完成哪些任务，也不清楚如何与其他成员协作。这不仅可能导致工作重复或遗漏，还可能引发冲突和混乱，从而影响团队的工作效率和效果。

角色不清晰主要表现在两个方面：一是对自身的角色职责不明确；二是对与他人的协作关系不明确。对自身的角色职责不明确，可能导致团队成员在工作中缺乏方向和目标，不知道应该做什么，或者对自己的工作效果无法进行有效的评估。例如，学生权益保护员如果对自己在处理学生纠纷时的角色不清晰，可能会在调解过程中表现得犹豫不决，无法有效地进行调解并保护学生的权益。对与他人的协作关系不明确，可能导致团队成员在工作中缺乏有效的沟通和协作，产生不必要的冲突和误解。要解决角色不清晰的问题，需要明确团队成员的角色职责和期望，建立明确的工作流程和协作机制。这需要学生管理者有清晰的职责分工，合理的组织架构，以及有效的沟通和协作机制。同时，团队成员也需要对自己的角色有清晰的认识，理解自己的工作职责和期望，以及如何与其他成员协作，从而提高工作效率和效果。

（三）协作问题

在高校学生管理团队中，由于各种原因，如个人性格、工作压力、时间安排等，团队成员可能存在协作意愿和协作能力的问题。具体来说，某些团队成员可能不愿意或者不擅长与其他成员合作，这将严重影响团队的整体效能和凝聚力。

团队成员的协作意愿主要受他们的性格特征、工作态度、团队氛围等因素影响。例如，那些性格内向、善于独立工作的成员可能更倾向于单独处理任务，而不是与其他成员合作。另外，如果团队氛围不佳，例如存在严重的竞争或冲突，成员们可能也不愿意进行协作。在这种情况下，如果某个成员不愿意分享信息、不愿意参与团队活动，那么他可能会成为团队的"破坏者"，严重影响团队的协作氛围和工作效果。团队成员的协作能力主要受他们的沟通技巧、问题解决能力、情绪管理能力等因素的影响。例如，那些沟通技巧差、无法有效解决问题或处理冲突的成员可能会对团队的协作效率和效果产生负面影响。另外，如果团队成员无法有效管理自己的情绪，可能会导致情绪传染，进一步影响团队的协作氛围和效果。

三、服务意识有待提高

在高校学生管理工作中，服务意识是至关重要的，因为学生是管理者的工作中心，他们的需求和权益应当始终放在首位。然而，由于各种原因，学生管理者可能存在服务意识不足的问题。这个问题主要表现在以下几个方面：

首先，学生管理者可能因为忙于日常的工作任务，以至于没有足够的时间和精力去关注学生的需求。他们可能更多的是关注如何完成任务、如何达成目标，而忽视了学生的需求和感受。例如，他们可能在组织活动时，更关注活动的规模和影响力，而忽视了活动是否真正满足学生的需求，是否真正有利于学生的成长。其次，学生管理者可能没有充分理解和尊重学生的权益。他们可能没有意识到，学生作为高校的主体，他们有自己的权益，比如学习的权益、参与的权益、表达的权益等。他们可能在做决定时，没有充分考虑学生的意愿和利益，没有充分尊重学生的选择和决定。例如，他们可能在制定规章制度时，没有听取学生的意见和建议，或者在处理学生纠纷时，没有保护学生的合法权益。最后，学生管理者可能没有充分意识到自己的服务角色。他们可能认为自己的任务只是管理学生，而忽视了自己还是学生的服务者，应该提供优质的服务，满足学生的需求。他们可能在与学生交流时，更多的是指导和命令，而少了倾听和理解。例如，他们可能在面对学生的问题和困扰时，只是提供一些规范的解决方案，而没有深入了解学生的实际情况，也没有对其提供个性化的帮助。

这些问题无疑会降低学生管理的效率和质量，甚至可能影响学生的满意度及其校园生活的质量。因此，对于学生管理者的服务意识，管理者需要进行持续的关注和提升，以提高他们的服务质量。

四、创新能力需要加强

在高校学生管理工作中，创新能力是必不可少的。然而，由于各种原因，学生管理者可能存在创新能力不足的问题，这可能影响到他们的工作效果和学生的满意度。

（一）缺乏创新意识

在高校学生管理队伍中，创新意识的重要性不容忽视。然而，目前一些学生管理者可能过于依赖传统的工作模式和方法，缺乏足够的创新意识。他们可能固守过去的成功经验，采取"老路子"，认为既然过去的方式能解决问题，便没有必要去探索或尝试新的方法。这样的思维模式可能会阻碍他们对新问题的理解和解决，也可能使他们无法及时适应和响应学生需求和社会发展多元化和个性化的变化。举例来说，学生管理者可能在处理学生纠纷的过程中，依旧采用传统的调解方式，而忽视了现代心理咨询理论和冲突转化等更具创新性的方法。这样的处理方式可能无法有效解决问题，甚至可能会加重问题的严重性。更进一步，由于缺乏创新意识，他们可能对新兴的学生管理理论和实践方法，如利用大数据分析学生行为、应用情绪智能理论促进学生心理健康等，缺乏了解和应用能力。

固守传统方式还可能导致学生管理者缺乏对新的学生问题和需求的敏感度，降低他们解决问题的效率和效果。例如，面对新时代学生的多元文化背景，不同的价值观念和行为方式，传统的管理方法可能无法满足他们的需求，甚至可能引发新的矛盾和冲突。因此，学生管理者在面对新的挑战时，需要有创新意识，积极探索和应用新的理论和方法，以更有效地满足学生的需求，促进学生的全面发展。

（二）缺乏创新魄力

高校学生管理队伍中，某些成员可能缺乏必要的创新魄力。这种现象可能源于他们对新事物的恐惧，对失败的担忧，以及对改变的抵制态度。这种抵触创新的心态，不仅可能阻碍他们去尝试和实施新的工作方式，也可能影响他们的工作积极性和效率。他们可能害怕创新带来的风险和未知的可能，对新的工作方式持有疑虑和抵制的态度，这在一定程度上阻碍了他们的创新行动。以引入新的技术工具为例，如大数据和人工智能等，在学生管理工作中具有广阔的应用前景。这些新工具可以帮助学生管理者更准确地理解学生的需求，更有效地进行学生管理。然而，一些学生管理者可能对这些新工具持有顾虑，担心这些新工具可能带来风险和问题，比如隐私问题、技术问题等。他们害怕改变当前的工作方式，缺乏足够的信心和勇气去尝试和使用新的技术和工具。再比如，对于新的学生管理理论和实践方法，一些学生管理者可能由于缺乏对新知识、新理念的理解和接受，而表现出抵触和疑虑。他们可能因为担心新方法的效果不如传统方法，或者担心自身无法适应新方法，而不愿意去尝试和实施。这种缺乏创新魄力的态度，不仅限制了他们自身的专业成长，也可能影响到整个学生管理队伍的发展和效能。

（三）创新能力不足

在高校学生管理队伍中，可能存在着对创新能力的需求，但却缺乏足够的创新能力来满足这一需求的现象。在一些情况下，即使学生管理者具有对新事物的好奇心，愿意接受和尝试新的理念和方法，但由于学生管理者可能在知识和技能方面存在着缺陷，这可能会限制他们有效地进行创新。

除了新兴理论和技术的应用能力有待提升，学生管理者可能还缺乏将这些新兴理论和技术创新性地融入实际工作中的能力。因为每位学生都是独特的，他们的需求和问题都具有个体差异性。因此，即使学生管理者掌握了新的理论和技术，他们也需要具备一定的创新能力，才能将这些理论和技术与学生具体的需求相结合，创造出符合个体差异的管理方法。然而，如果学生管理者在这方面的能力不足，他们可能就无法有效地进行这样的创新工作。创新工作还需要有一定的风险承受能力。因为创新本身就意味着尝试和探索，这可能会带来一定的风险和挑战。然而，如果学生管理者对风险的接受程度不高，他们可能就会在面临挑战时选择放弃创新，从而影响到创新的效果。因此，学生管理者的创新能力不仅包括知识和技能，还包括风险承受能力，这样才能更好地应对创新工作中可能遇到的挑战和困难。

五、工作环境尚待优化

学生管理是一项需要良好工作环境的工作，包括物质环境和精神环境。然而，由于各种原因，学生管理者可能面临工作环境的问题，如工作设施不足、工作压力大等。因此，对于学生管理者的工作环境，需要进行持续的优化和改善，以提高他们的工作满意度和工作效率。

在学生管理工作中，物质环境可能存在不足。物质环境包括工作设施、设备和资源等，是学生管理者完成工作的基础。然而，可能会有这样的情况，即学生管理者的工作设施和设备不足，或者他们所能获取的资源有限，像办公环境可能狭小不舒适，电脑设备可能陈旧不堪，或者他们在处理学生问题时缺乏必要的参考资料和工具。这些问题不仅可能影响到学生管理者的工作效率，也可能对他们的工作满意度产生负面影响。学生管理者可能面临巨大的工作压力。学生管理工作涉及学生学习、生活、心理等多个方面，工作的重要性和复杂性使得学生管理者常常承受着较大的工作压力。学生管理者可能需要处理各种突发的学生问题，可能需要应对家长、学校和社会的各种压力和期待，也可能需要在限定的时间内完成大量的工作任务。这种长期的、过大的工作压力可能会对他们的身心健康产生负面影响，也可能降低他们的工作效率和工作热情。学生管理者的精神环境也可能不尽如人意，这种精神环境包括工作的尊重度、认可度和满意度等，是影响学生管理者工作积极性和效率的重要因素。在部分高校中存在学生管理者感觉他们的工作得不到足够的尊重和认可，或者他们对自己的工作不满意。例如，他们可能感到工作成果被忽视，或者他们的工作价值被低估。这种情况会削弱他们的工作积极性，也可能导致他们的工作效率下降。

第三节　高校学生管理队伍建设的路径

一、提升高校学生管理者的专业素养

（一）系统化培训

系统化的培训是提升学生管理者专业素养的重要方式。训练的内容应全面且具体，覆盖学生管理的各个方面。管理者需要深入了解学生管理的基础理论，包括学生发展理论、教育心理学、学生事务理论等，这些理论为学生管理提供了理论基础和指导原则。只有深入理解这些理论，管理者才能更好地理解和应对学生的需求和问题。

心理咨询技术也是学生管理者必备的技能之一。由于学生面临的问题往往涉及心理因素，学生管理者需要有能力进行有效的心理咨询和指导。他们需要了解心理咨询的基本技巧，如倾听技巧、情绪管理技巧、问题解决技巧等。此外，他们还需要了解各种心理障碍的识别和处理方法，以及危机干预的方法和步骤。随着科技的发展，新兴技术如大数据、人工智能等也在学生管理中发挥着重要的作用。这些新兴技术可以帮助学生管理者更精准地了解和分析学生的需求和问题，从而提供更有效的服务。因此，学生管理者需要了解这些新兴技术的基本原理和应用方法，以及相关的伦理和法规。例如，他们需要知道如何利用大数据进行学生行为分析，如何使用人工智能辅助学生咨询等。通过系统化的培训，学生管理者不仅可以提升自己的专业知识和技能，还可以不断更新自己的工作理念和方法，以适应学生需求和社会发展的变化。这将有助于他们更好地履行职责，提高学生管理工作的质量和效果。

（二）更新管理培训的教育模式

更新管理培训的教育模式是提升学生管理者专业素养的重要途径。传统的讲授式教育虽然能够传递大量的理论知识，但往往无法满足学生管理者对实践技能的需求。因此，采用更为现代的互动教育模式是必要的。以案例研究与案例教学为例，这种教学与培训模式通过具体案例，让学生管理者能够深入理解学生管理的实际问题和解决方案，从而提升他们分析问题和决策的能力。例如，可以选择一些典型的学生纠纷案例，让学生管理者分析纠纷的原因、发展过程和解决方式，这有助于他们理解和掌握纠纷调解的技巧和策略。

在管理培训教育中，还可以通过情境教学与训练来提升学生管理工作人员的专业素质，通过模拟真实的工作情境，学生管理者可以在安全的环境中尝试各种工作方法，磨炼自己的专业技能。例如，可以模拟设计一些学生咨询情境，让学生管理者扮演咨询师的角色，这不仅能让他们熟悉咨询的流程和技巧，也能帮助他们理解和体验学生的需求和感受。

（三）创设学习平台

建立学习平台对高校学生管理队伍成员的专业发展和团队协作具有重要意义。这样的平台不仅为高校学生管理队伍成员提供了一个自我提升的空间，同时创造了一个相互学习、共享经验的环境。线上社区或工作坊可以成为实现这一目标的有效工具。

线上社区能够打破地点和时间的限制，让高校学生管理队伍成员在任何时间、任何地点都可以参与学习和交流。这种灵活性可以满足学生管理者的个体差异，让他们可以根据自己的工作计划和学习节奏来进行学习。例如，高校学生管理队伍成员可以在社区中分享自己的工作经验和心得，读取并回应其他成员的帖子，这种互动式的学习方式可以促进他们思维的活跃度，提高他们的理解和应用能力。同时，学习平台也可以提高团队的凝聚力和协作能力。通过共享经验和解决问题，高校学生管理队伍成员可以更好地理解和认同彼此，增强他们的团队精神。因此，学习平台不仅是一个专业发展的工具，也是一个团队建设的工具。

二、加强高校学生管理队伍的整体效能

（一）提升团队的凝聚力

强化团队的凝聚力是提升学生管理队伍建设水平的重要途径之一。团队凝聚力可以理解为高校学生管理队伍成员之间的紧密联系，它具有助推团队成功的重大意义。这种联系并非自然生成，而是需要通过有意识地培育才能生成和加强。因此，加强团队凝聚力的方式不仅局限于直接的团队建设活动，还涵盖了许多间接但重要的因素，如建立有效的沟通机制、提供公平的激励机制，以及构建积极的工作氛围等。

为增进高校学生管理队伍成员之间的理解和信任，定期的团队建设活动必不可少。这些活动可以包括团队研讨会、户外拓展训练等。其中，团队研讨会可以让高校学生管理队伍成员有机会分享他们的经验、想法和观点，倾听他人的声音，从而提高理解他人和尊重他人的能力。而户外拓展训练，则通过一系列的团队挑战和冒险活动，让高校学生管理队伍成员体验到团队协作的重要性，学习如何在压力下与他人合作，从而增强团队凝聚力。另外，共享团队价值观和目标是构建团队凝聚力的另一个关键因素。当高校学生管理队伍成员对团队的价值观和目标有共同的理解和认同时，他们就更可能为实现这些价值观和目标而齐心协力地共同努力。因此，明确并传达团队的价值观和目标，让每个高校学生管理队伍成员都清楚知道他们为什么而工作，他们的工作有何意义，可以有效地增强团队认同感和归属感，从而提高团队的凝聚力。这也是学生管理队伍建设的重要路径之一。

（二）加强团队协作

加强团队协作在学生管理队伍建设中具有不可忽视的地位。团队协作能力是指高校学生管理队伍成员能够有效沟通、分享信息、协同工作、共同解决问题的能力。强化团队协作能力，不仅可以提高学生管理队伍的工作效率，还能提升工作的质量和效果。因此，加强团队协作应该是学生管理队伍建设的关键路径之一。

团队协作的基础是有效的沟通。有效的沟通能够确保高校学生管理队伍成员之间信息的准确传递，减少误解和冲突，有助于形成共识，从而推动工作的顺利进行。为此，定期的团队会议和在线讨论是非常有必要的。团队会议不仅是信息交流的场所，也是高校学生管理队伍成员表达意见、讨论问题、解决分歧的重要平台。在线讨论则可以提供一个方便快捷的交流平台，让高校学生管理队伍成员可以随时随地分享信息、讨论问题。信息分享也是团队协作的重要部分。信息分享可以帮助高校学生管理队伍成员了解工作的整体进展，及时获取工作中所需的信息，提高工作效率。信息共享平台可以提供一个便捷的信息分享和查询的渠道，有助于高校学生管理队伍成员之间的信息共享和知识传递。共同决策则是团队协作的核心。共同决策能够使高校学生管理队伍成员感到被尊重和重视，增强他们的参与感和归属感，也更有利于形成高质量的决策。在共同决策中，高校学生管理队伍成员可以根据自己的知识和经验，对问题提出自己的观点和建议，通过讨论和协商，达成共识，共同制定决策。这样的决策过程，可以充分调动高校学生管理队伍成员的积极性和创造性，提高决策的质量和执行力。

（三）明确角色与任务

学生管理工作若想更好地开展，学生管理队伍的管理水平若想得到切实的提升，那么明确管理者的角色与任务是重中之重。每一个高校学生管理队伍成员都应该明确自己在团队中的角色以及应完成的任务。这不仅有助于提高团队的工作效率，也能增强高校学生管理队伍成员的责任心和归属感，使管理者更加积极地参与到团队工作中。

明确角色可以帮助高校学生管理队伍成员理解自己的职责和期望。每个人在团队中都有一个特定的角色，如负责学生的日常管理，或是负责解决学生的心理问题等。了解自己的角色，就意味着了解自己的职责，知道自己需要做什么，以及团队对自己的期望是什么。这样，高校学生管理队伍成员才可以更加有目的性地进行工作，同时可以避免角色冲突和角色模糊的情况出现，提高团队的工作效率。明确任务也是提高工作效率的有效手段。明确的任务可以使高校学生管理队伍成员知道自己需要完成什么，以及需要何时完成。这样，高校学生管理队伍成员就可以根据自己的任务安排自己的工作，更好地与其他成员协作，共同完成团队的目标。明确的任务也有助于提高高校学生管理队伍成员的工作满意度，因为管理者可以清楚地看到自己的工作对团队的贡献，从而增强管理者的工作动力。

学生管理队伍可以通过多种方式明确高校学生管理队伍成员的角色和任务。例如，通过职责描述，可以明确高校学生管理队伍成员的角色和职责；通过任务分配，可以让高校学生管理队伍成员知道管理者需要完成的任务；通过目标设定，可以让高校学生管理队伍成员明确管理者的工作目标，以及如何与其他成员协作以达成这些目标。

三、增强高校学生管理队伍的服务意识

（一）加强服务教育

增强高校学生管理队伍的服务意识，最直接的途径就是加强管理队伍的服务教育。开展专门的服务意识培训，不仅可以强化高校学生管理队伍成员的服务意识，还可以提升管理者的服务技能。这种培训可以帮助高校学生管理队伍成员了解以学生为中心的服务理念，以及如何在实际工作中实施这种理念。对这种理念的理解，可以促使管理者将更多的注意力放在满足学生需求、尊重学生利益以及提升学生精神体验上。服务意识培训也可以帮助高校学生管理队伍成员了解并掌握一些基本的服务技能，比如有效的沟通技巧、问题解决技巧等。这些技能在日常工作中都有着广泛的应用。例如，有效的沟通可以帮助高校学生管理队伍成员更好地理解和满足学生的需求，而问题解决技巧可以帮助管理者更有效地处理各种学生问题。

在专门的服务教育中，高校可以通过举办模拟实战演练或者参观优秀的学生服务模式，使高校学生管理队伍成员有机会将理论知识转化为实际的操作技巧，加强管理者的实践能力。这种方式可以让高校学生管理队伍成员更直观地了解和体验优秀的服务流程和方法，也可以让管理者在实践中找到自己的不足，并及时进行调整和改善。

（二）增强服务实践

对于高校学生管理队伍成员而言，服务实践不仅能使管理者在实际工作中运用并巩固所学的专业知识和技巧，更能增强管理者的问题识别能力和解决能力，提升服务敏感度和反应速度。

一方面，通过深度参与实际的学生管理工作，高校学生管理队伍的成员可以获得对学生需求的直观理解，学习如何从学生的角度出发，审视并优化自己的服务流程和态度。同时，面对各种实际情况和问题，高校学生管理队伍成员也可以根据实际情况灵活运用所学知识，增强问题的解决能力，让理论知识更好地服务于实践。另一方面，服务实践也能有效地增强高校学生管理队伍成员的服务技巧。在实际操作中，高校学生管理队伍成员能更深入地了解服务的细节和技巧以及在处理复杂情况时需要注意的问题，如沟通技巧、应对冲突的策略等。这些技巧和经验将极大地提升管理者的服务效能，使学生管理工作更具效率和针对性。

（三）完善服务质量评估体系

服务质量评估体系对于学生管理队伍的建设具有重要的指导作用，一个有效的评估体系可以为管理队伍提供一个明确的服务标准和评估准则，帮助管理者了解并清晰定义优质服务的具体含义和实现途径。此外，它还可以为管理队伍提供一个反馈机制，使管理者可以得知自己的服务质量如何，哪些地方做得好，哪些地方需要改进，从而指导管理者进行持续的自我提升和改进。

服务质量评估体系应包括明确的评估标准和准则。这些标准和准则应基于学生的需求和期望，以及管理队伍的任务和责任。例如，评估标准应包括服务的响应速度、解决问题的能力、服务态度、专业知识等。这些标准和准则应与学生的满意度直接相关，以便管理队伍能够直观地了解管理者的服务质量如何影响学生的满意度。服务质量评估体系还应包括有效的反馈机制。这种机制可以通过各种方式实现，例如定期的服务质量评估报告、学生的反馈和建议、同行评价等。通过反馈，管理队伍成员可以了解自己的服务质量，找出不足，进行改进。例如，如果管理者发现自己的服务响应速度不足，管理者可以寻找原因并制订改进计划，以此来提高自己的服务质量。通过这种方式，管理者可以不断提升自己的服务水平，提供更优质的服务。

四、优化高校学生管理队伍的工作环境

（一）改善物质环境

1. 提供足够的工作空间

工作空间是员工执行任务的实际环境，其设计和配置直接影响到工作的效率和效果。因此，高校应提供足够的工作空间，以满足学生管理团队的需求。足够的空间不仅可以让学生管理者在处理日常事务时有足够的自由度，同时可以为管理者进行团队合作或者集中学习提供空间。在空间布局上，可以根据学生管理者的职责和工作特性，进行合理的空间划分，如为需要沉静思考或进行一对一咨询的学生管理者提供独立的工作空间，为需要进行团队协作的学生管理者提供开放式的工作空间等。

2. 确保良好的办公设施和设备

良好的物质环境对工作效率的提升有着直接且重要的影响。现代化的办公设施和设备，比如高性能的电脑、功能强大的软件以及稳定高速的互联网接入，都是学生管理团队日常工作的重要工具。高效的硬件设施不仅可以减少团队成员在处理日常任务时，由于设备性能不佳带来的时间浪费，也能保证他们在处理大量数据或复杂任务时能够顺利进行。例如，一款性能优秀的电脑可以帮助管理者快速处理数据，稳定的互联网接入则保证学生管理者可以顺利进行在线会议、搜索资料，甚至在线完成一些学生管理的协作工作。

学生管理者不仅需要优秀的硬件设备，同样也需要各种教育材料和培训资料。这些资源能够帮助他们更好地理解和应对学生的需求，更有效地进行工作。为此，高校可以建立一个在线资源库，让团队成员可以随时随地获取到最新的教育资讯和学生管理理论。这个资源库应包含各种类型的资源，如学习文章、政策文件、案例研究、工作模板等，团队成员可以根据自己的需求来查找和学习。这样，学生管理者就可以更好地跟踪最新的教育趋势，了解学生的需求变化，提高自己的专业能力。

（二）提高工作尊重度和认可度

对于学生管理者来说，提高对其工作的尊重度和认可度是非常重要的。为了提升学生管理者的工作满意度，学校与相关部门应对他们的工作成果给予充分的赞赏和认可。无论是大的项目成功，还是日常工作中的小成果，都应当给予及时的反馈和赞赏。这种赞赏和认可不仅是对他们努力工作的回馈，也是对他们能力的肯定。可以通过举行庆祝会议、发放奖励证书，或者公开表扬等形式，向学生管理者表达赞赏和认可。同时，这种赞赏和认可也可以在团队内部形成正向的竞争氛围，激励所有成员以最高的标准和要求来完成工作。

尊重是所有人都渴望得到的基本需求，尊重学生管理者的个人价值和专业能力是提高工作满意度的重要手段。每个学生管理者都有其独特的价值和能力，高校应该充分理解和尊重这一点，让他们在学生管理团队中找到自己的位置。例如，对于具有专业咨询能力的成员，可以让他们参与学生咨询活动；对于具有良好组织能力的成员，可以让他们负责组织团队活动。这样既可以充分利用他们的能力，也可以提高他们的工作满意度。同时，高校还应该对学生管理者的工作投入表示感谢，让他们感觉自己的工作得到了充分的尊重和认可。

（三）合理的工作安排和压力管理

对于高校学生管理者来说，他们的工作内容量大且类型复杂多样，为了防止过度工作和疲劳，必须对学生管理者的工作进行合理的分配。合理的工作分配不仅涉及工作量的分配，还包括工作内容的分配。每个学生管理者的能力和兴趣都有所不同，高校应该根据他们的特点和优势，为他们分配合适的工作。比如，对于善于沟通的成员，可以多分配一些需要与学生直接接触的工作；对于具有良好数据分析能力的成员，可以让他们负责数据统计和数据分析工作。通过合理的工作分配，不仅可以提高团队的工作效率，还可以提高成员的工作满意度，减少工作压力。

有效的压力管理是保持学生管理者工作效率和工作满意度的重要措施。高校应该提供压力管理培训，教授学生管理者如何应对和管理工作压力。比如，可以教授他们如何制订有效的工作计划，如何合理安排工作和休息时间，如何运用放松技巧来缓解工作压力等。此外，高校还应该为学生管理者提供工作生活平衡的支持，如灵活的工作时间，充足的休假时间，以及各种健康和福利计划。这样，学生管理者就可以在保持高效工作的同时，也能保证自己的健康和生活质量，从而降低工作压力，提高工作满意度。

第八章 新时代高校学生管理工作的创新

第一节 大数据赋能高校学生管理工作

一、大数据在高校学生管理中的作用

（一）深入了解学生

大数据的应用已经渗透学生管理的各个层面，为管理者提供了丰富且精准的学生信息。在学生的学习数据方面，大数据能够帮助管理者详细了解学生的学习表现，例如他们在哪些课程上表现优秀，在哪些课程上遇到困难、他们的学习习惯是什么，等等。通过这些信息，管理者可以更准确地了解学生的学习需求，为他们提供更精确的学习支持。例如，如果大数据显示一部分学生在数学课程上经常遇到困难，那么学校可以提供针对性的数学辅导，以帮助他们提高学习效果。

在学生的社交数据方面，大数据也起到了重要的作用。通过分析学生在社交媒体上的动态，管理者可以了解学生的社交行为和兴趣爱好，例如他们更愿意参与哪些社交活动、他们对哪些话题感兴趣，等等。这些信息不仅可以帮助管理者更好地理解学生的社交需求，也可以帮助他们创建更符合学生兴趣的社交活动，以提高学生的社交满意度和参与度。例如，如果大数据显示一部分学生对电竞活动非常感兴趣，那么学校可以举办相关的电竞活动，以满足他们的社交需求。

在学生的行为数据方面，大数据可以帮助管理者全面了解学生的行为模式。通过分析学生的上网行为、购物行为、运动行为等，管理者可以详细了解学生的生活习惯和消费习惯，例如他们平常喜欢做什么、他们更愿意消费哪些产品，等等。这些信息都可以帮助管理者更准确地判断学生的生活需求，为他们提供更贴心的生活服务。例如，如果大数据显示一部分学生经常在晚上使用图书馆，那么学校可以考虑延长图书馆的开放时间，以满足他们的学习需求。

在学生的心理数据方面，大数据能够帮助学生管理者更加全面、深入地了解学生的身心发展状态，通过分析学生的在线搜索行为、社交媒体发言等，管理者可以获取学生的心理信息，例如他们的心理状态、情绪波动、心理问题等。这些信息可以帮助管理者更准确地判断学生的心理需求，为他们提供更精确、更具个性化的心理辅导。

（二）提高学生管理的效率和效果

大数据赋能高校学生管理工作最鲜明的表现之一就是大数据能够在很大程度上帮助学生管理者提升其工作的效率，并通过更加精准、客观的数据辅助，帮助学生管理者做出更加精准的决策，提升学生管理的效果。大数据提高学生管理的效率和效果主要体现在以下几方面：

大数据为学生管理者提供了一种快速有效的问题发现工具。传统的学生管理通常依赖于管理者的观察和判断，这种方式往往费时费力，而且可能受到主观因素的影响。但是，通过大数据分析，管理者可以迅速发现学生的问题和需求，例如学习困难、心理问题、行为问题等。这些发现不仅有助于管理者提前发现并解决问题，还有助于他们更深入地了解学生，提高管理的精准度。大数据还为学生管理提供了全面而详细的学生信息。在过去，学生信息的收集往往局限于学校内部，而且信息的内容和质量也有限。但是，大数据可以收集和分析来自各种来源的学生信息，包括学习数据、社交数据、行为数据等。这些信息不仅可以提供更全面的自我画像，还可以帮助管理者更深入地了解学生的个体差异和需求。通过分析历史数据和当前数据，基于大数据的高校学生管理可以预测学生未来的行为和需求，例如他们可能的学习路径、职业兴趣、心理变化等。这些预测不仅可以帮助管理者提前准备，还可以帮助他们制定更有前瞻性的管理策略。大数据还可以提高学生管理的决策效率。在过去，学生管理的决策通常需要大量的时间和精力，因为管理者需要收集和分析大量的信息。但是，大数据可以快速处理和分析大量的信息，从而提供及时和准确的决策支持。例如，通过大数据分析，管理者可以迅速发现学生的学习困难和心理问题，从而快速做出相应的决策和响应。[①]

（三）评估和优化管理策略

1.提供评估工具

大数据可以为学生管理者提供强大的评估工具。传统的评估方法往往依赖于定性的反馈和观察，而这些方法可能受到主观因素的影响，准确性和有效性有限。但是，通过大数据分析，管理者可以获取定量、客观的评估结果。管理者可以通过数据来评估一项新的管理策略，或者比较不同管理策略的效果。这些评估结果不仅可以提供更准确和公正的反馈，还可以为管理决策提供更有力的依据。

2.发现管理问题

大数据可以帮助管理者及时发现并优化管理策略中的问题。对数据的持续跟踪和分析可以让管理者及时了解管理策略的执行情况，发现其中的问题和不足。在高校学生管理实践中，如果数据显示一项服务的使用率较低，或者某些学生对一项服务的满意度较低，那么管理者就可以知道这项服务可能存在问题，需要进行优化。这样，管理者就可以在问题还不严重的时候及时进行调整，避免问题扩大。

3.优化资源分配

通过数据，高校学生管理者可以了解各项服务和策略的使用情况，了解哪些服务和策略更受学生的欢迎，哪些服务和策略的效果更好。这样，他们就可以将更多的资源分配给那些更有效、更受欢迎的服务和策略，从而优化资源利用，提高管理效果。

---

① 卢保娣.大数据时代高校教育管理及其信息化建设[M].长春：吉林大学出版社，2021：46-51.

4.优化管理系统

在传统的管理中，管理策略通常是固定的，不容易根据情况进行调整。但是，大数据可以提供实时的、动态的信息，让管理者可以根据实际情况进行灵活的调整。例如，管理者可以根据数据动态调整服务时间、服务内容、服务人员等，以满足学生的实际需求。这种灵活的管理方式可以更好地适应变化情况，提高管理的灵活性和适应性。[①]

二、大数据赋能高校学生管理工作优化的路径

（一）数据收集与整合

大数据对高校学生管理工作优化的促进作用，首先体现在大数据技术强大的信息收集能力上。可以说，数据收集是大数据赋能高校学生管理工作优化路径的第一步。高校学生管理者需要构建一个全面的数据收集系统，包含学生的各种数据，如学习数据、活动数据、心理数据等。这不仅包括学生在校园内部产生的数据，例如课堂出勤、考试成绩、学习资源使用情况、社团活动参与度等，还包括学生在校园外部产生的数据，例如网络行为、社交媒体活动等。对于这些数据的收集，需要高校与各种数据源进行合作。例如，与教务处、图书馆、体育馆、社团联合会等合作，收集内部数据；与网络服务商、社交媒体平台等合作，收集外部数据。数据的收集工作需要维持高效性和持续性，以确保数据的及时性和完整性。

在完成收集数据的步骤后，整合数据是大数据赋能高校学生管理工作的关键步骤。为了从各种数据中挖掘有价值的信息，高校需要建立一个数据整合平台，将各种数据进行整合和分析。这个平台应该能够处理各种格式的数据，支持数据清洗、数据转换、数据聚合等功能，使数据能够满足后续分析的需要。此外，这个平台还应该支持数据的多维度查询和可视化展示，使管理者能够方便地获取和理解数据分析结果。数据的保护也是大数据在高校学生管理工作中的一个重要环节。在收集和整合数据的过程中，高校必须确保

---

① 沈佳，许晓静.基于多视角下的高校学生管理工作探究 [M].北京：现代出版社，2022：116-118.

数据的安全性和隐私性。这包括：对数据进行加密处理，防止数据泄露；对数据使用进行规定，防止数据滥用；对数据进行备份，防止数据丢失。只有保证数据的安全性和隐私性，才能赢得学生和社会的信任，使大数据真正赋能高校学生管理工作。

（二）数据分析与应用

数据分析是大数据赋能高校学生管理工作的关键环节。为了从收集和整合的数据中提取有价值的信息，高校需要运用各种数据分析工具和方法。这包括：描述性分析，用于总结和解释数据，提供对数据的基本理解；预测性分析，用于预测未来的趋势和行为，提供对未来的洞察；诊断性分析，用于理解数据背后的原因和影响，提供对问题的深入理解；决策性分析，用于评估各种决策的结果，提供对决策的支持。例如，通过描述性分析，学生管理者可以了解到学生的基本情况，如学生的数量、性别、年龄、专业等；通过预测性分析，学生管理者可以预测到学生未来的行为，如学生的学习成绩、活动参与度、心理状况等的变化趋势；通过诊断性分析，学生管理者可以深入了解学生的问题，如学生学习困难的原因、活动参与度低的影响等；通过决策性分析，学生管理者可以评估不同管理策略的效果，如提供辅导服务、增加活动种类等的影响。

数据应用则是大数据在高校学生管理工作中的最后一步。将数据分析的结果应用到实际的管理工作中，是大数据赋能的目标。这包括：制定针对性的管理策略，根据学生的实际情况和需求，制定个性化的服务和支持；制定评估机制和优化机制，根据数据分析的结果，评估现有的管理策略和措施，进行优化和改进。在数据分析中，如果显示某一类学生在某门课程或者某活动上表现不佳，学生管理者就可以根据这一信息，制定针对性的辅导策略，如提供专门的辅导服务，或者为学生提供额外的学习资源，以及根据实践对学习与活动的内容与组织形式进行针对性调整。如果数据分析某项服务的使用率较低，学生管理者就可以根据这一信息，评估该服务的问题，如服务的设计、推广方式等，并进行优化和改进。

（三）基于数据的科学决策

在过去，高校的学生管理决策往往依赖于管理者的经验和直觉。虽然这种决策方式有其价值，但也存在很多局限性，比如决策的主观性强，易受个人偏见的影响，不易应对复杂和多变的情况，且决策的效果难以量化和评估。然而，数据驱动的决策则克服了这些问题。它是基于数据的分析和洞察，可以提供更准确、客观、全面和深入的信息，从而提高决策的准确性和有效性。

数据驱动的决策有几个重要的特点。首先，它是基于大量的数据。这些数据可以来自多方面来源，如学生的学习数据、生活数据、心理数据等，提供了对学生全面和深入的了解。其次，它是通过高级的数据分析方法，如统计分析、机器学习、人工智能等，从大量的数据中提取有用的信息和洞察。最后，它将数据分析的结果应用到决策中，使决策更加科学和精确。数据驱动的决策为高校学生管理工作带来了很多优势。一方面，它可以提高决策的准确性。由于数据分析提供了准确、客观、全面和深入的信息，基于这些信息的决策往往更加精确。另一方面，它可以提高决策的效率。由于数据分析可以快速、自动化地处理大量的数据，基于这些分析的决策可以更快地做出。此外，它可以提高决策的有效性。由于数据分析可以揭示数据背后的规律和趋势，基于这些分析的决策可以更好地应对在高校学生管理中所出现的复杂和多变的情况。

（四）数据反馈和优化

数据反馈和优化是大数据赋能高校学生管理工作优化的最后一个环节，也是非常重要的一环。建立一个数据反馈系统意味着管理者需要对已经执行的决策和已经实施的措施进行持续的跟踪和评估，以了解效果如何，是否达到了预期的目标。在这一过程中，管理者需要使用各种数据收集和分析工具，以收集反馈数据，然后对这些数据进行分析，以了解管理措施的实际效果。

在高校学生管理中，数据反馈可以帮助管理者了解管理策略是否有效，是否达到预期效果，哪些地方做得好，哪些地方需要改进。基于这些反馈，管理者可以及时调整和优化管理策略，以提高其有效性。例如，如果数据反馈某项服务的使用率低，那么管理者可能需要考虑优化这项服务，以提高其使用率。或者，如果数据反馈某个学生群体的学习成绩不佳，那么管理者可能需要采取特殊的教学策略，以提高这个学生群体的学习成绩。数据反馈和优化是一个循环的过程，需要持续进行。只有通过持续的数据反馈和优化，高校的学生管理工作才能持续改进，不断提高效果。这个过程需要学生管理者具备数据驱动思维，能够深入理解和运用数据，同时需要高校提供必要的数据基础设施和技术支持。

第二节 "互联网+"背景下高校学生管理工作的创新

一、"互联网+"背景下高校学生管理的机遇与挑战

（一）"互联网+"背景下高校学生管理面临的机遇

1.更加高效的管理

一方面，互联网和相关技术的发展为高校学生管理带来了前所未有的效率提升，这是因为它改变了管理者获取信息、处理信息和分享信息的方式。在这个全新的信息时代，高校能够利用互联网技术来快速采集和处理学生信息，无论是学习表现、社团活动还是其他方面的数据，高校都可以即时获得详细的信息并进行分析。这种高效的数据处理方式，为学生管理提供了更为翔实的信息基础，使得决策更为精准，减少了无效的管理行为，提升了管理的整体效率。

另一方面，互联网作为一个全新的信息传递工具，也使得高校能够更快速地发布通知，更及时地获取学生反馈的信息。学生无论身处何地，都可以通过手机App或其他在线平台，随时随地接收到学校的通知，也可以在第一时间对通知进行信息反馈。这不仅使学生和管理者之间的沟通更为畅通，也能大大提高了信息传递的速度。在这种情况下，管理的效率自然得到提升。

因此，互联网和相关技术的发展，为高校学生管理带来了更高效的管理机遇。这种机遇不仅体现在信息获取、信息处理和信息分享的高效率，也体现在管理决策的高精准度以及管理行为的高效能上。

2.更加精准的服务

在"互联网+"背景下，高校学生管理所提供的服务能够更加精准化，这主要得益于互联网对信息强大的处理与分析能力。大学生的需求和问题是多样化的，只有了解了他们的具体情况，才能提供真正适合他们的服务，这就需要高校能够精确地收集和分析学生的信息，而这正是互联网技术最大的优势之一。

互联网技术可以帮助高校从大量的学生信息中发现规律，找出问题的关键。这些信息涵盖了学生的学习情况、生活习惯、心理状况等多个方面。通过对这些信息的分析，高校可以了解到学生的学习难点、心理问题等具体问题，从而提供针对性的服务。这种学生管理与服务不再像原来一样是"一刀切"的，而是根据学生的具体情况进行调整的，因此更为精准，也更能满足学生的需求。

精准化的学生管理与服务对高校的学生管理工作有着重要的意义。首先，它可以提高服务的效果。精准的服务意味着能够准确地解决学生的问题，因此能够提高服务的实效性，帮助学生更好地解决问题，达到预期的目标。其次，精准的服务可以提高学生的满意度。服务是针对学生的具体情况进行的，因此更能满足学生的需求，自然能提高学生对服务的满意度。最后，精准的服务也可以提高高校的管理效率。服务是针对问题的关键进行的，因此能避免对非关键问题的无效投入，从而提高管理的效率。

3.更为广阔的育人空间

互联网由于其信息承载量大与传播速度快的特点，为现代高等教育提供了更为广阔的育人空间，它可以打破传统的时间和空间限制，使学生可以在任何时间、任何地点接受教育和指导，丰富他们的学习和生活体验。

互联网技术的引入，为学生的发展打开了新的空间。在传统的学生管理模式中，育人活动主要在学校内进行，学生的学习和活动受到时间和空间的限制。而在"互联网+"的背景下，这种限制被打破。学生可以通过网络平台，自主安排学习和活动的时间和地点，增加了学习和活动的自由度，也更加符合现代人的生活习惯。此外，互联网还可以提供丰富的学习和活动资源，丰富学生的校园生活。通过网络平台，学生可以接触到各种各样的信息和知识，拓宽了他们的视野。同时，也可以参与到各种网络活动中，如在线课程、网上社团活动等，丰富了他们的校园生活。

通过互联网，学生可以接触到更多的知识和信息，参与到更多的活动中，从而提高他们的学习和生活质量。在互联网的广阔空间中，学生可以自主地安排学习和活动，有更多的机会尝试和创新，从而提高他们的自主性和创新性。通过互联网，高校同样也可以提供更多元化的服务，满足学生的多样化需求，从而提高教育和管理的效率。

4.更为多元的教育资源

在"互联网＋"的背景下，高校有机会获取更为多元的教育资源，从而优化学生管理工作。互联网无疑是全球最大、最丰富的知识库，拥有海量的信息和资源。它可以将全球的教育资源进行连接，为学生提供丰富的学习材料和交流平台。例如，学生可以通过互联网访问各种电子图书、在线课程，也可以通过网络平台与国内外的学生和专家进行交流。

互联网技术可以极大地扩大教育资源的获取途径。在传统的学习模式中，学生主要通过课本和教师获取知识，而这些资源的内容和形式都是有限的。然而，在互联网环境下，学生可以接触到丰富多样的教育资源，包括电子图书、在线课程、学习论文、实验教程、互动游戏等。这些资源内容丰富、形式多样，可以满足学生不同的学习需求，提高他们的学习兴趣和学习效率。互联网也提供了广阔的交流平台。在传统的学习环境中，学生的交流主要依赖于面对面的交流，而这种交流形式在时间和空间上都有一定的限制性。然而，在互联网环境下，学生可以随时随地进行交流，无论是同班同学、其他学校的学生，还是国内外的专家学者，都可以成为他们交流的对象。这种广阔的交流平台可以让学生开阔视野，提高他们的交流和协作能力。互联网还可以实现教育资源的共享和再利用。通过互联网，高校可以将自己的教育资源分享出去，同时可以引入外部的优质资源。这不仅可以提高教育资源的利用效率，也可以促进教育资源的优化和更新。而且，通过数据分析，高校还可以根据学生的学习行为和反馈的信息，对教育资源进行优化和调整，从而更好地满足学生的学习需求。[①]

（二）"互联网 +"背景下高校学生管理面临的挑战

1.信息安全与隐私保护问题

在管理者步入数字化时代的同时，信息安全和隐私保护的问题日益凸显。对于高校而言，学生是个人信息和学习数据的主要收集和使用方，如何保护好这些数据，防止其被泄露和滥用，成为一项重要的责任和挑战。首先，互联网环境的开放性和动态性，使得信息安全面临着巨大的威胁。任何一次网络攻击或系统故障，都可能导致大量的学生数据被泄露，甚至被滥用。因此，高校需要投入更多的资源，提高信息系统的安全性，预防各种网络攻击和系统故障。

随着大数据和人工智能技术的发展，数据的价值越来越被重视。然而，这也带来了数据滥用的风险。一些机构可能利用学生数据进行商业推广，甚至进行不道德的行为，如侵犯学生的隐私权。因此，高校需要制定严格的数据使用政策，明确规定数据的使用范围和使用方式，防止数据被滥用。学生的个人信息和学习数据涉及他们的隐私权，任何未经授权的数据收集和使用，都可能侵犯学生的隐私权。因此，高校需要尊重学生的隐私权，确保数据收集和使用的合法性和合规性，同时，还需要对学生进行隐私权教育，提高他们的隐私保护意识。总的来说，信息安全和隐私保护是高校在"互联网 +"背景下面临的重要挑战，需要高校投入足够的关注和资源，采取有效的措施进行应对。

2.技术应用和维护问题

互联网技术的广泛应用为高校学生管理工作带来了前所未有的便利和效率，同时带来了技术应用和维护的问题。高校必须有足够的硬件设备和软件系统来支持互联网技术的应用，这不仅涉及大量的投资，还需要有专业的技术团队来进行维护和更新，这对一些掌握资源较少的高校来说，可能是一个不小的挑战。硬件设备和软件系统是互联网技术应用的基础，如果设备老

---

① 奉中华，张巍，仲心.大学生教育管理的创新与实践研究[M].长春：吉林人民出版社，2021：89-92.

旧、系统版本低下，就很难支持新的应用和服务。同时，随着技术的不断发展，设备和系统也需要不断地更新和替换，这就需要有稳定的经费支持。但是，许多高校可能由于经费有限，难以承受这样的投资。

技术团队的构建和维持也是一个重要问题。互联网技术的应用和维护需要有专业的技术人员，他们需要具备相关的专业知识和技能，同时需要具备良好的服务意识和问题的解决能力。然而，专业的技术人员往往成本较高，对于许多高校来说，可能难以承受。

3. 管理规则和机制的改变问题

传统的高校学生管理工作主要依赖于人力和纸质文档，其管理规则和机制也都是为这种工作模式设计的。然而，随着互联网技术的发展，这种工作模式正在发生深刻的变化。在"互联网+"的背景下，学生管理工作不再局限于某个物理空间，而是可以通过网络进行。同时，信息的收集、处理和传递也都可以通过电子方式完成，这大大提高了工作的效率。然而，这种变化也带来了挑战，尤其是管理规则和机制的改变问题。因为，许多传统的管理规则和机制可能不适应互联网环境，比如，以前在纸质文档中记录和储存的信息，现在需要在电子系统中进行，这就需要建立新的信息管理和保护规则。又比如，以前的管理工作主要依赖于面对面的交流，现在则需要通过电子方式进行，这就需要建立新的沟通机制和反馈机制。

高校需要对现有的管理规则和机制进行检查和评估，找出那些不适应互联网环境的地方，然后进行必要的修改和更新。这是一个复杂而艰巨的任务，需要管理者具备前瞻性的视野和创新的思维，同时需要有足够的技术支持。只有这样，才能保证在"互联网+"的背景下，让高校的学生管理工作既能充分利用互联网技术带来的好处，又能避免由此产生的问题和困扰，从而真正提升管理的效果。

二、"互联网+"背景下高校学生管理工作的创新路径

（一）构建全面的数据管理系统

以互联网为依托，构建全面的数据管理系统不仅能提高高校管理的效

率，更可以将分散的学生信息进行集中管理，大大减少因信息丢失或冗余而造成的资源浪费。全面的数据管理系统可以更好地管理学生的信息，实现学生信息的集中管理和高效利用。

基于互联网构建全面的数据管理系统，高校需要明确数据管理系统的目标和功能。目标可能包括提高管理效率、提供个性化服务、保护学生信息等。功能则可能包括数据收集、数据存储、数据分析、数据应用等。明确目标和功能有助于高校确定系统的具体需求，为后续的设计和开发提供方向。在明确了系统的目标与功能后，高校需要设计和建立数据管理系统。这个过程可能包括确定系统的架构和技术，设计数据模型和接口，开发相应的软件和应用，部署和测试系统等。在这个过程中，高校需要充分利用互联网技术，如大数据、云计算、人工智能等，以实现系统的高效性、稳定性和可扩展性。

数据管理系统的核心作用之一就是数据管理，高校需要对数据进行有效管理，包括数据的收集和设定使用规则，确保数据的安全和隐私，持续优化和更新数据，对数据进行定期备份和恢复等。高校也需要建立专门的数据管理团队，负责系统的日常运行和维护。高校还需要将数据管理系统和学生管理工作紧密结合，包括将系统应用到学生信息管理、学习管理、生活管理等各个环节，通过数据提供针对性的服务和支持。同时，高校也需要通过信息反馈和评估，不断优化系统的使用效果，提高学生的满意度。①

（二）利用互联网实现服务个性化

在"互联网+"的背景下，高校拥有传统管理模式所不具备的优势来收集、分析和利用学生的在线行为数据，从而理解学生的个性化需求，然后提供相应的教育和服务。这种服务模式的核心是"个性化"，即根据每个学生的特点和需求，提供不同的教育资源和服务。

数据的收集是个性化服务的基础。高校可以通过互联网技术，收集学生的各种数据，包括学习数据、活动数据、心理数据等。这些数据可以帮助高

---

① 唐杰.人力资源管理理论在高校学生管理中的应用研究[M].成都：电子科技大学出版社，2018：128-132.

校了解学生的兴趣、爱好、学习风格、心理状态等个性化信息。同时，高校还可以通过数据跟踪学生的变化，及时发现学生的问题和需求。数据的分析是个性化服务的关键。高校可以利用大数据分析、机器学习等技术，从海量的数据中提取有价值的信息，生成关于学生的深入洞察。这些洞察可以帮助高校理解学生的行为模式，预测学生未来的需求，为学生提供个性化的推荐和建议。数据的应用则是个性化服务的目标。高校可以根据分析的结果，为每个学生提供个性化的教育资源和服务。例如，对于有特殊学习需求的学生，高校可以提供个性化的学习计划和辅导；对于有特殊心理需求的学生，高校可以提供个性化的心理咨询和辅导。

高校学生管理的创新还体现在如何更好地满足学生的需求上。传统的学生活动通常需要通过公示栏、发传单等方式来宣传，学生需要亲自到指定地点去报名，这种方式往往效率低下。现在，借助基于"互联网＋"的新管理模式，高校可以开展线上学生活动，例如通过微信公众号、QQ 群等互联网工具开展学生活动宣传、组织和管理的工作，从而达到更好的宣传效果和更高的活动参与度。高校可以借助线上教育平台，开展网上学生主题讨论、线上讲座、网上直播等活动，让学生可以在家中就能获取更多的知识和体验学习的乐趣。个性化的服务使得高校学生管理实践更加深入学生群体，能够以更加精准的管理与服务行为辅助学生更好地开展学习与生活实践。

（三）创新教育管理模式

在"互联网＋"的背景下，高校可以利用互联网和新技术创新教育模式，从而提高教育质量。互联网技术，包括在线课程、虚拟现实等，为教育创新提供了无限可能。通过将这些先进的技术融入教育，高校不仅可以丰富教学内容，增加教学手段，还可以激发学生的学习兴趣，提高学习效率，最终实现教育质量的提升，这也是优化学生学业管理的重要路径之一。

教育目标的创新是互联网技术改变教育模式的方向。在"互联网＋"的背景下，高校的教育目标不再仅仅是传授知识，而是要培养学生的创新能力、批判性思维、协作精神等综合素质。这就需要高校在教育过程中，更多地关注学生的思考、探索和创造，而不是简单的知识灌输。教学内容的创新是利用互联网技术改变教育模式的重要途径。在过去，由于资源的限制，高校的教学内容主要是依靠教材，往往显得单一和枯燥。而在"互联网 +"的背景下，高校可以利用网络资源丰富教学内容，如使用在线课程、电子图书、网络讲座等，这些丰富多元的资源为学生提供了广阔的知识视野，激发了他们的学习兴趣。同时，这种教学模式也使学生能够自我调整学习节奏，使学习更加高效。教学手段的创新同样十分重要。传统的教学手段，如讲授、演示、讨论等，往往忽视了学生的主体性，而新的教学手段，如在线互动、虚拟现实、远程合作等，可以更好地调动学生的主动性，提高学生的学习参与度。例如，通过在线互动，学生可以随时提问、参与讨论，极大地提高了他们的学习动力；通过虚拟现实，学生可以亲身体验、模拟实践，使得学习更加生动、有趣。[①]

第三节　高校学生自我管理的推进路径

一、高校学生自我管理概述

（一）高校学生自我管理的内涵

所谓高等院校学生的自我管理就是高等院校学生在学校接受教育阶段，在提高学生的思想觉悟和加强学生自制力的前提下，让学生进行自我教育，以达到自我发展的目的。自我教育主要包含三个方面的内容：一是一个学校的学生有较强的凝聚力和集体荣誉感；二是学生有教育自觉性，对自己实行必要的教育手段；三是自我教育与他教不同，自我教育显得更实在，更符合学生的实际需要。现代高等院校实行学生自我管理模式，是指在学生管理工作中，不实行学校相关的强制性规章制度，而是将管理的这把手放在隐形地方，旨在强调学生自治，学校的一些制度只是用来起到一定的监督作用。

---

① 沈佳，许晓静 . 基于多视角下的高校学生管理工作探究 [M]. 北京：现代出版社，2022：105-108.

（二）高校学生自我管理的意义

学生自我管理在高等院校管理工作中发挥着越来越重要的作用，并渐渐成为高等院校学生管理工作的重要方面，并具有显著的作用，主要体现在以下几个方面：

第一，学生的自我管理能够有效地提高大学生的主动性，增强解决实际困难的能力。自我管理是以大学生自己为主的管理模式，大学生扮演管理者和被管理者的两重身份，学生自己主动参与管理，又接受来自自己的管理，充分体现了学生的主体性。

第二，学生的自我管理有利于塑造大学生的独立性品质，增强社会责任感。"自我管理"实质上是学生的自我约束。在高校规章制度的监督下，增强学生的自我控制能力和独立感，加强学生的主观能动性，使学生在学习生活中，对自己负责，对他人负责，对社会负责。培养自我责任感对于学生而言价值是无法估量的，因为这是一种内在驱动力的形成，可以激发学生对学习的热爱与对生活的责任。自我管理能力的提升在很大程度上能引导学生深入理解他们的行为和选择将如何将直接影响他们的未来。在自我管理的过程中，学生也会逐渐认识到，每一次的成功都离不开自己的付出，每一次的失败也都可以从中吸取经验，转化为自身的成长。因此，自我管理不仅能帮助他们形成更高的自我期待，更积极的人生态度，也能让他们对生活充满信心和期待，从而在未来的学习、工作以及生活中有更好的表现。培养责任感的过程实际上也是一个自我认知和自我提升的过程，对学生来说，这是他们从学校步入社会，从被动学习转向主动学习，从依赖他人转向独立思考的重要一步。

第三，学生的自我管理能够帮助学生认识自我，发展自我。"自我管理"是一种软性的管理，学生在学校制度的约束下，能够充分了解自己的真正需要，在进行自我教育的过程中，从而有效地弥补了自身的不足，实现自我发展。

第四，学生的自我管理有助于丰富学生的校园生活，增强学生的实践能力。学生如果能自我管理，能更积极地去开展校园活动，丰富文化生活，增强交际能力，社会实践能力也会有所加强。

二、高校学生自我管理的优化策略

（一）增强学生的自我认知能力

1.自我认知能力的重要性

自我认知能力指的是学生了解自我，包括自己的优点、缺点、兴趣、目标和价值观的能力。这是学生个人成长和发展的基础，是自我管理的起点。在此基础上，才能制订实际可行的目标，制订出实现这些目标的策略和计划，并在实践中调整和优化。自我认知能力对于学生设定个人目标具有重要意义。一个人只有了解自己的兴趣和才能，才能设定出真正对自己有意义的目标。例如，如果一个学生热爱音乐，那么他的学习目标可能就是提高自己的音乐技能，而不是在其他不感兴趣的学科上获得高分。这样的目标会让他感到更有动力，更愿意付出努力。自我认知能力也可以帮助学生更好地调整和优化自我管理策略。一个人只有了解自己的优点和缺点，才能制订出真正适合自己的管理策略。例如，如果一个学生了解到自己是一个"夜猫子"，那么他在制订学习计划时，可能就会将学习的时间放在晚上，而不是强迫自己在早上学习。

2.培养和提升学生自我认知能力的方法

在当今时代，高校应该重视学生自我认知能力的培养和提升。对于任何个体来说，了解自我是非常重要的。这不仅包括了解自己的优点和缺点，还包括了解自己的兴趣和热情，以及自己的价值观和信念。高校应该提供工具和资源，帮助学生更好地进行这种自我认知，从而制订出适合自己的目标和计划。高校可以充分运用现代网络技术开发和提供一系列的线上工具，帮助学生进行自我分析和评估。这些工具可能包括各种心理测试和自我评估问卷，如性格测试，兴趣和职业倾向测试，以及各种技能和能力测试。通过这些测试，学生可以得到一个更为深入和全面的自我画像，了解自己的优势和弱点，以及潜在的兴趣和倾向。这些信息可以帮助他们确定自己的长期目标，如职业目标、短期目标、学习目标。高校也可以提供各种相关的培训机会，帮助学生提高自我认知的技巧和能力。例如，可以提供关于心理素质的培训，帮助学生了解和管理自己的情绪；可以提供关于职业规划的工作坊，帮助学生了解各种职业的特点和要求，从而选择合适的职业路径；还可以提供关于目标设定和时间管理的训练，帮助学生更有效地规划和管理自己的学习和生活。通过这些培训和工作坊，学生不仅可以提高自我认知的技巧，还可以提高自我管理和自我发展的能力。

在培养学生自我认知能力的基础上，教师还应加强对于学生自我管理意识的培养，在课堂教学中和在平时的学习生活中，教师应对大学生进行适当的自我管理知识的教育，可以使学生对自己所做出的行为和表现进行深刻的反省，进而树立较强的自我管理意识。班级制定的一系列管理制度要从学生的角度出发，以适应他们的发展学习需求，真正做到让学生自愿服从管理，并进行适当的自我管理，组织多种形式的实践活动，锻炼学生组织活动、自我管理、交流学习的能力。把遵守纪律和道德准则与提高自身控制能力有效地结合起来，在实践和教育中增强学生的责任感和自我意识。

（二）提供自我管理的培训

自我管理的培训是优化学生自我管理，提升学生自我管理与民主管理水平的最重要、最直接的途径之一，因为它通过直接传授自我管理的方法，不仅对学生在学习上的成功有所帮助，而且在对他们的个人生活和未来职业生涯中也发挥着关键作用。自我管理能力的培养是一种投资，它的回报将在学生的整个生命历程中体现出来，帮助他们实现个人目标，减少压力，并提高他们的整体生活质量。

提供自我管理培训可以从多个维度来进行。首先，高校可以开设针对特定自我管理技能的研讨会和实训课，如时间管理、压力管理和目标设定等。在这些研讨会和实训课中，专家和教师可以提供具体的策略和技巧，帮助学生理解并运用这些自我管理技能。例如，在时间管理的研讨会中，教师可以教授学生如何制定有效的时间表，如何合理安排学习时间和休闲时间，如何避免拖延症等。这种类型的培训可以帮助学生更好地理解和实践自我管理，提高他们的学习效率和生活质量。其次，高校还可以将自我管理技能的教学融入日常课程中。通过在课堂活动中实践自我管理技巧，学生可以在实际情境中学习和应用这些技巧。例如，在团队项目中，学生需要管理他们的时间和资源，以确保项目顺利完成。通过这种方式，学生可以在实际操作中提高自我管理能力，同时能够了解自我管理在实际生活中的重要性。最后，高校可以通过提供个性化的支持和指导，进一步提升自我管理培训的效果。每个学生的自我管理需求和挑战都是独特的，因此，高校需要提供一对一的指导服务，帮助学生解决他们在自我管理过程中遇到的具体问题。例如，一些学生可能在时间管理上有困难，一些学生可能在压力管理上有挑战，而一些学生可能在设定目标和实现目标上需要帮助。通过提供个性化的支持和指导，高校可以确保每个学生都能得到他们需要的帮助，从而提高自我管理培训的效果。

（三）在实践中锻炼学生的自我管理能力

实践是检验真理性的唯一标准，同时实践也是当今时代最为重要的育人方式之一。因此，提升学生的自我管理水平，需要在实践中锻炼学生的自我管理能力。高校可以通过课程设计、社团活动等方式，为学生提供自我管理的实践平台，使得理论知识和实际情境有机结合，让学生在真实的环境中应用他们所学的自我管理知识和技能，进一步加深他们对自我管理的理解和学习。

高校的课程设计可以从理论与实践相结合的角度，让学生在完成学习任务的同时，培养自我管理的能力。例如，教师可以设置一些需要长期坚持的课程项目，让学生在完成这些项目的过程中，学习如何制订计划、如何安排时间、如何处理压力等自我管理的技巧。同时，这些项目还可以让学生在实践中检验和调整自我管理策略，找出适合自己的自我管理方法。社团活动则提供了一个更加宽广的平台，让学生在多元化的环境中实践自我管理的能力。在社团活动中，学生需要管理他们的时间、精力和资源，以达成社团的目标。例如，如果学生担任社团的负责人，那么他们就需要学习如何管理社团的活动、如何协调团队成员、如何解决团队冲突等。这些实践经历将帮助他们提升自我管理能力，同时会让他们更好地理解和应用自我管理的理念。高校还需要为学生提供反馈意见和指导，以帮助他们从实践中学习和提高。

教师和辅导员可以定期与学生进行交流，了解他们在自我管理实践中遇到的问题，提供建设性的反馈指导，帮助他们制订解决问题的策略。同时，教师和辅导员还可以根据学生的实践经历，调整教学和辅导策略，使之更好地满足学生的需求。

（四）完善学生自我管理支持与保障体系

学生自我管理支持与保障体系的完善不仅是教育者和高校的责任，同时需要学生自身的积极参与。这一体系涵盖教育资源的提供，教育环境的创建，以及教育过程中持续的指导和反馈建议。

保证充足的教育资源是支持学生自我管理的重要基础，其中包括提供学生自我管理的理论知识、实践技巧、实际操作的机会，以及用于自我评估和反思的工具。高校可以通过建立线上教育平台，发布自我管理的课程和教材，提供在线辅导和咨询服务等方式，让学生可以随时随地获取自我管理的资源。创建良好的教育环境也是保障学生自我管理的关键，其不仅包括物质环境，如学习空间的设置、学习设备的提供等，也包括精神文化环境，如尊重学生的自主权、鼓励学生的探索精神、理解和接纳学生的失败经历等。高校需要在教育环境设计中充分考虑学生的需求和习惯，创造出有利于自我管理的教育环境。持续教育过程中的指导和反馈则是保障学生自我管理的必要条件。教师和辅导员应该定期与学生进行交流，了解他们的学习情况，并提供有针对性的指导，帮助他们解决自我管理中的问题。同时，学生管理者还应该提供及时的反馈，让学生了解自己的进步情况，鼓励他们继续努力。①

---

① 杨金辉.校园文化建设和学生管理工作的互动机制[M].北京：原子能出版社，2020：35-37.

第四节　多元主体协同育人学生管理工作的实践与创新

一、多元主体协同育人概述

（一）协同育人的内涵

协同育人指的是在人才培养过程中，育人主体不再局限于单一的学校，而是由学校、家庭、社会共同进行人才培养，不同主体充分发挥自身的教育资源优势，协同开展育人实践。在高校教育与高校学生管理的过程中，协同育人主要指的是家校社协同育人，即学校、社会与家庭在人才培养方面展开深层次合作。在高校教育与高校学生管理教育的过程中，协同育人的主要运行机制就是充分调动不同主体的教育资源优势，帮助学生将课堂上所学的知识带入实践中，将实践中遇到的问题带回课堂进行研讨，同时，在学生管理方面也是多主体相互合作，共同推进。针对协同育人的具体内涵，学界有多种不同的观点，主要包括以下几类。

1.模式说

模式说将协同育人的本质定义为一种人才培养模式，认为协同育人是一种充分利用不同人才培养主体的教育资源，将课堂知识教学与实践技能训练相结合的人才培养模式。

模式说认为协同育人作为一种人才培养模式，应该强调人才实践能力和综合素质的发展，协同育人需要不同人才培养主体之间展开全方位多领域的合作，包括资源合作、技术合作、科研合作、信息合作等，其主要内容要紧紧围绕人才培养这一核心目标展开。模式说将协同育人看作一种人才培养模式，同时看作一种学校、企业和个人的联合发展模式，通过不同主体之间的充分合作展开人才培养，最终实现学校、学生与企业的共赢。

2.机制说

机制说认为，协同育人的本质是一种以社会和市场发展需求为导向的运行机制，强调协同育人过程的运行方式及其各要素（学校、企业、学生、社会）之间的结构关系。

机制说认为，协同育人是以提升学生的综合能力为重点，以培养符合市场与企业需求的应用型人才为目标，充分利用不同人才培养主体的资源，采取课堂教学与实践教学相结合的教学方式，培养能够适应不同岗位的高素质应用型人才的教育模式。机制说通过剖析协同育人中各要素之间的关系，及其运行方式来阐释协同育人的内涵。机制说认为协同育人是一种联通教育活动与生产活动的运行机制，对协同育人的具体内容、目标、模式等进行明确的定义。

3. 中间组织说

中间组织说选择从功能的视角审视协同育人，将协同育人看作一种沟通学校与社会的桥梁、连接课堂教学与实际生产之间的纽带，是帮助学生从校园走向社会的重要路径。中间组织说认为协同育人的本质是一个介于学校与社会之间的组织。中间组织说强调协同育人的纽带作用，强调多元主体协同在整个育人体系结构中的作用。[1]

综上所述，管理者对协同育人的含义可以有一个相对全面且清晰的认识，协同育人指的是不同育人主体以培养新时代发展所需的人才为目标，充分利用不同教育主体的教育资源与教育环境，多元主体共同参与到人才培养之中，充分合作，协同培养素质、能力强的人才，进而推动社会经济发展的人才培养模式。

（二）协同育人的特征

1. 互利性

互利性是协同育人的典型特征，因为协同育人涉及多个人才培养主体，在促进人才全方位发展的同时，能够帮助各人才培养主体实现协同发展。政府、学校、企业与学生个人的利益存在一定的差异，政府与学校均重视社会效益，政府重视区域的全方位发展，学校重视为社会提供高素质人才，并实现自身办学水平的提升。企业重视经济效益，经济效益是企业赖以生存的基础，只有不断优化生产结构，提升经济效益，企业才能在激烈的市场竞争中

---

[1] 伍俊晖，刘芬．校企合作办学治理与创新研究 [M].长春：吉林大学出版社，2020：6-7.

占据一席之地。学生与家庭则重视学生自身的发展，通过学习知识与技能更好地实现自我价值。

2. 创新性

创新是当今时代社会发展的首要驱动力。同样，创新也是系统运行发展的关键因素。协同育人是一个复杂的系统，其发展同样需要通过不断的创新得以实现，这一点从协同育人的组织形式、人才培养的理念以及自身的发展中可以鲜明地体现出来。

协同育人与传统的教育模式之间存在很大的不同，在传统的教育模式中，理论教学与实践教学相对分离，重视研究型人才培养的教学模式强调理论教学的重要性，忽视实践教学。而协同育人通过充分调动不同人才培养主体的教育资源优势，帮助提升学生的综合素质和实践能力。在学生管理中，创新性更多表现在学生管理模式的创新与解决问题方法的多样化探索上。

3. 多样性

协同育人具有多样性特征，由于协同育人涉及多个人才培养主体，因此，若想达到预期的人才培养目标，需要不同主体之间深入开展全方位的合作，从合作的内容，到合作的方式，再到组织机制的运行和人才培养的内容，都需要呈现出多样化的特点。

4. 文化性

协同育人既是一种基于共同发展目标的教育、科研合作，也是一种基于共同利益的经济合作，同时是一种基于共同价值观的文化合作。协同育人的文化性主要体现在两个方面：一是育人过程的文化性；二是不同主体之间的文化合作。在协同育人的过程中，不同主体之间可以进行文化的充分交流，帮助学生顺利实现人生阶段过渡，实现自身价值的同时，促进人才培养主体的发展。而这种不同文化的碰撞交流，也蕴含着丰富的教育价值。

（三）协同育人的理论基础

多元主体协同育人的理论基础是协同教育理论，协同教育理论是协同理论应用于教育领域形成的一种教育理论。协同教育理论的核心观点，是将人类社会的教育分为三大教育系统，分别是学校教育系统、家庭教育系统与社会教育系统。每个系统都包含不同的要素，具有不同的教育功能，采用不同的教育方法，具备独特的教育资源优势。

学校教育系统包含教师、课堂以及类型丰富的教学设施，是教育资源最为集中的教育系统。学校教育系统能够集中教授学生丰富、专业的知识，按照教育目标系统培养和提升学生的各项素质，是最重要的教育系统。家庭教育系统是与个体联系最为密切的教育系统，主要由家长和各种家庭教育媒体构成。家庭教育对于青少年的成长与发展，具有重要的促进作用。社会教育系统相比于学校教育系统与家庭教育系统来说，具有更为广阔的教育空间，主要由社会教育组织者、社会成员以及社会教育媒体组成。社会教育系统蕴含着丰富的教育资源，需要学生主动去感受和挖掘。当然，高校学生培养不仅包括教育教学，还包括学生管理，这自然也是协同育人课题的应有之义。

在现代社会条件下，要培养出高素质、有个性、有特色的学生，就要采用新的育人方式或育人理念，将家庭、学校和社会及受教育者这四个要素科学地整合为一个更高层次的育人系统，使家庭教育系统、学校教育系统和社会教育系统三个子系统的要素或信息相互进入，产生协同育人效应。这种整合的过程就叫作协同教育过程，其思想观点的整合就是协同教育理论。协同教育认为不同人生阶段的人都要受到来自家庭、学校和社会的教育，或同时接受这三个方面的教育，这三个方面的教育产生的总效果才是真正的教育效果。

二、基于多元主体协同育人的学生管理工作的创新路径

（一）构建协同工作机制

1.明确共同的愿景

在构建协同工作机制时，形成共识是第一步，也是推进学生管理工作良好展开的重中之重，而这一共识需要包括所有高校学生管理的参与主体——政府、高校、社会、家庭以及学生自身，其中的每一方都必须理解和接受学生的发展和学习的重要性，并清楚地明确他们的管理任务。为了实现这个目标，各主体需要达成共同的理解，形成共同的目标，以此为基础形成一个共同的愿景。

政府作为教育政策的制定者和执行者，其决策和行动直接影响到高校的运行和学生的发展。因此，政府应该明确其在学生管理工作中的角色和责任，主动倾听各方的声音，积极推动政策创新，以满足学生的发展需求。高校是学生学习和发展的主要场所，有责任提供一个良好的教育环境和高质量的教育资源。在协同工作机制中，高校需要清楚自己的职责，主动与其他参与主体沟通协调，共同制订和实施学生管理的策略和计划。社会是学生成长的大环境，社会的观念和态度会影响到学生的发展。因此，社会应该积极参与到学生的管理工作中，通过提供实习、志愿等社会实践的机会，帮助学生应用学到的知识，锻炼他们的能力，促进他们的发展。家庭是学生成长的第一环境，家长的教育和引导对学生的发展有着重要的影响。家庭在协同工作机制中应该发挥积极作用，通过与学校、社会等其他参与主体的合作，共同关心和促进学生的发展。而学生是学习的主体，他们的需求和意愿应该被重视。在构建协同工作机制时，学生应该被视为一个重要的参与者，他们的声音和需求应该被听取和满足，他们应该被鼓励参与到决策和实施的过程中，这样才能真正实现学生的全面发展。只有各主体具有统一的愿景与共同的目标，才能高质量、高效率地推动学生管理实践的运行与发展。

2.搭建沟通平台

搭建沟通平台是实现多元主体协同育人的关键，这样的平台可以为各参与方提供一个交流和协作的空间，有效地推动各方的沟通与合作。为了确保沟通平台的有效性，需要考虑一些关键因素。搭建沟通平台的首要要求就是易于使用，所有参与者都能便捷地获取和发布信息。这可能涉及平台的设计和功能。例如，平台应该具有直观的用户界面，提供各种通信工具，如文字、语音、视频等，支持多种设备，如手机、电脑等。此外，平台应该有足够的容量和稳定的性能，以支持大量用户和数据的处理。

一个有效的沟通平台还需要具备开放性和包容性。这意味着平台应该容纳多元化的声音，不仅是管理者或者老师的意见，也包括学生、家长等其他参与者的观点和需求。在沟通平台上，每个人都应该有机会发表自己的想法和建议，提出自己的问题和需求。同时，平台应该提供反馈机制，让用户能够及时地获得回应和帮助。这样才可以确保信息的双向流通，促进各方的真实互动。在实际操作中，搭建沟通平台可以利用现有的网络技术和社交媒体，也可以考虑开发专门的在线平台或者移动应用，无论哪种方式，都需要不断地试验和改进，以满足用户的需要，提高平台的使用体验。总的来说，搭建有效的沟通平台，可以推动多元主体的协同育人模式，提高学生管理工作的效率和效果。

3. 促进信息共享

促进信息共享是构建协同育人与管理工作机制的重要内容，在基于多元主体协同育人的学生管理中，促进各参与主体之间的信息共享，能够打破信息孤岛状况，提高学生管理的工作效率，帮助各方深入理解学生的需求，从而提高学生管理工作的效果。信息的共享与传递，使得政府、学校、社会、家长和学生等各方在同一信息平台上进行交流，各方都能及时获得一手信息，能够更好地明确各自的角色，理解他人的角色，达到真正的协同工作。

4. 推动决策共治

决策共治不仅意味着各育人主体共同参与决策的过程，而且这种参与还具有真正的决策权。也就是说，不仅是为了达成一种表面上的共识，而是每个参与者在实际的决策过程中都具有实质性的投入。这样，教师、学生、家长、行政人员等各育人主体都可以对决策结果负责，共同确定和实施最佳的教育和管理策略。

推动决策共治对优化学生管理有着重要的促进作用。首先，它可以提高决策的公平性和合理性。在决策过程中，每个人都可以发表自己的意见和建议，大家可以集思广益，以此来防止某个人或某个小团体的私心，从而影响决策结果。因此，决策共治有助于保障每个人的权益，确保决策结果公平合理。其次，决策共治也可以提高各育人主体的责任感。当每个人都可以参与决策，他们就会更有责任感，更愿意为决策结果负责。最后，决策共治还可以提高各育人主体的满足感。每个人都希望自己的意见和建议能够被听到和重视，决策共治为每个人提供了这样的机会，从而提高了他们的满足感。要实现决策共治，需要在各育人主体之间建立良好的信任关系，打破权威主义的束缚，确保每个人的权利和责任得到平等对待。此外，还需要通过提供适当的培训和指导，提高各育人主体的决策能力。这样，才能确保决策共治的实施既公平又有效，从而实现多元主体协同育人的目标。

（二）完善制度建设

在多元主体协同育人的背景下，完善制度建设对于创新与优化学生管理来说尤为重要。以高校为代表的育人主体需要在现有的制度框架内对学生管理的制度进行改革和优化，明确各主体的权利和责任，确保每一方都能在相互尊重和相互理解的基础上，共同参与到学生的教育和管理中去。制度建设不仅意味着对现有规章制度的修改和补充，更多的是要对制度本身的功能和效能进行深化和提升，让制度成为推动多元主体协同育人的有力保障。

制度建设的首要条件与核心内容就是要明确各主体的权利和责任，特别是对于涉及众多育人主体的高校学生管理来说更是如此，每一个育人主体都应该清楚地知道自己在学生教育和管理中的角色定位，以及由此产生的权利、责任和任务。教师、学生、家长、行政人员等各方在权责上的明确，有利于形成一个互补、平衡的协同育人体系，推动学生的全面发展。同时，明确权责也有利于处理和解决可能出现的冲突和矛盾，确保学生管理工作的顺利进行。制度建设需要基于相互的尊重和理解。尊重和理解是任何协作关系的基础，只有每个育人主体都尊重对方的权利，理解对方的角色和责任，才能形成真正的协同。在制度设计中，应该充分考虑到各主体的利益诉求和实际情况，避免在权利和责任方面偏向某一方或者忽视某一方。尤其需要强调的是，各育人主体要给予学生足够的理解与尊重，这是贯彻以人为本，推进学生管理现代化的重要前提。高校还需要建立一套完整的制度评估、调整与优化机制。任何制度都不可能一劳永逸，都需要随着时间和环境的变化进行调整和完善。高校应该定期对现有制度进行评估，了解制度实施的效果和问题，根据评估结果进行必要的修改和优化。同时，高校还应该建立一种制度创新机制，鼓励各育人主体提出制度改进的建议和方案，使制度更好地适应和推动多元主体协同开展学生管理的需求。

（三）创新服务模式

1.个性化的教育

在基于多元主体协同育人的学生管理工作的创新与发展中，开展个性化教育是适应学生多样化需求的必然选择。高校中的学生来自不同的文化、不同的家庭背景，他们有着各自不同的兴趣、才能和学习方式。因此，教育方式也必须是多元化和个性化的。实现个性化教育的策略可以包括改革课程设置，提供更多样化的课程选择，以满足学生的兴趣和能力发展；利用大数据和人工智能技术，通过收集和分析学生的学习数据，理解他们的学习习惯和存在的问题，为他们提供个性化的学习支持和辅导；鼓励学生自我发展和自主学习，提供学习社区、在线学习资源等支持，让学生可以按照自己的节奏和方式进行学习。

2.全方位服务

提供全方位服务是满足学生发展需求的重要措施。全方位服务应包括学习支持服务、生活指导服务、心理健康服务、职业发展服务等。具体到学生管理的内容来看：学习支持服务可以帮助学生解决学习中的问题，提升学习效果；生活指导服务可以帮助学生解决生活中的困难和问题，提升生活质量；心理健康服务可以为学生提供心理咨询和辅导，帮助他们应对压力，保持心理健康；职业发展服务可以为学生提供就业和职业规划的指导，帮助他们实现职业目标。提供全方位服务需要高校与社会、家庭等多元主体的合作，共同为学生提供最有利于他们发展的教育和服务。

3.优化技术支持

在基于多元主体协同育人的学生管理中，学生管理主体因为具备多元主体的特性，所以拥有显著的教育资源优势、信息优势与技术优势。学生管理主体要充分利用科技力量，利用"互联网＋"、大数据、人工智能等新技术，创新服务模式。例如，学生管理主体可以建立大数据分析系统，通过分析学生的学习数据，了解学生的学习情况，为他们提供更精准的学习支持和服务；利用人工智能技术，建立个性化学习推荐系统，为每个学生推荐最适合他们的学习资源和方法；利用"互联网＋"，提供在线学习、远程教育等服务，打破地域和时间的限制，让所有学生都可以享受到高质量的教育。同时，利用新技术可以提高服务的效率和效果，为学生提供更好的学习体验和满足感，进一步促进高校学生管理的优化和发展。

参考文献

[1] 甘雪梅，宗宝璟，王佳旭. 高校大学生管理研究 [M]. 长春：吉林出版集团股份有限公司，2022.

[2] 万敏，罗先凤，王利梅，等. 新时代大学生管理能力培养与提升 [M]. 长春：吉林大学出版社，2021.

[3] 赵明吉，刘志岫. 大学生管理工作研究 [M]. 济南：山东大学出版社，2007.

[4] 赵雪政，余少军，余金保. 大学生职业生涯规划与管理 [M]. 上海：上海交通大学出版社，2022.

[5] 奉中华，张巍，仲心. 大学生教育管理的创新与实践研究 [M]. 长春：吉林人民出版社，2021.

[6] 罗磊. 大学生的时间管理 [M]. 南京：东南大学出版社，2020.

[7] 高玉娟，魏广宇，王维宏. 大学生教育与管理 [M]. 哈尔滨：东北林业大学出版社，2006.

[8] 钱贵江. 当代大学生管理新论 [M]. 苏州：苏州大学出版社，2006.

[9] 李晓敏，栗晓亮. 大学生心理健康调适及其教育管理研究 [M]. 北京：中国纺织出版社，2022.

[10] 宋浩等. 新时期大学生体质健康科学管理研究 [M]. 北京：中国书籍出版社，2021.

[11] 吴秋平，张兵. 大学生危机事件管理研究 [M]. 北京：中国旅游出版社，2019.

[12] 何春刚. 大学生健康体质管理研究 [M]. 长春：吉林科学技术出版社，2019.

[13] 罗奇. 大学生体质健康管理 [M]. 北京：知识产权出版社，2016.

[14] 王艳. 高等教育管理与大学生心理健康教育 [M]. 成都：电子科技大学出版社，2017.

[15] 李云驰. 大学生心理健康管理 [M]. 北京：中国社会出版社，2013.

[16] 郭献进. 大学生危机管理实务 [M]. 武汉：武汉大学出版社，2010.

[17] 刘筱彤. 大学生高校管理参与权研究 [M]. 武汉：中国地质大学出版社，2015.

[18] 李涛，韦焕贤. 大学生职业生涯管理研究 [M]. 北京：光明日报出版社，2014.

[19] 朱合理. 大学生个体自我管理研究 [M]. 武汉：武汉大学出版社，2013.

[20] 周枰旭. 示能性理论下的大学生时间管理移动应用体验设计研究 [D]. 无锡：江南大学，2022.

[21] 瞿晶晶. 高校管理育人功能研究 [D]. 海口：海南师范大学，2022.

[22] 王华. 大学生生涯管理能力：结构特点、影响因素及其作用 [D]. 长春：东北师范大学，2022.

[23] 李帅伟. 基于终身体育理念的大学生运动健康管理系统构建 [D]. 银川：宁夏大学，2021.

[24] 蒋丽媛. 大学生自我管理能力研究 [D]. 南昌：江西师范大学，2021.

[25] 林雨. "互联网+"背景下地方高校学生教育管理新模式研究 [D]. 株洲：湖南工业大学，2021.

[26] 王云弟. 大学生个人信息管理的影响因素研究 [D]. 合肥：安徽大学，2021.

[27] 白文金. 大学生学习拖延与时间管理倾向的关系及其干预研究 [D]. 昆明：云南师范大学，2020.

[28] 王临风. 大学生健康管理服务体系构建研究 [D]. 成都：电子科技大学，2020.

[29] 范苏伟. 大学生心理健康管理体系的构建 [D]. 桂林：广西师范大学，2019.

[30] 葛敏娜. A 学院大学生就业管理研究 [D]. 大连：大连海事大学，2019.

[31] 曹艳璐. 大学生宿舍管理育人功能的研究 [D]. 南昌：南昌航空大学，2018.

[32] 王健荣. 大学生情绪管理性别角色差异研究 [D]. 西安：西北大学，2018.

[33] 谢超杰. 大学生健康管理服务体系的构建及初步实践 [D]. 广州：华南理工大学，2018.

[34] 杨斐. 大学生参与高校学生管理研究 [D]. 武汉：华中师范大学，2018.

[35] 王宇超. 大学生社会实践管理机制研究 [D]. 上海：上海师范大学，2018.

[36] 龚文辉. 高校大学生社团管理平台的设计与实现 [D]. 南昌：江西师范大学，2018.

[37] 韩忠全. 大学生管理法治化研究 [D]. 哈尔滨：哈尔滨师范大学，2017.

[38] 陈晓芬. 大学生课余时间管理能力调查分析 [D]. 南昌：江西财经大学，2017.

[39] 张雯鑫. 大数据背景下大学生网络舆情管理研究 [D]. 徐州：中国矿业大学，2017.

[40] 毕强. 大数据驱动下的高校学生管理工作创新思路探析 [J]. 信息系统工程，2023（6）：146–148.

[41] 李清岩，向菲. 数字技术在高校学生管理中的应用 [J]. 互联网周刊，2023（11）：91–93.

[42] 宋成立. "互联网 +"时代下的高校学生管理信息化建设探讨 [J]. 办公自动化，2023（11）：14–16.

[43] 闫丹平. 数智化时代高校学生管理平台设计及优化研究 [J]. 办公自动化，2023（11）：58–61.

[44] 司福利. 以人为本的高校学生管理工作存在问题及对策探究 [J]. 科技风，2023（15）：155–157.

[45] 邓莉娟，吴琼瑶. "三全育人"目标下高校学生管理实施路径探究 [J]. 吉林工程技术师范学院学报，2023（5）：6–9.

[46] 包丽颖. 高校学生社团管理机制创新探析 [J]. 北京教育（德育），2023（5）：7–10.

[47] 乔凯平，王浩州. 新时代高校"五育并举"学生管理模式构建研究 [J]. 辽宁师范大学学报（社会科学版），2023（3）：64–68.

[48] 范世伟. 高校学生管理信息化平台设计研究：基于"互联网 +"视角 [J]. 办公自动化，2023（10）：16–19.

[49] 延鸿潇. 基于当代教育理念的高校学生教育管理路径研究 [J]. 秦智，2023（5）：119–122.

[50] 化开斌. 大数据时代的高校学生教育管理模式转变与应对策略 [J]. 山西财经大学学报，2022（增刊 1）：84–86.

[51] 贾东风，赵晖. 高校学生就业与管理体制的创新 [J]. 山西财经大学学报，2022（增刊 1）：90–92.

[52] 林静，韩茹. 以人为本学生管理探论 [J]. 中学政治教学参考，2022（15）：100.

[53] 盛丹. 互联网思维视角下高校学生生态管理模式探究 [J]. 环境工程，2022（2）：

279–280.

[54] 张玉梅. 高校学生自治管理存在的问题与破解路径 [J]. 人民论坛，2022（2）：105–107.

[55] 刘文博，陈城. 新时代高校学生社区管理育人的内涵及实现进路 [J]. 学校党建与思想教育，2021（23）：67–70.

[56] 左晶晶，段鑫星. 我国高校学生管理制度的变迁轨迹与演变逻辑 [J]. 黑龙江高教研究，2021（12）：14–20.

[57] 康娜. 高校学生心理管理体系构建的探索 [J]. 学校党建与思想教育，2021，（22）：76–78.

[58] 王东红，高雪. 新时代高校管理育人：内涵、特征及优化路径 [J]. 现代教育管理，2021（11）：19–25.

[59] 吴宝军. "互联网+"时代学生管理工作创新研究 [J]. 中学政治教学参考，2021（35）：100.

[60] 吕宗瑛，刘微. 高校学生管理从智能化走向智慧化的实践 [J]. 学校党建与思想教育，2020（19）：94–96.